잘되는 _____ 님께
사랑하는 _____ 드림

| 추 천 사 |

오늘도 잘될 것입니다

영혼이 잘되면 범사가 잘되고 강건해집니다. 『잘되는 나』는 하나님 안에서 우리의 삶이 형통하게 되는 길을 안내합니다. 그 길을 가다보면 자신도 모르게 가장 선한 것으로 채우시고 최고의 삶으로 이끄시는 그분의 은혜를 경험하게 될 것입니다. 더욱 나은 삶을 원하시는 모든 분들이 이 책을 통해 희망과 용기를 얻고 힘차게 전진하시기를 원하여 추천하는 바입니다.
조용기(여의도순복음교회 위임목사)

내가 잘되면 우리가 잘되고, 우리가 잘되면 나라가 잘된다. 잘되는 사람은 마음과 생각, 영혼이 건강하다. 항상 꿈이 있어서 그 꿈에 의해 움직인다. 조엘 오스틴의 『잘되는 나』는 꿈을 이루는 사람들의 7가지 비결을 말해준다. 단순하지만 강력해서 변화의 열쇠가 될 것이다. 나를 성장시키고 사회를 풍성하게 하는 이 책을 통해 모두가 잘되는 인생을 살길 바란다.
이어령(문학평론가)

신앙생활을 하다보면 기쁜 일과 슬픈 일, 쉬운 일과 힘든 일을 모두 겪는다. 하지만 하나님의 뜻은 언제나 선하다. 『잘되는 나』는 고통과 눈물이 없는 삶을 말하지 않는다. 그 안에서 하나님을 바라보며 승리하는 법을 알려준다. 그래서 설득력이 있고 믿음으로 살게 한다. 이 책을 읽는 분 모두 어떤 환경에서든지 하나님의 선한 뜻을 따라 잘될 것이다.
문봉주(외교통상부 국내본부 대사)

배려와 존중의 문화가 강조되는 사회일수록 사랑과 섬김을 실천하는 인재가 더욱 빛을 발합니다. 이 책에는 '잘되는 나'로 성장시키는 비결을 긍정적인 생각, 행복해지는 습관, 건설적인 관계, 건강한 영혼 등이라 소개하며 하나님의 자녀로서 복된 삶을 누릴 것을 권하고 있습니다. 이러한 것들은 리더십의 기본 소양이며, 개인의 가능성을 더욱 크게 만드는 요소이기도 합니다. 책을 읽는 독자 모두가 우리를 위해 계획된 하나님의 선한 뜻을 깨달아 풍요로운 인생을 누리며, 희망찬 미래를 열어가기를 바랍니다.
이경숙(숙명여자대학교 총장)

조엘 오스틴의 설교를 텔레비전에서 보고 있으면 놀랍게도 마음이 평안해지고 잔잔한 에너지가 느껴진다. 변화의 힘이 그를 통해 오는 것이다. 조엘 오스틴은 변화의 중심에 있다. 상한 심령을 치유하는 그의 패러다임은 여러분의 삶을 변화시킬 것이다.
이희대(영동세브란스 암센터 소장)

우리의 삶은 계단을 오르는 것과 같다고 생각한다. 급성장을 하더라도 한 계단씩 올라가야 하고, 안된다고 해도 한 계단씩 내려와야 한다. 너무 빨리 올라간 사람은 지쳐서 발을 헛딛거나 넘어지고 만다. 올라갈 때 보다 추락할 때의 스피드가 더 빠르다.『잘되는 나』는 계단을 오르듯 한 단계씩 자신의 삶을 업그레이드하는 성장의 원리를 담고 있다. 잘되는 비결이 담겨있는 이 책을 적극 추천한다. 책의 한 구절을 읽을 때마다 삶의 계단을 한 칸씩 오르는 더 잘된 나를 경험하고 하나님 안에서 크게 쓰임받는 성장의 역사를 체험하길 바란다.
최경주(프로골퍼)

『잘되는 나』는 긍정적으로 살면 얼마나 큰 열매를 맺을 수 있는지 보여줍니다. 사람들에게 웃음과 희망을 주는 사람으로서, 이 책의 7가지 열쇠가 소중하게 다가왔습니다. 책을 읽는 모든 분들의 가정과 교회, 회사가 지금보다 더 잘되기를 바랍니다.
박수홍(개그맨)

『긍정의 힘』이 긍정적 자아상을 회복하고 하나님과 친밀해지는 데 도움을 주었다면, 『잘되는 나』는 믿음으로 결단하고 실천하는 방법을 알려준다. 이 책에서 말하는 7가지 핵심 키워드는 개인은 물론 공동체에서 활용하기도 좋다. 하나님이 사랑하시는 이 땅의 모든 자녀가 내적으로나 외적으로 당당한 챔피언으로 살아가길 바란다.
이문희(광천교회 담임목사)

믿음으로 산다
잘되는 나

Become a Better You

Copyright © 2007 by Joel Osteen
Korean edition copyright © 2007, 2017 by Duranno Ministry
38, 65-gil, Seobinggo-ro, Yongsan-gu, Seoul, Republic of Korea
All rights reserved.

Published by arrangement with the original publisher, Howard Books, a Division of Simon & Schuster, Inc. through EYA (Eric Yang Agency).

이 한국어판의 저작권은 EYA(Eric Yang Agency)를 통하여 Howard Books, a Division of Simon & Schuster, Inc.와 독점 계약한 두란노서원에 있습니다.
신 저작권법에 의하여 한국 내에서 보호받는 저작물이므로 무단 전재와 무단 복제를 금합니다.

잘되는 나

지은이 | 조엘 오스틴
옮긴이 | 정성묵
초판 발행 | 2007. 10. 15
92쇄 발행 | 2024. 9. 30
등록번호 | 제2009-000002호
등록된 곳 | 서울특별시 용산구 서빙고로65길 38
발행처 | 긍정의힘
영업부 | 2078-3333 FAX | 080-749-3705
출판부 | 2078-3332

책값은 뒤표지에 있습니다.
ISBN 978-89-531-0885-1 03230

독자의 의견을 기다립니다.
tpress@duranno.com

믿음으로 산다
잘되는 나

조엘 오스틴 지음 | 정성묵 옮김

긍정의힘

* 이 책에 실린 본문 성구는 『우리말 성경』(두란노)을 사용하였습니다.

한국 독자들에게

한국에 있는 많은 분들이 더 나은 사람이 되기를 간절히 바란다는 사실을 알고서 저와 아내는 기쁘기 그지없었습니다. 아무리 힘들고 고단하더라도 하나님은 항상 여러분 편이시라는 것을 잊지 마십시오. 하나님은 여러분이 잘되기만을 바라십니다. 그분은 여러분의 심정을 누구보다 잘 아시며, 보이지 않는 곳에서 여러분을 위해 미래의 일들을 가장 좋게 배치하고 계십니다.

근심과 걱정, 부정적인 말과 생각, 행동은 모두 버리고 하나님만 전적으로 믿으십시오. 우리가 믿을 때 하늘 아버지께서는 능력의 손길을 펼치십니다. "하나님, 당신을 믿겠습니다. 제 인생을 향한 주님의 위대한 계획이 있음을 믿습니다." 이렇게 말해보십시오. 무거운 짐이 떨어져나가는 것을 느낄 것입니다. 믿으십시오. 인생이 훨씬 더 즐거워지고 하나님의 복과 은혜가 폭포수처럼 쏟아질 것입니다.

여러분은 지금보다 '더 나은 사람'이 될 것입니다!

조엘 오스틴

BECOME A BETTER YOU

차례

한국 독자들에게 · 5
프롤로그 · 10

1부

첫 번째 키 잘되는 마음

나는 잘될 것이다

1 날마다 성장하라 · 16
2 꿈으로 마음을 움직이라 · 27
3 하나님의 능력을 믿으라 · 37
4 과거의 실수에서 벗어나라 · 50
5 복 있는 가문을 세우라 · 58
6 좋아하는 일을 선택하라 · 69
  마음의 키를 잡으라 · 79

2부

두 번째 키 잘되는 생각

나는 긍정적인 사람이다

1. 잘한 일을 떠올리라 · 82
2. 자신을 사랑하라 · 93
3. 스스로 격려하라 · 103
4. 자신감을 가지라 · 110
   생각의 키를 잡으라 · 121

3부

세 번째 키 잘되는 습관

나는 좋은 습관을 가진 사람이다

1. 도움이 되면 꾸준히 하라 · 124
2. 행복한 습관을 기르라 · 137
3. 남의 비판에 화내지 마라 · 149
4. 자신의 행복을 책임지라 · 159
   습관의 키를 잡으라 · 169

4부

네 번째 키 | 잘되는 관계

나는 사랑할 줄 아는 사람이다

1 사랑할수록 세워주라 · 172
2 갈등은 즉시 해결하라 · 185
3 하나님 다음은 가족이다 · 198
4 좋은 감정은 평소에 쌓아두라 · 207
5 매일 선을 베풀라 · 217
　관계의 키를 잡으라 · 225

5부

다섯 번째 키 | 잘되는 태도

나는 최선을 다하는 사람이다

1 지금 있는 자리에 감사하라 · 228
2 상황에 흔들리지 마라 · 237
3 문제에서 답을 찾으라 · 245
4 받은 복을 적어보라 · 252
5 하나님께 주도권을 드리라 · 258
　태도의 키를 잡으라 · 267

6부

여섯 번째 키 잘되는 결단

나는 비전이 있는 사람이다

1 목표를 크게 잡으라 • 270
2 민감한 양심도 경쟁력이다 • 277
3 진실하게 성공하라 • 284

   결단의 키를 잡으라 • 291

7부

일곱 번째 키 잘되는 실천

나는 믿음으로 산다

1 복을 계획하라 • 294
2 웃으면서 일하라 • 301
3 믿음을 기대로 바꾸라 • 310
4 열정을 품고 살라 • 319

   실천의 키를 잡으라 • 330

에필로그 • 331

프롤로그

인생이 술술 풀리고 있든 삶이 눈앞에서 무너져내리고 있든 간에 우리 모두는 더 나아지기를 원한다. 더 풍성한 인생의 열매를 바란다. 하나님을 더 깊이 알기를 소원한다. 더 나은 부모와 배우자로, 더 나은 인생 스승으로, 더 나은 공동체 리더로, 더 나은 직장인으로, 더 나은 경영자로 지금보다 더 나아지고 싶은 것이 한결같은 바람이다. 하나님은 우리 깊은 곳에 그분을 더 닮아가고자 하는 갈급한 마음을 주셨다. 존재 깊은 곳에서 끊임없이 우리를 깨우는 목소리에 귀기울여보라. "너는 처음부터 지금보다 더 나은 존재로 태어났어. 현재보다 더 수준 높은 삶을 살아야 해. 평범한 삶에 만족하지 마. 더 나아질 수 있어."

어떻게 그렇게 될 수 있을까? 더 나은 사람이 되려면 어떻게 해야 할까?

앞서 출간된 『긍정의 힘』은 잠재력을 온전히 발휘하도록 돕는 일곱 단계를 제시했다. 그 과정을 충실히 이행한 많은 사람들이 이전보다 더 큰 비전을 품고 하나님의 복과 은혜를 풍성히 누리고 있으리라 믿는다. 하지만 지금 최선의 삶을 살고 있더라도 현재에 그대로 머물러 있어서는 곤란하다. 하나님은 날마다 성장하라고 말씀하신다. 그분은 우리 안에서, 또 우리를 통해 더 많은 일을 이루고자 하신다. 깊은 자기 발견을 통해 더 높은 단계로 우리 삶을 끌어올리려고 하신다. 우리는 평범하게 살도록 창조되지 않았다. "이만하면 됐어"라는 태도는 하나님의 계획과 거리가 멀다. 하나님은 계속 다음 단계로 뻗어나가라고 말씀하신다.

『잘되는 나』는 바로 그 방법을 알려준다. 내면 깊은 곳을 살펴보라. 하나님이 이미 우리 안에 심어두신 씨앗이 보이는가? 우리를 위대하게 자라게 할 하나님의 귀한 씨앗 말이다. 이 책에는 그 씨앗에 감추어진 비밀들을 밝혀 풍성한 복의 열매를 맺게 하는 일곱 가지 열쇠가 들어 있다. 이 열쇠들은 전혀 복잡하거나 난해하지 않다. 오히려 너무 단순해서 사람들의 이목을 끌지 못한다. 하지만 나는 이 원칙들의 덕을 톡톡히 봤다. 내가 개인적인 생활과 인간관계, 그리고 가정과 일에서 늘 복을 기대하는 것은 이 원칙들 덕분이다. 그 효과가 놀라울 따름이다.

생각이나 태도, 행동이 평범한 수준에 묶여 있는 사람들이 너무도 많다. 이제는 그런 부정적인 마음가짐을 벗고 더 높이 오를 때다. 잊지 마라. 하나님은 당신 안에 이미 승리하는 삶에 필요한 모든 것을 넣어 두셨다. 이제 그것을 꺼내는 것은 당신에게 달렸다. 그릇된 태도나 부정적인 과거, 남들의 허튼소리 때문에 현재에 주저앉아 있어서는 안 된다. 가지고 있는 잠재력을 최대한 끌어내며 살고자 애쓰는 사람들은 현재의 '좋은 삶'이 앞으로 '가장 좋은 삶'으로 발전하는 데 제일 큰 걸림돌이 되기도 한다는 사실을 잘 안다.

주변에 "정말 대단한 엄마야!" "정말 훌륭한 직원이야!" 이런 감탄을 자아내는 사람이 있는가? 그는 십중팔구 날마다 더 나아지고 있는 사람이다.

어떻게 해야 더 나은 사람이 될 수 있을까? 첫째, 우리가 잠재력을 온전히 발휘하도록 하나님이 도와주실 것을 믿어야 한다. 둘째, 하나님이 도와주시지만 우리도 자기 역할을 해야 한다.

1. 나는 잘될 것이다
2. 나는 긍정적인 사람이다
3. 나는 좋은 습관을 가진 사람이다
4. 나는 사랑할 줄 아는 사람이다
5. 나는 최선을 다하는 사람이다
6. 나는 비전이 있는 사람이다
7. 나는 믿음으로 산다

나는 당신이 과거와 현재와 미래를 꿰뚫어볼 수 있도록 돕고 싶다. 우리가 함께 성장하면 하나님이 우리 삶에 아낌없이 복을 부어주실 것이다. 아니, 우리를 꿈도 꾸지 못한 곳으로 데려가실 것이다.

힘겨운 시절을 지나고 있더라도 용기를 내라. 더 좋은 날이 다가오고 있다! 하나님이 당신 손을 잡고 시련의 터널을 지나 훨씬 더 좋은 곳으로 이끌어주실 것이다. 잃어버린 모든 것 위에 훨씬 더 많은 것을 얹어 돌려주실 것이다.

이미 성공해서 인생을 즐기고 있다면 이 원칙들로 마음을 지키고 하나님이 기뻐하시는 태도와 라이프스타일을 유지할 수 있다. 하나님이 주신 복에 깊이 감사하고, 나아가 이웃을 위한 복의 통로가 되기로 결심하라. 그러면 하나님이 계속해서 당신 삶을 무한한 사랑과 기쁨과 평안으로 채워주실 것이다.

준비됐는가? 이제 당신 자신을 탐구하는 내면의 여행을 떠나자! 아마도 전에는 거의 돌아보지 않았던, 어쩌면 전혀 생각조차 하지 못했던 내면의 문제와 직면하게 될 것이다.

이 책은 마음과 생각과 영혼을 다루고 있지만 이러한 내면의 여행은 겉으로 드러나는 '외적' 삶에도 좋은 영향을 미칠 것이 분명하다. 더 좋은 관계를 맺고 가진 재능을 더 효과적으로 활용하여 훨씬 더 나은 삶으로 나아가게 할 것이다.

BECOME

A

BETTER

YOU

1부

첫 번째 키 　잘되는 마음

나는 잘될 것이다

1 날마다 성장하라
2 꿈으로 마음을 움직이라
3 하나님의 능력을 믿으라
4 과거의 실수에서 벗어나라
5 복 있는 가문을 세우라
6 좋아하는 일을 선택하라
　마음의 키를 잡으라

JOEL OSTEEN

01
Become A Better You
날마다 성장하라

오늘은 새로운 날이다. 계속 전진하라.
인생 최고의 날이 다가오고 있다.

건축가로 이름이 널리 알려진 프랭크 로이드 라이트Frank Lloyd Wright는 아름다운 집과 건축물들을 수없이 설계했다. 라이트가 은퇴할 무렵에 한 기자가 물었다. "근사한 건축물을 많이 설계하셨는데, 어떤 건축물이 가장 마음에 드세요?"

라이트는 조금도 망설이지 않고 대답했다. "그야 다음 번 건축물이죠."

과거의 성공에 안주하지 않고 끊임없이 전진하겠다는 굳은 결의가 돋보이지 않는가? 온 세상이 우리에게도 다음 번 도전을 기대하고 있다.

하지만 잠재력 근처에도 이르지 못한 채 시시하게 살아가는 사람이 얼마나 많은지 모른다. 온갖 재능을 타고나고도 현재 수준에 익숙해진 나머지 거기에 쉽게 만족해버리는 사람들 말이다.

내가 아는 하나님은 날마다 자신을 뛰어넘는 분이시다. 오늘은 어제보다 더 풍성한 은혜를 주시며, 또 내일은 오늘보다 더 큰 복을 부어 주신다. 오늘은 어제보다 더 위대한 일을 이룰 수 있다. 당신이 선생님이라면 아직 가장 위대한 수업을 진행하지 않았다. 당신이 건축가라면 아직 가장 멋진 집을 짓지 않았다. 당신이 사업가라면 아직 최고의 계약이 성사되지 않았다. 그러므로 기대 수준을 높이고 시야를 넓혀 하나님이 곧 주실 새로운 복을 준비해야 한다. 인생 최고의 날은 아직 오지 않았다!

스스로 잠재력을 제한하지 마라

누가 뭐래도 우리는 지극히 높으신 하나님의 자녀다. 하나님은 우리에게 자신의 생명을 불어넣으셨고, 우리 안에 위대한 씨앗을 심으셨다. 따라서 우리는 하나님이 주신 그분의 뜻과 계획을 얼마든지 이룰 수 있다. 재능이며 창의력, 절제력, 지혜, 결단력까지 우리 안에는 없는 게 없다. 우리는 그야말로 잠재력 덩어리다. 하지만 아무리 잠재력이 크다 해도 가만히 앉아 먼 산만 바라봐서는 아무 소용이 없다. 잠재력을 풀어놓아야 한다. 하나님이 주신 재능을 남김없이 활용해야 한다.

여러 해 전에 친구 한 명이 독일의 아우토반을 질주해볼 기회가 생겼다. 잘 알려진 대로 아우토반에는 여느 고속도로와 달리 속도 제한이 없다. 얼마든지 가속 페달을 밟아도 좋다.

신이 난 친구가 가속 페달을 지그시 밟자 속도계의 바늘이 시속

120, 140, 160킬로미터를 넘어 180킬로미터까지 올라갔다. 양 옆으로 사람들이 순식간에 멀어지자 마치 도로 위의 제왕이라도 된 듯한 기분이었다.

그런데 얼마 가지 않아 차 한 대가 그 옆을 번개처럼 스치고 지나갔다. 내 친구의 차와 정확히 똑같은 모델이었다. 하지만 얼마나 빠른지 그에 비하면 친구의 차는 마치 멈춰 있는 것 같은 착각이 들 정도였다. 족히 시속 270킬로미터는 돼 보였다.

옆 자리에 같이 타고 있던 사람이 친구를 보며 킥킥거렸다. "봐, 자네는 훨씬 더 빨리 달릴 수 있는데도 그러지 않고 있는 거야."

내 친구 차에는 막대한 잠재력이 있었다. 이 차도 시속 270킬로미터 이상으로 달릴 수 있는 차였다. 고작 180킬로미터 이하로 달린 속도는 제조업체가 정해놓은 자동차의 잠재 성능과는 전혀 상관이 없었다. 친구가 잠재력을 사용하지 않았다고 해서 이미 정해진 잠재력이 줄어든 것은 아니다. 하지만 잠재력이 아무리 풍부해도 그냥 썩혀두면 아무 소용이 없다.

우리도 마찬가지다. 우리의 잠재력은 제조업체, 곧 창조주 하나님이 미리 정해놓으셨다. 우리가 사용하든 말든 이 잠재력은 변함이 없으며, 그 사용 여하에 따라 우리의 미래가 달라질 뿐이다. 과거의 사건들은 우리의 잠재력을 조금도 줄어들게 할 수 없다. 남들의 말이나 태도, 그 무엇도 우리가 가진 잠재력에 아무런 영향을 끼칠 수 없다. 실망스러운 일을 겪었는가? 억장이 무너지는 일을 당했는가? 그와 상관없이 우리의 잠재력은 처음 그대로다.

우리의 잠재력은 우주의 창조주께서 넣어두신 그대로 영원히 변하지 않는다. 그리고 믿음으로 전진하고 뻗어나가면 이 잠재력이 슬슬 발동하기 시작한다. 이때부터 우리는 점점 더 높이 날아오르기 시작한다.

그런데도 우리는 틈만 나면 과거에 얽매여 전진하기를 멈춘다. 사업 파트너나 친구, 친척에게 맥 빠지는 소리를 들었는가? "이봐, 자네가 정말로 할 수 있다고 생각하는 건 아니지? 자네는 아직 멀었어. 괜히 시도했다가 실패하면 어쩌려고 그래? 망하면 어쩔 건가?"

이런 부정적인 말에 기가 죽어 그만 전진하기로 했는가? 안 될 말이다. 누가 뭐래도 우리 안에 있는 잠재력은 그대로다. 여전히 속에서 강하게 꿈틀대고 있다. 남들이 내뱉는 헛소리는 들을 가치도 없다. 그저 하나님이 주신 잠재력을 활용하고 하나님이 원하시는 일을 하기만 하면 된다. 우리 안에는 이미 무한한 능력이 있다. 문제는 스스로 정한 한계를 깨고 다음 단계로 마음껏 비상할 것인가를 선택하는 일이다.

언젠가 셰리라는 젊은 여성이 조언을 구하러 왔다. 그녀는 오랫동안 독설을 들으며 살았다고 했다. "무엇 하나 제대로 하는 게 없어. 굼벵이 같으니라고. 왜 그렇게 못생겼니?" 이런 말을 하도 오래 듣다보니 셰리는 육체적, 감정적, 영적으로 완전히 망가져 있었다. 기쁨과 자신감은 온데간데없고 자존감은 땅에 떨어진 상태였다.

최종 결정권자는 하나님이시다. 그러니 남들의 장단에 흔들리지 말고 하나님의 장단에 맞춰 춤을 추라.

그때 내가 셰리에게 해준 말을 당신에게도 해주고 싶다. "당신의 가치와 재능은 전능하신 하나님이 주신 겁니다. 남들이 하는 말에 신경

쓰지 말아요. 좋은 소식을 알려드리죠. 최종 결정권자는 하나님이시랍니다. 그분은 당신 안에 보물이 있다고 말씀하세요. 당신에게 엄청난 재능이 있다고 하십니다. 그러니 남들의 장단에 흔들리지 말고 하나님의 장단에 맞춰 춤을 추세요. 나는 창의적이다. 나는 재능이 풍부하다. 나는 소중하다. 내 미래는 더없이 밝다. 내 인생 최고의 날이 다가오고 있다. 늘 그렇게 생각하세요. 새로운 방향으로 마음이 향해야 합니다. 부정적인 생각에 사로잡히면 하나님이 주신 잠재력을 발휘할 수 없어요."

부정적인 생각을 떨쳐내지 못해 자신감과 자아상이 밑바닥을 헤매는 사람이 얼마나 많은지 모른다. 대신 하루 종일 긍정적인 생각을 마음속에 되뇌보라. 그렇게 하면 낮은 자아상이나 자신감 부족, 열등감 같은 고질적인 문제들이 도저히 들어올 틈이 없다. 우리는 어깨를 쫙 펴고 얼굴에 미소를 머금고 다음 단계로 뻗어나갈 기회를 찾아 두리번거려야 한다.

목적지에 시선을 고정하라

한번은 7대째 서커스를 하고 있는 유명한 줄꾼에게 비결을 물었다.
"당신이 줄을 타면 왜 그렇게 쉬워 보이죠?"
"비결은 간단해요. 오로지 목적지에만 시선을 고정하면 됩니다. 밑을 보면 절대 안 돼요. 머리가 가면 몸도 따라가거든요. 아래를 보면 떨어지기 딱 좋아요. 항상, 가려는 곳만 봐야 합니다."
인생살이의 비결도 똑같다. 뒤를 보면서 상처와 고통만 떠올리는 사람. 아래를 보면서 인생이 불공평하다며 불평하는 사람. 그래서는 높이 오를 수 없다. 높이 비상하려면 목적지만 바라봐야 한다. 우리의 꿈은 언제나 거창해야 한다! 현재의 자신을 보지 말고, 긍정적인 비전을 품어야 한다. 목표와 소명을 온전히 이룬 자신을 상상해야 한다.

하나님은 우리를 각자의 세상에 맞게 창조하셨다. 왠지 꿈을 이루지 못할 것만 같은가? 의심의 구름을 넘어 중요한 사실을 하나 기억하면 새로운 힘이 솟을 것이다.

"내 안에 전능하신 하나님의 씨앗이 있어!"

하나님은 완전 무장도 시키지 않은 채 덥석 꿈부터 불어넣는 분이 아니시다. 우리에게 적당한 지혜나 재능, 능력과 자원이 없는 것처럼 보일 때마다 이 사실을 떠올려야 한다. "하나님은 나를 내 세상에 맞게 창조하셨어. 하나님은 나를 완전 무장시키셨어."

어느 목사님이 남자 교인 한 명에게 20달러짜리 지폐를 주면서 말했다. "아내 성경책 사이에 이걸 숨겨두세요. 들키면 안 돼요."

나중에 설교 시간이 되어 목사님은 그 아내를 찾아 일어서라고 말했다.

"저를 믿죠?"

"물론이죠."

"제가 시키는 대로 하실 겁니까?"

"하다마다요."

"좋습니다. 성경책을 펴서 그 안에 있는 20달러 지폐를 제게 주세요."

여자는 머리를 긁적였다. "예? 저한테는 20달러가 없어요."

그러자 목사님은 짐짓 서운한 표정을 지으며 물었다. "저를 믿는다면서요?"

"예, 믿기야 하죠."

"그럼 성경책을 펴서 20달러를 주세요."

여자는 할 수 없이 성경책을 폈다. 그런데 이럴 수가, 책장 사이에 정말로 20달러짜리 지폐가 들어 있는 게 아닌가. 입이 떡 벌어진 여자는 목사님을 보며 중얼거렸다. "이게 왜 여기 있지?"

목사님이 빙그레 웃었다. "제가 준 거예요. 제가 진작 준 선물을 지금 꺼내보라고 한 겁니다. 요긴한 데 쓰세요."

하나님도 마찬가지시다. 그분은 이미 우리 안에 넣어두지 않은 것을 요구하시는 법이 없다. 우리가 믿음으로 나아가면 전에는 보지 못했던 보물이 하나씩 모습을 드러낸다.

함부로 의심하는 말을 내뱉으면 우리를 통해 이루시려는 하나님의 위대한 역사가 저 멀리 날아가버린다. 구약에 하마터면 그럴 뻔한 인물이 나온다. 바로 모세다. 하나님은 모세에게 엄청난 임무를 주셨다. "이집트 왕 앞에 서서, 노예로 살아온 내 백성을 보내라고 명령하라!" 놀란 모세는 손사래를 친다. "아이고, 하나님. 저는 못 해요. 말까지 더듬는 제가 어찌 그런 일을 하겠습니까?"

그때 하나님이 뭐라고 하셨는가? 모세의 항변과 변명에 대한 하나님의 대답을 읽을 때마다 나는 가슴이 후련해진다. "모세야, 누가 네 혀를 만들었느냐? 누가 네 목소리를 만들었느냐?"

이 매서운 질문에는 깊은 의미가 담겨 있다. "모세야, 내가 이미 너를 완전 무장시켰단다. 이제 내가 준 도구를 꺼내 나를 위해 사용하렴. 네 가족과 친구들, 그리고 너 자신을 위해 재능을 발휘해라."

하나님이 주신 꿈이나 소명이 아무리 거대해도 겁먹을 까닭이 전혀 없다. 무엇보다 부정적인 목소리들에 휘말려 주저앉지 않도록 조심해야 한다. 사람들이 부정적인 말로 꿈과 자신감을 빼앗으려고 하자 사도 바울이 뭐라고 말했던가. "그들이 믿지 않는다고 뭐가 달라지는가? 그런다고 하나님의 약속이 무효가 되는가?"

달리 표현하면 이렇다. "남들이 하나님의 복을 믿지 않아도 상관없어. 누가 뭐래도 나는 믿을 거야. 하나님의 약속이 여전히 내 안에 살아 있어."

이것이 바로 우리가 품어야 할 태도다.

비난의 목소리에 주저앉지 마라

주변의 반대나 스스로 느끼는 실망감으로 그 자리에 털썩 주저앉는 경우가 얼마나 많은가. "나야 원래 이 모양 이 꼴이지." "저 사람에 비하면 나는 너무 못생겼어." "금방 승진할 줄 알았는데 벌써 몇 번째 낙방이야? 나는 재능이 없나 봐. 아무리 노력해도 안 돼."

이런 생각이 우리를 넘어뜨리더라도 곧바로 일어나 다시 전진해야 한다. 우리는 너무도 쉽게 꿈을 내팽개친다. 하나님이 초자연적으로 문을 여실 뿐 아니라 때로는 초자연적으로 문을 닫으신다는 사실을 몰라서 그렇다. 하나님이 문을 닫으시는 것은 언제나 더 좋은 문이 준비되어 있기 때문이다. 막다른 골목이 나타났다고 해서 금세 포기하는 것은 어리석다. 다른 길을 찾아 계속 전진해야 한다.

주변의 반대가 극심하다면, 곧 더할 수 없이 좋은 길이 나타난다는 뜻이다. 닫힌 문 앞에 이르렀는가? 일이 뜻대로 풀리지 않는가? 거기서 끝이라는 생각은 금물이다. 더 좋은 길을 가리키시는 하나님의 손길을 떠올려야 한다. 아무리 일이 꼬여도 그 자리에 주저앉는다면 다가올 복을 걷어차는 셈이다.

여러 해 전에 새 성전을 짓기로 결정한 우리 교회는 몇 달 간 열심히 알아본 끝에 사십만 제곱미터가 넘는 멋진 부지를 찾았다. 들뜨고 흥분된 마음으로 막 계약을 하려는 찰나, 땅 주인이 그만 느닷없이 다른 곳에 그 땅을 팔아버렸다.

나는 다리에 힘이 쭉 빠졌다. 하지만 주저앉지는 않았다. "하나님이 이 문을 닫으신 데는 특별한 이유가 있어. 더 좋은 문을 예비해놓으신 게 분명해." 극도의 실망감이 몰려온 건 사실이다. 하지만 나는 실망감을 떨치려고 애썼다. "여기서 주저앉지는 않을 거야. 계속해서 전진할 거야."

몇 달 후 다시 근사한 부지가 나타났다. 그러나 이번에도 비슷한 일들이 벌어지는 바람에 땅 주인이 매매를 거절했다. 역시나 실망감이 밀려왔다. 도저히 이해할 수 없었다. 그래도 좌절은 있을 수 없었다.

"끝까지 주님을 믿겠습니다. 주님의 길이 더 나은 줄로 믿습니다. 사실, 제 좁은 머리로 이해할 수는 없습니다. 불공평해 보이기도 해요. 그래도 믿음으로 전진하고 끝까지 복을 기대하겠습니다."

그후 오래지 않아 '컴팩센터'를 향한 문이 열렸다. 휴스턴에서도 가장 번화한 도심 한복판에 자리한 16,000좌석의 대형 스포츠 경기장이라니! 그제서야 하나님이 다른 문들을 닫으신 이유를 알게 되었다. 우리가 이전의 부지들 가운데 하나를 매입했다면 하나님의 최선에 이르지 못했을지도 모른다.

살다보면 인간의 머리로 이해하지 못할 일이 수없이 일어난다. 그래도 우리는 하나님을 신뢰해야 한다. 모든 일이 하나님의 손바닥 안에 있기 때문이다. 하나님은 늘 우리를 이끌고 인도해주신다. 우리는 가장 좋은 길을 알고 계신 그분을 굳게 믿고 따라가기만 하면 된다.

한번도 관계에 실패해보지 않은 사람이 어디 있겠는가? 그런데도 결혼생활에 실패한 후로 상처와 패배감에 사로잡혀 더는 복을 기대하지 않는 사람이 많다.

분명 이혼이 하나님의 최선은 아닐 것이다. 하지만 어쩔 수 없이 이혼을 결정하는 경우도 있다. 이미 이혼을 했다면 이제 과거는 잊고 하나님의 새로운 계획을 고대해야 한다. 누군가에게 버림받고 상처를 입었다 해도 주저앉거나 후퇴해 봐야 좋을 게 하나 없다. 아무리 버림을 받아도 우리 안에 있는 하나님의 씨앗은 변하지 않는다. 행복은 여전히 우리 앞에서 손짓하고 있다. 문이 닫혀도 올바른 태도만 잃지 않으면 하나님은 또 다른 문을 열어주신다. 단, 우리도 해야 할 일이 있다. 전진해야 한다.

원망과 분노에 사로잡혀 하나님을 비난하는 사람이 얼마나 많은가. 우리만큼은 그러지 말아야 한다. 상처를 날려버려야 한다. 이해할 수는 없어도 하나님을 믿고 꿋꿋이 인생길을 걸어가면 반드시 좋은 날이 온다.

> 부정적인 목소리가 아닌 하나님의 음성에만 귀를 기울이면 새 힘이 솟는다. 닫힌 문은 하나님이 더 좋은 문을 열어주신다는 신호다.

실패는 끝이 아니다. 새로운 시작일 뿐이다. 주변에서 거절을 당해도 고개를 높이 들어야 한다. 왜일까? 모두가 밀어내도 하나님만은 받아주시기 때문이다. 하나님은 우리를 인정해주시며 우리를 위해 더 좋은 복을 마련해놓으셨다.

보물을 깊이 묻어두기만 한 채 삶을 마감해서야 되겠는가. 매번 더 높이 솟아올라야 한다. 하나님이 마음에 주신 꿈을 현실로 이루고 싶지 않은가? 남들이 뭐래도 꿈을 버려서는 안 된다. 부정적인 목소리가 아닌 하나님의 음성에만 귀를 기울이면 새 힘이 솟는다. 하나님의 또 다른 계획이 있는데 세상에서 좀 거부당하면 어떤가? 닫힌 문은 하나님이 더 좋은 문을 열어주신다는 신호다. 아직 좋은 문이 나타나지 않았는가? 괜찮다.

오늘은 새로운 날이다. 계속 전진하라. 심란하고 실망스러운 사건에 눌려 쓰러지지 마라. 늘 다음 단계로 뻗어나가라. 잠재력을 최대한 끌어내라. 그러기만 한다면 인생 최고의 날은 반드시 온다. 하나님이 복과 은혜를 더 풍성히 부어주시고 우리는 더 나은 사람이 되리라. 꿈도 꾸지 못했던 수준에 오르리라.

02
Become A Better You
꿈으로 마음을 움직이라

몽상이 아닌 꿈을 꾸는 사람과 어울려야 한다.
목표를 세우고 이루려는 사람과 가까이하면 우리도 그렇게 된다.

오래 전에 입구가 이중문으로 된 정부 건물에 들어간 적이 있다. 두 문 사이의 거리가 4미터가 조금 넘는 자동문이었는데, 보안상 이유로 첫 번째 문이 완전히 닫힌 후에야 다음 문이 열렸다. 첫 번째 문틈에 서 있는 한, 두 번째 문은 절대 열리지 않는다.

우리 인생도 비슷하다. 지난 일에 대한 실망과 좌절감은 이제 그만 날려버려야 한다. 그 문을 완전히 닫아야 새로운 문이 열린다. 지난 과거는 우리 힘으로 어쩔 수 없으니 하나님이 예비하신 미래만 보며 전진하는 것이다. 어디에서 왔는지 혹은 어디에 있었는지는 중요하지 않다. 문제는 앞으로 어디로 가느냐다.

올바른 태도로 살아가면 과거에 잃은 것보다 더 많은 것을 이룰 수 있다. 뒤만 봐서 뭘 어쩌겠는가? 오늘은 새로운 날이다. 꿈이 죽은 지

오래인가? 그렇지 않다. 하나님은 얼마든지 죽은 꿈을 되살리실 수 있다. 또한 새로운 꿈을 뜨겁게 품게 하실 수도 있다. 그분을 믿기만 하면 이루지 못할 것이 없다.

시도 바울은 젊은 제자 디모데에게 이렇게 촉구했다. "네 안의 은사를 다시 불일 듯 일으켜라." 그렇다. 우리는 재능과 꿈과 소망, 곧 내면에 있는 잠재력을 자극해야 한다. 뛰어난 잠재력을 의기소침한 태도와 낙심, 할 수 없다는 부정적인 목소리와 약점, 실패와 두려움 밑에 그냥 묻어둔 채로 살아가고 있는가? 그래도 하나님의 보물은 여전히 우리 안에 있다. 이제 이 보물을 캐내는 것은 우리 몫이다.

하지만 정신을 바짝 차려야 한다. 우리의 잠재력을 억누르려는 세력들이 곳곳에 숨어 있다. 방해 세력들이 호시탐탐 우리를 노리고 있다. 고난과 억울한 상황은 우리를 낙심과 포기로 몰고가려는 원수의 작전인 경우가 많다. 도대체 되는 일이 없는가? 매번 삶이 원하는 바와 다른 방향으로 흐르는가? 참으로 힘든 세월을 살아왔는가? 그래도 기죽을 필요는 없다. 하나님이 회복시켜주실 테니. 하나님을 바라보면 그분이 격려해주시고 소망으로 가득 채워주신다. 그분이 꿈을 되살려주시고 새로운 역사를 펼치실 것이다.

우리 안에서 숨 쉬고 있는 무한한 잠재력을 늘 기억해야 한다. 우리 재능은 보통이 아니다. 우리 안에는 번뜩이는 지혜가 있다. 그렇지 않았다면 굳이 원수가 우리를 무너뜨리려고 애쓰지도 않을 것이다. 워낙 재능과 지혜, 기쁨과 웃음, 꿈과 매력이 철철 넘치니까 원수가 기를 쓰고 달려드는 것이다. 원수는 우리의 잠재력이 평생 잠든 채로 남아 있기를 바란다. 그러나 하나님이 원수가 아닌 우리에게 주도권을 주셨으니 얼마나 감사한가.

태어나서부터 줄곧 불행하게 살아왔는가? 부당한 대우에 화가 치민 게 한두 번이 아닌가? 하지만 중요한 것은 여태껏 살아온 세월이 아니라 앞으로 살아갈 날들이다. 과거는 우리가 머물 곳이 아니다. 실망감을 벗어던져야 한다. 여전히 우리 삶을 다스리시는 하나님만 바라봐야 한다.

그분을 믿으면 결국 모든 고난을 거둬주겠다고 약속하셨다. 상황이 암울해 보이는가? 고난의 끝이 보이지 않는가? 악한 세력이 이기고 있는 것 같은가? 그래봐야 잠시뿐이다. 하나님은 상황을 바꿔주시고 고난도 오히려 유익하게 사용하겠다고 말씀하셨다.

툴툴 털고 일어나 새롭게 출발하라

현재에 안주하는 인생은 불쌍하기 그지없다. 왜 '그럭저럭'에 만족하려고 하는가? 항상 더 분발하라. 우리를 방해하는 세력보다 돕는 손길이 훨씬 더 강하다. 성경은 이렇게 말한다. "밤새 울었더라도 아침이면 기쁨이 찾아옵니다."

꿈을 다시 꺼내고 꺼진 열정에 불을 지펴야 한다. 겨우 헤어지지만 않고 살아가는 부부 관계에 만족해서야 되겠는가.

> 우리 안에는 더 큰 잠재력이 있다. 조금 더 앞으로 나아가면 인생이 달라진다.

억지로 회사에 나가 마지못해 일하지 마라. 오늘 새로운 비전을 품고 믿음의 도약을 해야 한다. 우리 안에는 더 큰 잠재력이 있다. 조금 더 앞으로 나아가면 인생이 달라진다. 믿음과 소망을 놓지 않고 뛰다보면 더 높이 비상할 수 있다. 인생이 술술 풀리기 시작한다.

"벌써 해봤지만 실패했어. 내 꿈은 산산조각났어."

뭐가 걱정인가? 또 다른 꿈을 꾸면 된다.

"완전히 실패했어. 이젠 끝이야."

무슨 소리! 일어나서 다시 전진하면 이번에는 성공할 수 있다.

가인이 동생 아벨을 죽였을 때 부모인 아담과 하와가 얼마나 경악하고 좌절했을까? 하지만 창세기 4장 25절을 보면 아담과 하와는 극심한 고통 중에서도 희망을 바라보았다. "하나님께서 내게 다른 씨를 주셨다." 달리 표현하자면 이렇다. "우리 집안에서 이런 끔찍한 일이 일어나다니. 하지만 언제까지 슬퍼하고 있을 수만은 없지. 하나님이 또 다른 씨앗을 주셨잖아."

더는 나빠질 게 없어 보이는 최악의 순간에도 하나님은 말씀하신다. "또 다른 씨앗을 줄 테니 용기를 내라. 새로운 역사를 펼치겠노라."

의사에게서 충격적인 소견을 들었는가? 관계가 뜻대로 풀리지 않았는가? 우리가 잃고 빼앗긴 것마다 하나님은 또 다른 계획을 세워놓고 계신다. 또 다른 씨앗을 주신다.

하나님이 '씨앗'이라는 단어를 사용하신 것은 씨앗이 다가올 풍성함을 뜻하기 때문이다. 과거의 짐을 내려놓고 전진하면 잃은 것보다 훨씬 더 많은 복이 다가온다.

그런데도 우리는 좀처럼 과거를 떨쳐내지 못한다. 상처를 준 사람이나 억울한 일만 떠올리며 신세타령만 해댄다. "왜 하필 내게 이런 일이 일어났을까?" 그러는 사이에 우리의 꿈과 재능은 한없이 짓눌린다. 엄청난 잠재력이 잠에서 깨어날 줄 모른다.

어떻게 해야 과거를 떨쳐 낼 수 있을까? 무엇보다 과거에 대한 집착을 버리는 게 우선이다. 지난 일을 계속 꺼내서는 안 된다. 부정적인 경험은 이제 그만 떠올려야 한다.

쓰디 쓴 실패를 맛보았는가? 꿈이 날아가버렸는가? 그렇다면 잠시 슬퍼해도 좋다. 하지만 때가 되면 툴툴 털고 일어나 새로운 희망을 향해 전진해야 한다. 언제까지나 실망감 속에서 뒹굴 수는 없다. 슬퍼한다고 과거가 조금이라도 바뀌는가? 하나님은 벌써 새로운 출발을 준비하고 계신다. 하지만 그보다 먼저, 우리가 묵은 고통을 날려버려야 한다. 뒤쪽 문은 완전히 닫고 성큼 발을 내딛어야 앞쪽 문이 활짝 열린다.

부정적인 사람과 관계를 정리하라

잠재력을 끝까지 다 발휘하려면 씨앗이 자랄 만한 환경도 중요하다. 잠재력은 누구도 따라오지 못할 만큼 풍부한데 어리석은 부류와 어울리는 바람에 삶을 망치는 사람들이 참 많다. 게으르고 무절제한 사람이나 꿈이 변변치 않은 사람, 혹은 부정적이고 비판적인 사람과 가까이 어울리면 그런 성향에 쉽게 전염된다. 나쁜 환경에 몸을 담으면 높이 비상할 수 없다. 부정적인 사람들과 어울리면서 긍정적인 삶을 기대한다는 것은 있을 수 없다. 절망과 낙심으로 꿈을 내던진 친구들과 어울리고 있는가? 그렇다면 그 부류에서 빨리 빠져나와야 한다. 솔직히 그런 친구들을 끌어올리기는 지극히 어렵다. 그들과 자주 어울리면 덩달아 밑바닥으로 떨어지기 십상이다.

친구들을 사랑하는가? 친구들을 위해 기도하고 그들을 긍정적인 방향으로 이끌기 위해 노력 중인가? 하지만 때로는 부정적인 친구들과 관계를 끊고, 건전하고 긍정적이고 믿음 충만한 환경으로 옮겨가는 것이 최선이다. 단호할 때는 단호해야 한다. 씨앗이 가진 잠재력이 아무리 위대해도 좋은 땅에 심지 않으면 제대로 뿌리를 내리고 자라지 못하기 때문이다.

나탈리는 극도로 부정적인 환경에서 살았다. 폭력 남편에게 하루 걸러 매를 맞고 수시로 욕지거리를 들어야 했다. 그래도 오랜 세월 꾹 참으며 살아왔다. 떠나기가 두려웠기 때문이다. 외로움이 무서웠다. 혼자 힘으로 두 딸을 먹여 살릴 자신도 없었다. 자녀까지는 아니더라도 자신을 사랑하고 용납해줄 남자를 새로 만나리라는 보장도 없었다.

하루는 나탈리가 이런 학대 관계를 계속 이어가야 하느냐고 물었다. 그때 나는 이렇게 대답했다. "그건 하나님의 최선이 아니라고 생각해요. 물론 헤어지는 걸 바라지는 않아요. 최대한 관계 회복을 위해 애를 써야죠. 하지만 하나님은 학대나 당하라고 당신을 창조하신 게 아닙니다. 당신의 어머니도 그러시더니 이제 당신도 학대를 받고 있군요. 뭔가 변화를 꾀하지 않으면 당신의 딸들도 마찬가지일 거예요."

가슴 아픈 말이었겠지만, 나탈리는 결국 용기를 내서 나쁜 관계의 문을 닫았다. 그리고 새로운 출발을 위해 학교로 돌아가 우수한 성적으로 졸업했다. 그후 좋은 직장에 들어가 일하다가 자신뿐 아니라 자녀들까지도 넉넉히 사랑해주는 남자를 만났다. 지금 나탈리의 집에서는 웃음이 끊이지 않는다. 하나의 문을 닫고 또 다른 문을 향해 전진하지 않았다면 이런 행복은 절대 찾아오지 않았을 것이다.

때로는 사람들이 우리 곁을 떠나간다. 그들은 나쁜 사람이 아닐 수도 있다. 단지 그 관계의 정한 기한이 끝났을 뿐이다. 우리는 이해하지 못해도 하나님은 자신이 하시는 일을 정확히 알고 계신다. 뜻하지 않게 우리의 발목을 붙잡고 있는 사람. 날개를 펴고 날아오르지 못하도록 방해하는 사람. 좋은 영향을 미치지 못하는 사람. 하나님은 이런 사람을 우리 삶에서 끄집어내신다. 하나님은 머물러 있는 우리를 뒤흔드신다. 그러므로 사업 파트너, 친구, 이웃, 동료, 그 누가 떠나가더라도 실망할 필요는 없다. 떠나지 말라고 애걸할 필요도 없다. 하나님이 새로운 사람을 보내주실 것이다. 명심하라. 우리의 소명은 우리를 떠나는 사람들과 연결되어 있지 않다.

> 사업 파트너, 친구, 이웃, 동료, 그 누가 떠나가더라도 실망할 필요는 없다. 하나님이 새로운 사람을 보내주실 것이다.

꿈을 꾸는 사람과 어울리라

내가 처음 우리 교회를 휴스턴 시내의 컴팩센터로 옮기자고 제안했을 때 사업가들과 여러 '전문가'들을 비롯한 수많은 사람들이 극구 만류했다. "목사님, 시간과 돈 낭비에요. 절대 불가능해요."

내가 쉽사리 포기했을까? '이 방면에서 나보다 훨씬 똑똑한 사람들이 하는 말이잖아. 설마 사업을 보는 안목이 나보다 못하겠어? 그냥 포기하는 편이 낫겠어.' 내가 이런 생각을 품었을까?

전혀 아니다. 나는 오히려 믿음의 말을 했다. "아니야. 이 꿈은 하나님이 주신 게 분명해. 하나님을 믿지 못해 평생 후회할 일을 저지르지는 않겠어. 부정적인 소리 따위에 내 꿈을 포기하지는 않겠어."

후회로 가득한 삶보다 더 나쁜 삶이 또 있을까? "이래야 했었는데,

저래야 했었는데." 나는 말년에 이런 한심한 소리나 내뱉으며 살고 싶지 않다. 주위의 부정적인 영향을 뿌리치고 꿈을 향해서만 달려가야 한다.

컴팩센터로 교회를 옮기기 위해 건설턴트를 고용한 적이 있었다. 그런데 그는 만날 때마다 온갖 불가능한 이유만 꼬집어냈다. 보고서는 매번 부정적인 내용으로 가득했다. 이 컨설턴트가 끼치는 나쁜 영향력을 견디다 못한 나는 결국 그를 떠나보내기로 결정했다. "이런 사람은 필요없어. 우리 환경을 오염시키고 있잖아. 사기를 꺾고 있어."

격려하고 힘을 실어줄 사람을 가까이 해야 옳다. 물론 그릇된 선택을 솔직히 지적해줄 사람도 있어야 한다. "예스"만 남발하는 사람하고만 어울려서는 최선의 길로 갈 수 없다. 그러나 "노"만 되풀이하는 사람도 위험하기는 마찬가지다. 부정적이고 비판적인 사람은 멀리하는 것이 현명하다. 때로는 가장 가까운 사람이 가장 치명적인 훼방꾼이 되기도 하므로 조심해야 한다.

다윗 왕 이야기를 기억하는가? 꼬마 다윗은 형 엘리압에게 블레셋 거인 골리앗과 싸우겠다고 말했다. 그러자 형은 부정적인 말로 다윗의 기를 꺾으려 했다. "야, 너 여기서 뭐하는 거야? 썩 돌아가서 양이나 지키지 못해!" 이 말은 "너는 위대한 일을 할 수 없어. 그럴 능력이 전혀 없어"라는 의미였다.

다윗은 중요한 선택의 기로에 섰다. 형의 부정적인 평가를 받아들여야 하나? 아니면 하나님이 주신 꿈을 믿어야 하나?

'형의 말이 맞을지도 몰라. 형은 나보다 나이도 많고 경험도 많잖아. 눈앞에 있는 장애물에 관해 아무렴 내가 형보다 더 많이 알겠어?

나는 아직 꼬마잖아. 나는 별로 재능도 없는 것 같아. 괜히 나섰다가 죽을지도 몰라.'

다윗은 그렇게 생각하지 않았다. 그는 믿음의 말을 했다. "형이 뭐라고 해도 상관없어. 나는 나를 잘 알아. 내 안에는 하나님이 주신 잠재력이 있어. 과감히 나가서 하나님의 뜻을 이룰 거야." 그러고는 시냇가에서 주운 조약돌 몇 개로 장대한 거인을 쓰러뜨렸다.

예수님도 불신으로 가득한 고향 나사렛 사람들을 떠나셔야 했다는 사실이 흥미롭지 않은가? 예수님은 부정적인 환경의 무서움을 잘 아셨다.

가족이나 친척, 아주 가까운 누군가로부터 분수를 알라는 말을 들었는가? 그렇다고 그를 미워해서는 안 된다. 좋은 뜻으로 충고한 것일 수도 있다. 여전히 그를 사랑하고 존중해야 한다. 단, 그와 너무 자주 어울리는 것은 바람직하지 않다. 멀리 떨어져서 그를 사랑하는 편이 서로에게 유익하다. 부정적이고 냉소적이며 시기심 많은 사람들과 어울리기에는 인생이 너무 짧다. 아무리 재능이 많고 아무리 위대한 씨앗을 품었어도 그 씨앗을 옥토에 뿌리지 않으면 뿌리를 내리지 못한다. 부정적인 환경에서 꿈을 이루기란 불가능에 가깝다.

> 부정적이고 냉소적이며 시기심 많은 사람들과 어울리기에는 인생이 너무 짧다.

몽상이 아닌 꿈을 꾸는 사람과 어울려야 한다. 거대한 목표를 세우고 위대한 일을 이루려는 사람과 가까이하면 우리도 그렇게 된다. 우리가 잠재력을 온전히 발휘하도록 도와줄 사람을 사귀어야 한다.

하나님은 이제 새로 출발해야 할 때라고 말씀하신다. 열정의 불씨를 되살리고 꿈을 다시 꾸라. 오랫동안 질병에 시달렸는가? 상관없다. 오늘은 치유될 날이다. 절망과 실망의 감옥에 갇혀 살아왔는가? 이제 풀려날 시간이다. 패배의 그림자가 짙게 드리운 집안에서 태어났는가? 오늘은 빛으로 나아갈 날이다.

다시 한번 믿음을 발휘해보라. 매일 좋은 일을 기대하며 눈을 뜨라. 그럭저럭 만족하려는 태도를 버리고 꿈을 향해 계속 전진하면 그 꿈이 진짜라는 사실을 발견할 것이다!

03
Become A Better You
하나님의 능력을 믿으라

당신은 하나님이 손수 뽑으신 귀한 존재며 선택된 존재다.
그분은 우리가 태어나기도 전에 우리에 대해 생각하셨다.

얼마 전 유명한 경주마들에 관한 글을 읽었다. 하나같이 이름 난 경마 대회에서나 봄직한 말들이었다. 챔피언 말 한 마리를 키워내는 데 그토록 많은 시간과 노력과 자원이 들어가는지 전에는 미처 몰랐다. 우연히 강하고 빠른 말을 찾아서 어느 정도 훈련 기간을 거친 후 경주에 내보내는 줄로만 알았다. 하지만 그게 아니었다. 챔피언 경주마는 그렇게 쉽게 탄생하지 않는다.

챔피언 경주마는 흔하게 볼 수 있는 여느 말과는 다르다. 순혈종이다. 그 안에는 여러 대에 걸친 승자들의 피가 흐르고 있다. 챔피언 말은 오랜 기간 철저한 연구를 통해 키운 명마다. 사육자, 트레이너, 수의사가 혈통을 확인하기 위해 오륙십 년 간의 데이터와 통계를 수집하기도 한다. 한 마리 말이 유명한 경마 대회에 출전하는 건 결코 우연이 아니다.

순혈종 말의 판매인은 수개월에 걸쳐 말들의 혈통과 계보를 살핀다. 어미 말의 경마 전적, 보폭, 속도, 몸집까지 꼼꼼히 조사한다. 챔피언은 아무렇게나 탄생하지 않는다. 승리의 열쇠는 바로 피 안에 있다.

세계 챔피언 혈통을 가진 말 한 마리를 길러내는 데는 자그마치 50만 달러가 든다. 그러고도 우승을 장담할 수 있는 건 아니다. 어렵사리 얻은 망아지만 갓 태어났을 때는 전혀 볼품이 없다. 후들후들 힘없는 다리며 흐리멍텅한 눈까지. 모르는 사람이 보면 영락없이 실패작이다. "불쌍한 말 주인 같으니라고. 돈만 버렸군. 이런 나약한 말이 어떻게 우승할 수 있겠어. 그냥 평범한 말이잖아."

하지만 주인은 이 망아지의 피에 챔피언의 유전자가 박혀 있다는 사실을 잘 안다. 족히 열두 마리는 되는 챔피언의 피가 흐르고 있을 것이다. 주인은 망아지가 당장 약해 보인다고 해서 걱정하지 않는다. 망아지 깊은 곳에 승자의 피가 흐르고 있는 이상, 털색이며 외향이나 몸집 따위는 문제가 되지 않는다.

우리는 하나님의 챔피언으로 태어났다

하나님도 당신과 나를 그렇게 보신다. 외모는 중요하지 않다. 피부색도 국적도 상관없다. 아무리 흠과 약점이 많아도 괜찮다. 우리 안에는 전능하신 하나님의 유전자가 박혀 있다. 우리는 유구한 챔피언 가문에서 태어났다.

생각해보라. 우리 하늘 아버지는 말씀으로 은하계를 창조하셨다. 하다못해 이 세상 조상들을 보라.

모세는 홍해를 갈랐다. 그의 놀라운 믿음이 우리 피에 담겨 있다.

목동 다윗은 시냇가에서 주운 조약돌 몇 개로 거인 골리앗을 무찔렀다. 그의 위대한 용기가 우리 피에 스며 있다.

삼손은 거대한 건물을 무너뜨렸다. 그의 불가사의한 힘이 우리 피에 깃들어 있다.

다니엘은 밤새 사자 굴에서 지내면서도 터럭 하나 상하지 않았다. 그의 보호막이 우리 피를 통해 흐르고 있다.

느헤미야는 온갖 불가능을 뚫고 예루살렘 성벽을 재건했다. 그의 결단력과 인내력이 우리 피 안에 살아 있다.

에스더 왕비는 하나님의 백성을 구하는 일에 목숨을 걸었다. 그녀의 희생정신과 용기있는 행동이 우리 피를 이루고 있다.

이제 알겠는가? 우리는 챔피언의 혈족이다. 결코 평범하지 않다. 우리는 순혈종이다. 현재 상태가 아무리 암울해 보여도 상관없다. 우리 안에 승자의 피가 흐르고 있으니 거칠 것이 없다. 우리 안에는 위대한 씨앗이 있다. 가진 것 하나 없어도 혈통만으로 우리는 대단한 존재다. 우리 안에는 챔피언 중의 챔피언이 서 있다. 우리는 전능하신 하나님의 씨앗이다.

> 우리는 챔피언의 혈족이다. 결코 평범하지 않다. 혈통만으로 우리는 대단한 존재다. 우리는 전능하신 하나님의 씨앗이다.

그러니 약점은 그만 보고 원대한 인생 비전을 품자. 하나님이 보시기에 우리는 이미 우승마다. 하나님의 눈에는 우리 목에 걸린 승리의 화환이 뚜렷하게 보인다. 그래서 다윗은 이렇게 고백했다. "아직 완성

되지도 않았는데 내 틀을 주의 눈으로 보셨고." 하나님은 만세 전부터 우리를 빚어오셨다. 그분은 우리가 태어나기 훨씬 전부터 우리를 설계하셨다. 우리는 그만큼 소중한 존재다. 결코 평범하지 않다. 우리는 위대한 가문 출신이다. 승리하는 삶을 살고, 장애물을 극복하고, 이 세대에 위대한 흔적을 남기는 것이 만세 전부터 정해진 우리의 소명이다.

"에이, 내가 어떻게 살아왔는지 몰라서 하는 소리야. 매번 실패하고 실수만 저질렀는 걸. 아직도 이 놈의 중독을 끊지 못했어."

그래도 혈통은 변함이 없다. 우리 안은 변하지 않는다. 자신이 하찮은 존재로 느껴지는가? 하나님이 당신을 위해 치르신 값을 몰라서 그렇다. 이제라도 당신 안에 있는 잠재력을 보라. 하나님은 비싼 값을 치르고 우리를 사셨다. 그 값이란 바로 그분의 가장 귀한 보물, 곧 독생자다. 그러므로 우리가 가치가 없다는 생각은 천부당만부당하다. 미래가 없다느니, 나는 별 수 없다느니 하는 것은 허튼소리에 불과하다. 우리 안에는 챔피언이 있다. 바로 우리 피 안에!

오래 전에 아버지가 친구 분이 목회하시는 교회에 가셨다. 조금 늦게 도착한 아버지는 뒷좌석에 자리를 잡았고, 얼마 후 한 젊은이가 들어와 아버지 근처에 앉았다. 젊은이의 눈에서 짙은 슬픔을 본 아버지는 깊은 연민을 느끼셨다. 예배가 끝나는 대로 다가가 격려해줘야겠다고 생각했지만, 젊은이는 도중에 일어나 나가버렸다.

왠지 따라가야 할 것만 같아 아버지는 자리에서 일어나 젊은이를 찾아다녔다. 그러나 로비와 주차장을 다 뒤져도 젊은이의 모습은 보이지 않았다. 포기하고 예배당에 다시 들어가려는 찰라, 휴게실이 머리에 떠올랐다. 휴게실에는 몇몇 사람이 있었고 아버지는 거기서 무작정 기다리셨다. 아니나 다를까, 몇 분 후 젊은이가 들어왔다.

젊은이는 아버지를 보고 놀란 눈치였다. 아버지가 먼저 말을 걸었다. "모르는 사람 일에 관여할 생각은 없네만 너무 걱정이 돼서 말이지. 이걸 알게. 하나님은 자네를 사랑하신다네. 하나님께 자네는 참으로 귀한 존재야."

젊은이는 아버지를 말없이 응시하다가 갑자기 눈물을 쏟아냈다. "제 인생은 완전히 망가졌어요. 온갖 마약에 찌들어 살았죠. 더는 참기 힘들어 마지막으로 교회나 한번 가보자 생각했어요. 돌아와서는 약을 한가득 다 털어넣고 이 지긋지긋한 삶을 마감할 생각이었어요."

나중에 젊은이는 예배당에 앉아 있던 아버지를 봤다고 말했다. 젊은이는 아버지를 몰랐지만 아버지의 신발이 왠지 그의 가슴에 깊은 인상을 남겼다. 예배당 밖으로 나온 그는 아버지가 따라오는 걸 알았다. "벗어나려고 발버둥쳤지만 어디를 보나 그 신발이 저를 따라 다녔어요."

"지금 자네가 어떤 상황에 있는지는 중요하지 않네. 실수를 저질렀어도 괜찮아. 수없이 실패했겠지. 하지만 잊지 말게. 하나님이 보시는 자네의 가치는 어떤 경우에도 변하지 않아. 자네는 우연히 태어난 게 아닐세. 자네 인생을 향한 하나님의 계획과 목적이 있다네. 하나님이 자네한테 시키실 일이 있어. 그냥 평범하게 떠돌라고 자네를 지으신 게 아냐."

아버지와 젊은이는 함께 기도했다. 그날 밤이 젊은이 인생의 전환점이 되었다. 30년도 더 지난 지금, 그 젊은이는 목사가 되어 수많은 사람을 올바른 길로 이끌고 있다.

당신도 이 젊은이와 같은 처지인가? 당신 안에 있는 잠재력에 관해서는 한번도 제대로 고민해본 적이 없는가? 실수를 저질렀는가? 하지만 실수 때문에 완전히 무너진다면 진짜 실패자다. 다시 일어나 전진해야 한다. 실수나 그릇된 선택으로 우리의 혈통이 바뀌지는 않는다. 우리 안에 있는 잠재력은 늘 똑같다. 세상은 실패자와 낙오자를 냉대하지만 하나님은 그러지 않으신다. 하나님은 잠재력을 보신다. 우리의 완성된 모습을 보신다. 우리를 설계하신 분이 우리의 능력을 인정해주신다. 잠재력은 우리의 피 안에 있다.

지금 모습 그대로 최선을 다하라

우리에게는 영적 혈통이 있다. 다행히 영적 혈통으로 이 세상 혈통을 억누를 수 있다. 성경은 새로운 피조물에 관해 이야기한다. 옛것은 지나갔다. 우리는 이제 새로운 혈통에 속했다. 하나님이 우리를 위해 하신 일을 진심으로 믿고 그에 따라 행하면 어떤 고난도 이겨낼 수 있다. 과거의 어떤 나쁜 요소도 뽑아낼 수 있다. 우리의 영적 혈통에는 그만큼 막강한 힘이 있다.

다윗은 시편 139편 13절에서 이렇게 말한다. "주께서는 내 장기를 지으셨고 내 어머니의 모태에서 나를 만드셨습니다." 그리고 이어 16절에서 다시 말한다. "아직 아무것도 없을 때도 나를 구성한 재료들이 이미 낱낱이 주의 책에 적혀 있었습니다." 다윗의 말처럼, 하나님은 우리가 태어나기 전부터 우리를 보셨다. 우리의 조부모, 아니 모세와 아브라함, 아니 아담과 하와 이전에도 그분은 우리를 아셨다. 부모 마음대로 우리를 낳은 게 아니다. 우리는 창세 전부터 예정된 존재다.

우리의 가치는 남이 해주는 대우나 삶의 수준, 성공의 정도에 따라 달라지지 않는다. 우리의 가치는 오직 지극히 높으신 하나님의 아들이라는 신분에서 비롯한다. 물론 우리 모두는 완벽하지 않다. 매일같이 실수를 저지른다. 약점이 없는 사람은 없다. 그래도 우리의 가치는 변하지 않는다. 여전히 우리는 하나님 눈에 넣어도 아프지 않을 만큼 귀한 존재다. 우리는 그분의 가장 값진 보물이다.

> 우리의 가치는 삶의 수준이나 성공의 정도에 따라 달라지지 않는다. 여전히 우리는 하나님 눈에 넣어도 아프지 않을 만큼 귀한 존재다.

누구에게나 바꾸고 싶은 부분이 몇 가지씩은 다 있다. 하지만 거기에만 몰두하면 자기만 손해다. 하나님이 주신 그대로 받아들이고, 있는 모습 그대로 최선을 다해야 한다. 당신은 하나님 앞에서 귀한 존재다. 누군가 이런 표현을 썼다. 하나님에게 냉장고가 있다면 그 문에 당신의 사진이 붙어 있으리라. 하나님이 지갑을 들고 다니신다면 그 안에 당신의 사진이 들어 있으리라.

"나는 평생 운이 따르지 않았어. 우리 부모님도 그랬고. 지지리 복도 없지. 앞으로도 마찬가지일 거야."

무슨 소리! 우리를 향하신 하나님의 뜻은 승리하는 삶에 있다. 우리는 행복하고 건강하고 온전하게 살 사람들이다. 이 세상 혈통에 아무리 흠이 많아도 영적 혈통만큼은 최고다. 말씀으로 이 세상을 창조하신 분이 우리 아버지시다. 하나님이 수많은 무리 중에 특별히 우리를 자녀로 선택하셨다. 우리의 가치를 인정해주셨다.

"만일 여러분이 그리스도께 속한 사람이면 여러분은 아브라함의 자손이요 약속을 따른 상속자입니다." 내가 참으로 좋아하는 성경 구절이다. 누구나 아브라함의 복을 받을 수 있다는 말이다. 아브라함은 번영하고 무병장수한 사람이다. 물론 아브라함이라고 늘 최선의 선택만 내렸던 것은 아니다. 그럼에도 그는 하나님의 복과 은혜를 풍성히 누렸다.

아무리 실수를 많이 저질렀어도 여전히 우리 안에는 전능하신 하나님의 씨앗이 들어 있다. "아직 고쳐야 할 부분이 많아. 사람들이 틈만 나면 나를 깔아뭉개려 했지. 여태껏 운도 따르지 않았어. 그래도 내 가치는 달라지지 않아. 얼마든지 하나님이 내게 주신 뜻과 계획을 이룰 수 있어." 이처럼 매일 하나님의 복과 은혜를 기대하며 자리를 박차고 일어나야 한다. 오늘은 승리의 날이다. 바로 오늘, 인생 최고의 은혜가 임하리라.

하나님의 복 안에서 살라

"언젠가는 행복할 날이 오겠지. 머지않아 인생의 단맛을 보게 될 거야." 이렇게 말하는 사람들을 종종 본다.

그나마 행복을 꿈꾼다니 다행이지만, 하나님은 삶이 아무리 힘겨워도 바로 이 순간부터 인생을 즐기라고 명령하신다. 지금 이곳에서 작은 천국을 이루라고 하신다. 그리스도께서 이땅에 오신 이유 가운데 하나는 우리에게 풍성한 삶을 주시기 위해서다. 우리는 '언젠가' 천국에서가 아니라 '바로 지금' 이땅에서 행복하고 자유로운 삶을 만끽할 수 있다. 천국에 이르기 전에 꿈을 이룰 수 있다!

어떻게 그것이 가능할까? 바로 우리 안에 있는 하나님의 힘을 사용하면 된다.

성경은 "그리스도께서는 율법의 저주에서 우리를 구속해주셨습니다"라고 말한다. 온갖 실패와 죄, 실수, 그릇된 선택, 두려움, 근심, 질병, 부적절한 관계, 나쁜 태도의 이면에는 끊기 어려운 죄의 영향력이 있다. 그러나 우리는 이 모든 것에서 벗어나 이미 자유를 얻었다. 단, 조건이 있다. 우리 스스로 이 자유를 받아들여야 한다. 말과 생각과 태도를 올바른 방향에 고정해야 한다. 그렇지 않으면 감옥 문이 열렸는데도 나가지 못하는 것과 다르지 않다.

태어날 때부터 7미터 가량 되는 끈으로 나무에 묶여 살아온 작은 개 이야기가 생각난다. 개집은 나무 근처에 있었다. 이따금씩 주인이 찾아와 먹이도 주고 함께 놀아주었지만 끈을 풀어주지는 않았다. 다른 개들이 보이면 이 개는 끈이 닿는 곳까지만 달려갔다. 개는 자신이 어디까지 갈 수 있는지 정확히 알고 있었다. 다른 개들을 쫓아가 어울리고 싶어도 그럴 수 없었다. 너무 멀리 가면 끈이 목을 홱 잡아챘기 때문이다.

하루는 안타까운 마음이 든 주인이 나무에 묶인 끈을 풀어주었다. 하지만 끈은 그대로 개목걸이에 걸려 있었다. 주인은 이제 개가 마음대로 뛰어다니며 기뻐할 거라고 생각했다. 다른 개가 지나가자 아니나 다를까 개는 벌떡 일어나 달리기 시작했다. 그러나 놀랍게도 끈이 끝나는 지점에 이르자 늘 그랬듯이 퍼뜩 멈춰서는 게 아닌가.

몇 분 후 고양이 한 마리가 거들먹거리며 지나갔다. 오랫동안 이 개를 괴롭혔던 고양이다. 하지만 개의 끈이 끝나는 지점을 정확히 아는 고양이는 늘 그 주변 1미터 근방까지만 다가갔다. 이번에도 개는 달리기 시작했지만 역시나 평소와 똑같은 지점에서 멈췄다.

개는 이제 자유로웠지만 그 사실을 깨닫지 못했다. 평소보다 단 한 발만 더 내딛었더라면 저 넓은 세상으로 달려갈 수 있었건만.

우리도 이같은 행동을 할 때가 얼마나 많은지 모른다. 하나님은 중독과 패배, 나쁜 습관의 사슬을 이미 풀어주셨다. 문제는 우리가 사슬 곁을 떠나지 않는다는 것이다.

자유를 마음껏 누리려면 태도를 바꿔야 한다. "할 수 없어. 이 병은 나을 수 없어. 평생 빚에 치여 살겠지. 장애물이 너무 많아." 이런 말은 입에 담지도 말아야 한다.

우리 삶 속에서 모든 원수는 이미 졌다. 근심과 절망, 가난과 중독의 원수들은 우리를 어떻게 할 수 없다. 그리스도를 죽음에서 일으킨 힘이 우리 안에 있다. 세상에 우리가 극복하지 못할 장애물은 없다. 우리가 뽑아내지 못할 만큼 깊이 박힌 가시는 없다. 우리에게는 부정적인 과거를 한 방에 날려보낼 능력이 있다. 수천 번을 넘어졌어도 괜찮다. 얼마든지 다시 일어날 수 있다. 암울한 진단을 받았어도 상관없다. 우리에게는 강하게 설 힘이 있다.

하나님의 최선을 구하라

불구로 세상을 사는 사람이 얼마나 많은지 모른다. 하나님의 최선이 아닌 삶을 무기력하게 받아들이는 사람. 다투고 원망하고 분개하는 사람. 집안의 화목을 깨뜨리는 사람. 비판과 정죄를 일삼는 사람. 이들은 그야말로 불구자다. 문제를 해결하지 않고 그냥 포기한 채 속박 속에 머물면 온전한 사람으로 살아갈 수 없다.

문제를 받아들이면 바꿀 수 없다. 그냥 적응하고 살면 현재에 머물 수밖에 없다. 하지만 우리는 그렇게 살아야 할 존재가 아니다. 불구로 살아가겠는가? 안 될 말이다. 한 발만 더 나아가면 된다. 하루에 담배 한 개피만 줄이면 된다. 원수 한 명만 더 용서하면 된다. 어제보다 조금만 더 절제하며 살아가다보면 어느새 인생이 바뀐다.

여러 세대에 걸쳐 가문에 부정적인 요소들이 흘러왔는가? 질병, 나쁜 태도, 가난, 중독, 낮은 자존감 같은 만성 독소가 또 다시 다음 세대로 흘러가고 있는가? 명심하라. 당신은 이미 이런 독소에서 해방되었다.

바네사는 레이크우드교회 성도로 직업은 의사다. 1995년 워싱턴 D. C.에서 의술을 펼치던 그녀에게 극심한 관절 통증이 찾아왔다. 통증은 점점 심해져 급기야 참을 수 없는 지경에 이르렀다. 몸은 점점 쇠약해져만 갔다. 아직 서른도 되지 않은 나이에 지팡이를 짚고 다녀야 할 정도였다. 어느새 몸도 마음도 꼬부랑 할머니처럼 축 늘어졌다.

바네사의 아버지도 20대 초반부터 이 병을 앓다가 43세에 세상을 떠났다. 할머니도 같은 병에 걸려 평생을 하반신 마비로 살아야 했다. 가족의 병력대로라면 바네사의 앞날도 뻔했다.

병든 바네사가 차에서 내려 예배당 자리에 앉는 데까지 걸리는 시간은 장장 45분에 달했다. 남들은 2~3분이면 해치우는 일을 그토록 질질 끄는 자신이 얼마나 싫었을까? 예배가 끝나면 으레 바네사는 성도들이 다 빠져나갈 때까지 기다렸다. 지팡이에 의지해 걷는 모습을 보이기 싫었기 때문이다. 주중에는 새벽 3시면 일어나 옷을 차려입고 관절을 풀어야 7시에 병원에 도착할 수 있었다.

"너무 가혹해. 아버지도, 할머니도 이 병에 걸리셨어. 이게 어쩔 수 없는 우리 가문의 쓴뿌리야."

바네사가 이렇게 말했을까? 아니다. 용사 바네사의 말은 완진히 딜랐다.

"다시 일어나 하나님이 예비하신 모든 복을 받고야 말겠어." 바네사는 매일 기도하고 믿고 선포하기 시작했다. "날마다 좋아지고 있어. 하나님이 내 건강을 회복시키고 계셔. 나는 살 거야. 절대 죽지 않아." 3년이 흐르도록 아무런 변화의 조짐도 나타나지 않았다. 그래도 바네사는 단념할 줄 몰랐다. 그 무엇도 그녀의 믿음을 꺾을 수 없었다.

때로는 원수에게 우리의 결단력이 더 강하다는 증거를 보여야 한다. 바네사가 그랬다.

하루는 바네사의 고통이 갑자기 줄어들었다. 조금씩 관절을 움직일 수 있게 되었다. 이튿날에는 몸이 더 가벼워진 느낌이었다. 다음날은 움직이기가 한결 수월해졌다. 하루아침에 병이 물러간 건 아니었지만 바네사는 3개월 간 꾸준히 좋아졌다. 현재 바네사는 완전히 정상인이다. 건강하고 행복하게 잘살고 있다!

바네사는 단호한 태도로 가문의 거듭된 질병을 깨뜨렸다. 하나님의 복 안에서 살기로 결심한 한 사람으로 인해 자자손손 덕을 보게 되었다.

"내게는 그런 일이 일어날 리가 없어. 내 상황은 최악이야."

아직도 이렇게 말하고 싶은 사람이 있는가? 맞는 말이다. 부정적인 생각과 의심으로 일관하면 그런 일이 일어나지 않는다. 복은 굳게 믿는 사람들이 얻는 선물이다. 바네사처럼 일어나야 한다. 장애물을 똑바로 노려보며 선포하라. "널 무너뜨릴 거야. 나는 지극히 높으신 하나님의 자녀야. 하나님이 주신 잠재력을 모조리 발휘할 테야."

무엇이 당신의 발목을 잡고 있는가? 중독? 나쁜 습관? 낮은 자아상? 방해물의 정체를 알아내라. 불구로 살지 말고 변화를 꾀하라. 구약의 선지자 요엘은 "용사여, 일어나라!"고 말했다. 당신이 바로 용사다. 하나님의 최선이 아니면 그 무엇에도 만족하지 마라. 내면의 재능을 분출하고 꿈의 불씨를 되살리라. 오늘부터 복 아래서 살겠다고 결단하라. 잊지 마라. 전능하신 하나님이 당신의 끈을 이미 푸셨고, 과거의 망령에서 벗어날 권능을 주셨다.

> 하나님의 최선이 아니면 그 무엇에도 만족하지 마라. 내면의 재능을 분출하고 꿈의 불씨를 되살리라.

04
Become A Better You
과거의 실수에서 벗어나라

약점을 고백하고 도움을 청해야 자유를 얻을 수 있다.
문제를 솔직히 인정하고 도와줄 친구를 찾으라.

오늘 우리가 한 선택은 자자손손 대대로 영향을 미친다. 놀랍지만 엄연한 사실이다. 성경은 죄가 삼사 대까지 뻗어간다고 말한다. 나쁜 습관이나 부정적인 태도, 중독, 그릇된 사고방식 같은 죄가 후대까지 오염시킨다는 뜻이다.

현재 고난을 겪고 있는가? 가문의 과거를 거슬러 올라가보라. 십중팔구 그릇된 선택의 결과들이 눈에 들어올 것이다. 과거로부터 흘러온 부정적인 패턴을 무작정 받아들여서는 곤란하다. "나는 이럴 수밖에 없어. 옛날부터 가난과 질병이 우리 가문을 괴롭혀왔거든."

아니다. 패턴을 바꿔야 한다. 수백 년을 흘러온 패턴이라도 상관없다. 우리 대에서 나쁜 패턴에 종지부를 찍어야 한다. 이제라도 하나님의 복 안에 살기로 선택해야 우리와 후대의 삶이 풀린다.

최근에 중독, 나쁜 식습관, 우울증 같은 특성을 담당하는 유전자가 어떻게 자손에게 전달되는지 밝혀내기 위한 연구가 활발하다. 그런데 어떤 일정한 패턴만 드러났을 뿐 유전자의 발생 원인은 아직 정확히 규명되지 않았다. 그저 환경 때문이 아닌가 짐작할 뿐이다.

환경 탓도 있겠지만 더 근본적인 원인은 영적인 영역에 있다고 믿는다. 성경에 따르면, 죄가 원인이다. 아담과 하와의 불순종은 자기 대에서 끝나지 않았다. 역사상 최초의 살인자가 누구인지 아는가? 바로 아담의 아들 가인이다. 두 번째 살인자는 라멕이라는 가인의 후손이다. 죄는 가인의 혈통을 타고 끝없이 뻗어갔다.

윗대의 누군가 지은 죄 때문에 우리가 지금 고통을 겪고 있는 것인지 모른다. 이제 우리가 나서서 해결하지 않으면 후대의 삶도 뻔하다. 물론 나쁜 패턴에 대한 변명이나 합리화로 조상 탓을 해서는 곤란하다. 하지만 과거에 일어난 일을 알고 있어야 한다. 그래야 해묵은 패턴을 끝내겠다는 강한 결단력을 얻을 수 있다.

가문의 어두운 내력을 복으로 바꾸라

베스티라는 아름다운 여성은 거식증으로 고통을 받았다. 알고보니 그녀의 어머니와 이모, 자매, 사돈의 팔촌까지 모두 이 병으로 고생했다. 무엇보다도 이 병으로 그녀의 가정은 갈가리 찢겨나갔다. 이것은 단순한 우연이 아니었다. 부정적이고 파괴적인 정신은 가계를 타고 이어졌다. 베스티가 하나님의 복 안에서 살기로 선택하지 않았다면 이 병은 계속해서 그녀의 가문을 파괴했을지도 모른다. 거식증은 단순히 육체적 질병이 아니라 영적 질병이기도 하다. 이 사실을 깨달은 베스티가 예수님의 이름으로 질병을 꾸짖자 과거의 견고한 진이 와르르 무너져내렸다.

당신 가문을 끊임없이 괴롭히고 파괴해온 문제는 무엇인가? 이혼, 가난, 중독, 학대, 우울증, 질병, 뭐든 나쁜 패턴이 있다면 밝혀내라.

그리고 이제는 거기서 벗어나 하나님의 복을 받기로 선택해야 한다. 가문에 드리운 부정적인 패턴을 그냥 두어서는 안 된다. 이 패턴을 또 다시 다음 세대에 물려주겠는가? 꼭 끔찍한 일을 저질러야 부정적인 패턴이 발생하는 건 아니다. 단순히 원수에게 문을 열어줘도 나쁜 패턴이 침범한다. 조상 가운데 한 명이 두려움이나 근심, 걱정에 문을 열어준 탓에 자자손손 이 패턴에 시달렸는지도 모른다. 부정적인 패턴이 어떤 식으로 시작되었건 우리 대에서 끝장을 봐야 한다.

스티븐과 수잔의 아들 브래들리는 초등학교에 입학하던 날 신이 났다. 새로운 친구들과 정신없이 뛰어노느라 집에 가기도 싫어할 정도였다. 그러던 아이에게 몇 달 후부터 극심한 공황 장애가 찾아왔다. 느닷없이 화를 내는가 하면, 수업이 끝나도 엄마 아빠가 데리러 오지 않을지도 모른다는 두려움에 떨었다. 선생님은 브래들리를 달래기 위해 엄마나 아빠에게 전화를 걸었지만, 엄마 아빠가 아무리 사랑한다고 말해도, 꼭 데리러 가겠다고 약속해도 브래들리는 도무지 진정할 줄 몰랐다. 어쩔 수 없이 부모는 수시로 학교로 달려가 아들을 안심시켜야 했다.

브래들리가 왜 두려워하는지 아무도 그 이유를 몰랐다. 스티븐과 수잔은 좋은 엄마 아빠였다. 아들을 혼자 남겨두고 어디로 떠난 적은 한번도 없었다. 그런데도 공황 장애는 몇 달이고 계속되었다. 급기야 브래들리는 집에서도 엄마 곁을 떠나지 않는 지경에 이르렀다. 이 방 저 방 엄마가 어디를 가나 졸졸 따라다녔다. 어쩌다 엄마가 눈에 띄지 않기라도 하면 곧바로 공황 장애에 빠져들었다.

부부는 가슴이 아팠지만 어떻게 해볼 도리가 없었다. 도대체 자신들이 뭘 잘못했길래 아들이 저러는가 싶었다. 아들을 돕고 싶어도 도울 길이 없었다. 그러던 어느 날, 스티븐은 아버지에게서 뜻밖의 이야기를 들었다. "얘야, 브래들리가 왜 그러는지 나는 안다. 내가 초등학교 1학년 때 아버지가 갑자기 돌아가셨지. 그때는 모든 게 두려웠어. 엄마가 나를 학교에 두고 가실 때면 마구 울곤 했지. 안 오실 것만 같았거든. 그러면 엄마는 다시 몸을 돌려 나를 집으로 데려가셨지. 내 두려움이 브래들리에게 전해진 것 같구나."

스티븐과 수잔은 이제 아들의 두려움이 어디서 시작되었는지 알았다. 할아버지가 겪은 극심한 충격이 근본 원인이었다. 이처럼 자신과 전혀 상관없는 문제가 윗대로부터 전해 내려올 수 있다. 이런 문제는 약이나 심리 치료 혹은 운동으로 해결할 수 없다. 의지만으로도 극복하기 어렵다. 스티븐과 수잔은 매일 기도하며 두려움이라는 가문의 견고한 진이요, 쓴뿌리에 맞섰다. 덕분에 이제 브래들리는 어엿한 청년으로 자라 자유롭고 건강하게 살고 있다.

자신과 가문을 꽁꽁 묶고 있는 어둠의 힘과 견고한 진을 깨뜨려야 진정한 자유가 찾아온다. 성경은 "이유없이 퍼붓는 저주는 아무에게도 들이닥치지 않는다"고 말한다. 중독, 나쁜 습관,

> 자신과 가문을 꽁꽁 묶고 있는 어둠의 힘과 견고한 진을 깨뜨려야 진정한 자유가 찾아온다.

장애 같은 문제가 나타나는 것은 과거에 우리나 가족 중 누군가 그릇된 선택을 했기 때문이다. 아이가 자라서 술주정뱅이가 되는 데는 다 이유가 있다. 아무런 이유 없이 폭력 부모가 되는 경우는 없다. 물론 사회적인 영향도 있겠지만 무엇보다도 영적인 이유가 있다. 과거에 누군가 원수에게 문을 열어준 것이다.

약점을 고백하고 도움을 청하라

가문의 좋지 않은 일을 끊는 첫 단계는 그 상황을 인정하는 것이다. 그러고 나서 정체를 밝혀야 한다. 무시하고 쉬쉬해서는 끊을 수 없다. 저절로 풀리는 법은 없다.

게으르고 무절제하다면 변명은 답이 아니다. 그냥 인정하고 해결하기 위해 노력해야 한다. 걸핏하면 화를 내거나 남들에게 무례하게 굴면서 아무렇지도 않다며 스스로 최면을 건다면 언제까지나 그렇게 살 수밖에 없다. 솔직히 인정해야 해결의 실마리가 드러난다.

성경은 말한다. "서로 죄를 고백하고 병 낫기를 위해 서로 기도하십시오." 잘못을 솔직히 인정하고 고백하라. 아울러 함께 기도하며 도와줄 좋은 친구를 찾으라.

하지만 우리는 실수를 어떻게든 감추려고만 할 때가 많다. '누구한테도 이 문제를 얘기할 수 없어. 나를 뭘로 보겠어? 난처한 상황에 빠질 게 분명해.'

자존심을 접고 약점을 고백하고 도움을 구해야 자유를 얻을 수 있다. 도움을 요청하기는 쉽지 않지만 그래야 빨리 제자리로 돌아올 수 있다.

로버트는 폭력 가정에서 자랐다. 그런 탓에 젊었을 때부터 마약을 입에 댔고 직접 팔기도 했다. 그는 폭력과 분노로 얼룩진 가문의 패턴을 그대로 따라 자기 파멸의 늪에서 허덕였다.

그러던 중 20대 중반에 예수님을 영접한 후로 성경을 읽고 전도하다가 결국 목사가 되었다. 로버트의 뛰어난 지도력 덕분에 교회의 규모와 영향력은 점점 커졌다. 그는 존경받는 시민이 되어 전국을 돌며 놀라운 인생 변화의 이야기를 전했다.

하지만 로버트에게는 남모를 문제가 있었다. 툭하면 불같이 화를 내는 못된 성미였다. 하나님은 여러 가지 나쁜 습관과 중독, 마약, 알코올의 뿌리를 뽑아주셨으나 딱 하나 분노만은 쉽게 사라지지 않았다. 사람들 앞에서는 티를 내지 않았지만 집에서는 겉잡을 수 없는 분노가 발작했다. 사소한 문제로 길길이 날뛴 적이 한두 번이 아니었다. 폭언과 폭력으로 아내를 한없이 괴롭혔다. 물건을 집어던지고 마구 때렸다. 그렇게 한참을 미친 듯이 날뛴 뒤 용서를 빌었고 그때마다 아내는 넓은 가슴으로 품어주었다. 아내는 틈만 나면 남편에게 말했다.

"여보, 도움을 좀 받아요. 이 문제를 누군가에게 털어놓아야 해요."

"창피해서 어떻게 얘기를 해? 나는 모범이 돼야 하는 목사라구. 그런 내가 이런 끔찍한 문제를 누구한테 얘기해?"

하지만 아내는 다시 용기를 내 말했다. "하지만 성경에서 잘못을 고백해야 병이 낫는다고 하잖아요. 여보, 혼자 힘으로는 불가능해요. 도와줄 친구나 조언자나 목사님을 찾아야 해요. 함께 문제에 맞설 사람이 필요해요. 함께 기도하며 격려해줄 사람을 찾자구요."

이 아내의 말이 참으로 옳다. 문제가 있다고 해서 꼭 나쁜 사람은 아니다. 하나님을 사랑하고 주위의 존경을 받는다고 해서 완벽하다고 생각한다면 큰 오산이다. 누구도 완벽할 수 없다.

하지만 로버트는 자신이 문제있는 사람으로 보일까봐 아무한테도 말하지 않았다. 다른 나쁜 중독은 다 끊어주신 하나님이 왜 유독 화 문제만 남겨두셨는지 도무지 이해할 수가 없었다. 심지어 분노에 사로잡혀 이성을 잃은 순간에도 내면 깊은 곳에서 절규가 터져나왔다. "내가 왜 이러고 있지? 왜 멈출 수가 없는 거야? 도대체 내게 무슨 문제가 있는 거야?"

사실 분노는 로버트 가문의 고질적인 문제였다. 화 문제는 다른 문제들과 달리 좀처럼 해결되지 않았다. 게다가 남들의 이목까지 따지려니 더더욱 고치기가 힘들었다. 다행히 로버트는 도움을 요청하기로 했다. 그가 잘못을 고백하고 어둠의 세력에 맞서자 하나님이 완벽한 자유를 허락하셨다. 지금은 세상에 그만큼 온화하고 친절한 사람이 없을 정도다.

당신도 그럴 수 있다. 하나님이 해결하시지 못하는 중독은 없다. 그분이 뚫지 못하는 견고한 진은 없다. 아무리 오래 시달려왔어도 상관없다. 수없이 시도했다가 실패했어도 괜찮다. 오늘은 새로운 날이다. 문제를 솔직히 인정하고, 도와줄 친구를 찾아야 한다. 그래야 하나님의 복 안에서 살 수 있다. 윗대로부터 이어온 부정적인 패턴을 깨뜨리고, 선하고 아름다운 새 패턴을 자손에게 물려줄 수 있다.

오늘의 선택이 미래를 바꾼다

하나님은 우리에게 자유의지를 주셨다. 우리는 이 자유의지로 변화하기로 선택해야 한다. 새 지평을 열기로 선택해야 한다. 우리가 옳은 선택을 내릴 때마다 가계를 타고 내려온 나쁜 물줄기가 조금씩 방향을 바꾼다. 우리가 유혹을 거부할 때마다 승리가 점점 더 가까이 다가온다. 부정적인 역사를 그대로 답습할 필요는 없다. 물론 과거는 바꿀 수 없다. 하지만 오늘의 올바른 선택으로 미래는 바꿀 수 있다.

안타깝게도 상처를 받은 사람은 끝내 다른 사람에게 상처를 주고야 만다. 부정적인 환경에서 벗어나면 금세 긍정으로 돌아설 것 같아도 사실은 그렇지 않다. "내 자녀만큼은 그렇게 키우지 않겠어. 나는 아버지와 한참 달라. 나만큼은 아내를 그런 식으로 대하지 않겠어." 하지만 말처럼 쉽지 않다. 어느새 우리는 하지 않겠다던 그 행동을 하고 있다. 나쁜 정신은 후대로 전해진다.

하지만 하나님 덕분에 당신과 나는 나쁜 정신을 몰아낼 수 있다. 우리의 싸움은 혈과 육이 아니라 악한 영들에 맞선 싸움이다. "이 문제를 물리치겠어. 더는 이런 식으로 살 수 없어." 믿음으로 선포하면 하나님이 필요한 능력을 주신다. 가만히 앉아서 현재 상태를 받아들이지 말고 문제를 해결해야 한다.

윗대의 고질적인 문제보다 오늘의 선택이 더 중요하다. 대대로 이어온 나쁜 삶을 그대로 되풀이해서는 안 된다. 당신을 가두고 있는 견고한 진을 깨뜨리라. 먼저 문제를 인정하고 겉으로 끄집어낸 후 해결하라. 그러면 하나님의 복과 은혜가 임하고 그 복이 자자손손 천 대까지 이어진다.

05
Become A Better You
복 있는 가문을 세우라

모든 일이 우리가 원하는 시간에 이루어지는 건 아니다.
하나님의 완벽한 때에 애써 뿌린 씨앗의 열매가 나타난다.

하루를 살면서 내리는 수만 가지 결정에 대해 깊이 생각하는 사람은 별로 없다. 하지만 오늘 나의 선택은 자녀와 손자를 넘어 대대로 영향을 미친다.

우리는 눈앞의 순간에만 연연할 때가 참 많다. "사는 게 다 그런 거지, 뭐. 나도 알아. 내가 나쁜 습관이 많다는 걸. 내 성미가 좀 급하긴 하지. 못되게 굴 때도 많아. 하지만 괜찮아. 이런 식으로도 여태껏 잘만 살아왔어."

이런 사고방식은 자기 자신만 해치는 게 아니라 후대의 삶까지 어렵게 만든다. 우리가 해결하지 않은 채로 남겨둔 문제는 다음 세대로 고스란히 흘러간다. 자손의 어깨에 무거운 짐을 지우는 셈이다. 좋은 습관뿐 아니라 중독이나 나쁜 태도, 그릇된 마음가짐 같은 어리석은 선택도 후대에 그대로 전해진다.

이런 식으로 생각하면 쉽다. 누구에게나 영적 은행 잔고가 있다. 우리는 사는 방식에 따라 자산이나 죄를 저축한다. 정직이나 결단력, 믿음처럼 좋은 요소들이 자산이다. 그리고 자산 하나하나는 복을 낳는다. 반면 나쁜 습관과 중독, 이기주의, 무절제 등은 죄다. 자산이든 죄든 우리의 영적 은행 잔고는 가감없이 다음 세대로 이월된다.

1993년 미군에서 실시한 흥미로운 연구에 관한 글을 읽은 적이 있다. 미군의 연구가들은 세대에서 세대로 전해지는 특성들을 조사해보기로 했다. 육체적 특성들이 다음 세대로 유전된다는 것은 익히 알려진 사실이다. 하지만 감정적, 정신적, 영적 특성들은 어떨까? 나쁜 태도와 어리석은 결정은? 정직이나 사랑, 믿음 같은 좋은 성품은? 이런 특성들도 세대에서 세대로 흘러갈까?

연구가들은 자원자의 백혈구 몇 개를 추출하여 시험관에 넣었다. 그리고 자원자의 감정적 반응을 측정하기 위해 거짓말 탐지기의 탐침을 이 시험관에 넣었다.

그러고 나서 자원자는 실험실을 나와 두 개의 문을 지나 마련된 텔레비전에서 옛 전쟁 영화의 폭력적인 장면들을 보았다. 자원자가 잔뜩 긴장한 얼굴로 영화를 보는 동안, 실험실에서는 거짓말 탐지기가 백혈구 샘플의 상태를 기록했다. 이제 더 이상 지원자 몸의 일부가 아닌, 그저 시험관에 담겨 있는 피를 통해 그의 감정적 반응을 탐지한 것이다.

여러 자원자를 대상으로 한 실험 결과는 한결같았다. 연구가들은 혈구가 자기 뿌리를 '기억'한다는 결론을 내렸다!

이처럼 질병과 중독과 잘못된 마음자세는 피를 타고 전달될 수 있다. 그렇다면 하나님의 복과 은혜와 좋은 습관이 피를 통해 전달되지 말란 법이 있을까?

자녀를 위한 복의 씨앗을 뿌리라

내 인생의 많은 복과 은혜는 내 노력만으로 얻은 게 아니다. 지금 누리고 있는 복을 전부 나 스스로 쌓은 건 아니다. 우리 아버지와 어머니가 전해준 복도 얼마나 많은지 모른다. 두 분은 내게 육체적 유산뿐 아니라 영적 유산도 남겨주셨다.

이렇게 세대들이 서로 연결되어 있다는 사실을 알아야 한다. 우리의 행동 하나하나는 지극히 중요하다. 인내 하나, 충성 하나, 섬김 하나마다 자손의 삶에 절대적인 영향을 미치기 때문이다. 우리는 '가문의 계좌'에 자산이나 죄를 저축하고 있다.

"에이, 나는 그냥 장사꾼일 뿐이야." "나는 살림이나 하는 주부야." "나는 하루 벌어 하루 사는 고단한 가장에 불과해. 내가 하는 일은 대단한 일하고는 거리가 멀어."

그렇지 않다. 우리는 가문 전체의 배경에서 생각해야 한다. 최선을 다해 일하고 가정에 충실한 모습 하나하나는 다가올 세대를 위한 씨앗이다. 우리 평생에 아무런 변화도 일어나지 않을지 모르지만 우리가 뿌린 위대한 씨앗은 후대에라도 반드시 꽃을 피운다. 그러니 낙심할 필요가 전혀 없다. 우리는 가문의 유산을 쌓고 있

> 최선을 다해 일하고 가정에 충실한 모습 하나하나는 다가올 세대를 위한 씨앗이다.

다. 바꾸고 있는 건 우리 자신의 삶만이 아니다. 가문 전체의 전경을 바꾸는 중이다!

우리 할머니는 평생을 참으로 힘겹게 사셨다. 할아버지와 할머니는 목화 농장을 경영하다가 대공황 때 전 재산을 잃으셨다. 이제 미래를 기대하기는커녕 당장 입에 풀칠하기도 힘든 상황이었다. 할머니가 남의 빨래를 대신 해주며 번 돈은 시간당 고작 10센트였다. 종일 일해야 겨우 1달러밖에 손에 쥘 수 없었다.

하지만 할머니는 불평만 하며 앉아 계시지 않았다. 처량한 얼굴로 돌아다니는 대신 최선을 다해 살아가는 편을 택하셨다. 그 결단과 끈기는 누구도 따라오기 어려웠다. 할머니는 자신도 모르는 사이에 자녀를 위한 씨앗을 뿌리고 계셨다. 할머니는 열심과 결단력과 끈기를 자녀에게 전해주셨고, 우리 아버지는 거기에 더 많은 살을 붙이셨다. 할머니가 기초를 쌓으신 덕분에 아버지는 가난과 절망의 사슬을 끊고 우리 가문을 완전히 새로운 단계로 끌어올릴 수 있으셨다.

당신도 마찬가지다. 당신이 꼭두새벽같이 일어나 부지런을 떨며 최고를 향해 분투하면 가문의 미래가 바뀐다. 눈앞만 바라봐서는 결말이 뻔하다. 코앞만 생각하다가는 당장 변화가 보이지 않는다고 실망하기 쉽다. 하지만 우리는 헛수고를 하고 있는 게 아니다. 미래 세대들이 맛볼 풍년의 씨앗을 뿌리고 있는 것이다.

사실 인생은 쉽지 않다. 하지만 끝까지 견뎌내면 반드시 좋은 날이 온다. 하나님이 당신의 자녀를 통해 세상을 바꾸실지 누가 아는가? 당신 가문에서 위대한 사업가나 리더, 교사, 목사, 정치인, 작가가 나올지도 모른다. 물론 이번 세대일지 네다섯 세대 후일지는 알 수 없다.

그러나 당신이 기꺼이 값을 치르면 가문이 빛을 볼 날이 반드시 온다.

다른 주에서 대형 교회를 이끄는 목사 친구가 한 명 있다. 그와 아내가 15년 전에 세운 이 교회는 현재 정기 출석 교인만 수천 명을 헤아린다. 더없이 건강하고 튼튼한 교회다.

하지만 그 친구의 꿈은 훨씬 더 크다. 그는 성도가 구름 떼처럼 많은 교회를 꿈꾼다. 세상을 바꿀 만한 걸작을 쓰겠다는 포부도 버리지 않았다.

사실 그는 목회를 한 지 몇 년 만에 깊은 절망감을 느꼈다. 원하는 성과가 나타나지 않자 열정은 점점 고갈됐다. 교회의 양적 성장은 답보 상태였다. 그런 마당에 교회로 오는 길목에 서 있는 한 대형 교회를 볼 때면 한없이 열등감이 밀려왔다. 그 교회의 성도는 15,000~20,000명 사이였고, 깨끗한 새 건물들로 아름답게 꾸며져 있었다. 바로 친구가 꿈꾸던 교회의 모습 그대로였다.

어느 날 친구는 차 속에서 거대하고 아름다운 이 대형 교회를 응시했다. 문득 소금으로 상처를 문지르는 듯한 고통이 느껴졌다. "하나님, 불공평해요. 저는 당신이 주신 꿈에 제 마음과 영혼을 온통 쏟아부었어요. 하지만 아무래도 저 교회 목사님만한 성공에는 이르지 못할 것 같아요. 왜 저희 교회는 성장하지 않는 거죠?"

친구는 답답한 속내를 쏟아냈다. "하나님, 조롱받는 기분이에요. 이 경주를 계속해야 할지조차 잘 모르겠어요."

그때 하나님이 친구에게 말씀하셨다. 그분의 음성은 크지는 않았지만 친구의 마음과 뇌리로 깊이 파고들었다. "아들아, 네 아들이 네 꿈의 열매를 누리면 어떻겠니? 네 딸이 세상을 떠들썩하게 만들 책을 쓰면 어떻겠니? 네 자녀가 네가 꿈꾸는 성공을 누리는 게 싫으냐?"

순간 친구의 눈에서 한 줄기 빛이 번뜩였다. "그렇게만 된다면야 더 바랄 게 없죠." 나중에 친구는 그후로 세상을 보는 시각이 변했다고 말했다. 그때부터 다음 세대들을 위해 본격적인 투자를 시작했다. "나는 자녀들을 위해 씨앗을 뿌리고 있는 거야. 나는 손자들이 위대한 일을 이루도록 기초를 다지는 중이야."

명심하라. 우리가 한 바퀴를 돌 때마다 다음 세대가 돌아야 할 바퀴 수가 하나씩 줄어든다. 우리의 충성 하나, 우리가 통과한 시험 하나, 우리가 극복한 장애물 하나마다 다음 세대를 위한 복의 씨앗이 있다. 우리가 노력할수록 자녀와 손자손녀의 길이 평탄해진다. 우리의 꿈은 뜻한 그대로 이루어지지 않을 수도 있지만, 우리가 뿌린 씨앗의 열매를 사랑하는 아들딸이 맛볼 수 있다.

흥미롭게도 내 친구가 부러운 눈으로 바라봤던 그 대형 교회의 목사는 4대째 목회를 하고 있는 집안 사람이었다. 그의 아버지와 할아버지, 증조할아버지는 몇 백 명에 불과한 작은 교회를 이끌었다. 그런데 이 목사가 그토록 큰 교회를 이끌면서 막대한 영향력을 끼칠 수 있는 건 무엇 때문일까?

누군가 값을 치른 것이다. 물론 이 목사는 재능과 은사가 남달랐다. 하지만 그것이 전부는 아니다. 선조들이 자산을 쌓지 않았다면 그의 세대에 이처럼 어마어마한 은혜가 내리지 않았을지 모른다.

자녀와 손자손녀가 더 높이 오르고 더 많이 이루도록 값을 치를 수 있겠는가? 자녀가 우리보다 더 멀리 가고 더 많이 이루는 모습을 보는 순간만큼 행복한 순간도 없다. 손자손녀가 꿈도 꾸지 못한 지경에 이르는 광경을 보고 싶지 않은가?

복을 끌어들이는 사람이 되자

우리는 자신의 삶 너머를 잘 보지 못한다. 하지만 하나님은 우리 안에 우리 힘만으로는 이룰 수 없는 어마어마한 씨앗을 심곤 하신다. 우리가 시작한 이 어마어마한 일을 우리 자녀나 손자손녀가 완성할 수도 있다.

누군가 내게 이런 말을 했다. "정말 위대한 일은 한 평생만으로는 이룰 수 없네." 당시는 이 말의 의미를 이해할 수 없었다. 모든 세대가 위대한 일을 이룰 수 있는 줄로만 알았다. 하지만 세월이 흐르면서 때로 하나님의 계획이 세대를 넘나든다는 사실을 알게 됐다.

구약을 보면 다윗 왕은 아름다운 성전을 지어 하나님을 예배하겠다는 포부를 품었다. 그래서 자재를 모으고 레바논에서 거대한 삼나무들을 들여왔다. 금을 비롯한 온갖 귀금속들도 수북이 쌓아놓았다. 하지만 하나님은 다윗이 성전을 짓도록 허락하지 않으셨다. 대신 다윗의 아들 솔로몬에게 그분의 집을 건설하도록 명령하셨다.

모든 일이 우리가 원하는 시간에 이루어지는 건 아니다. 그래도 하나님이 여전히 다스리시니 우리는 최선을 다해야 한다. 우리가 씨앗을 뿌리며 올바로 살아가는 순간마다 어디선가 변화가 이루어지고 있다. 하나님의 완벽한 때에 애써 뿌린 씨앗의 열매가 나타난다.

> 우리가 씨앗을 뿌리며 올바로 살아가는 순간마다 어디선가 변화가 이루어지고 있다.

부모에게서 성공에 필요한 긍정적인 특성들을 물려받지

못했는가? 오히려 패배와 평범함, 중독, 비관적인 태도만 주셨는가? 그래도 하나님께 감사하라. 당신이 가문의 역사를 새로 쓸 수 있으니. 당신이 가문의 수준을 끌어올릴 수 있다.

하지만 누군가는 대가를 치러야 한다. 누군가는 일어나서 테이블 위에 남은 음식을 치워야 한다. 한 사람이 일어나서 좋은 선택을 내리기만 하면 된다. 우리가 옳은 선택을 내릴 때마다 윗대에서 내려온 나쁜 선택이 하나씩 지워진다.

여태껏 당신 가문의 누구도 이런 일을 하지 않았을지 모른다. 하지만 당신이 긍정적인 변화를 시작하면 언젠가 후대 사람들이 당신에 관해 이야기할 것이다. "이분 덕택이야. 이분이 우리 가문의 전환점이 되었지. 그전까지만 해도 우리 가문은 별 볼 일 없었어. 평범한 수준에 꽁꽁 묶여 있었지. 그런데 이분이 나서면서 어떤 일이 일어났는지 봐. 모든 게 변했어. 가문의 수준이 껑충 뛰어올랐어."

무슨 일이 일어났는가? 가문에 드리웠던 죄의 영향력이 풀리고 복이 시작되었다! 우리도 가문을 위해 이런 일을 벌일 수 있다.

내가 지금 이 자리에 서 있는 건 우리 가문의 누군가 기도했기 때문이다. 누군가 의를 위해 일어섰다. 누군가 끝까지 헌신했다. 누군가 정직한 삶을 살았다. 대부분 얼굴도 보지 못한 선조들이 내 삶의 밭에 씨앗을 뿌렸다.

믿음의 유산을 물려받으면 발길이 닿는 곳마다 복이 나타난다. 전혀 생각지도 못한 놀라운 일이 벌어진다. 도저히 열리지 않을 것만 같던 문이 느닷없이 열린다. 분에 넘치는 자리로 승진이 된다. 이것은 결코 행운이 아니다. 이런 복의 이면에는 밤낮으로 기도한 할머니가 있다. 남다른 삶을 산 부모가 이 복의 출발점이었다. 증조부가 정직과 성실의 씨앗을 뿌린 덕분이다.

물론 자기 행동에 대한 책임은 자기 자신에게 있다. 당신과 나는 받은 기회를 최대한 활용하기 위해 열심히 노력해야 한다. 그러나 성경은 믿음의 유산을 물려받으면 자신이 짓지 않은 집에서 살게 된다고 말한다. 우리가 직접 심지도 않은 포도를 맛보게 된다. 차고 넘치는 하나님의 복이 우리가 가는 곳마다 따라다닌다. 내 선조들이 믿음으로 산 덕분에 내 삶 속에는 가문의 복이 넘쳐흐른다.

우리도 가문에 복을 끌어들이는 사람이 되자. 돈이나 집, 자동차 같은 물질도 유산의 하나다. 하지만 정직과 인격으로 하나님께 영광을 돌리는 삶의 가치는 재물에 비할 바가 아니다. 하나님의 은혜와 복을 미래 세대에 전해주는 일보다 더 위대한 일은 세상에 없다.

사무엘상 25장을 보면 다윗과 부하들이 나발이라는 사람의 가족과 일꾼을 적으로부터 보호해주었다고 나온다. 그 일이 있고 난 후 어느 날, 다윗이 부하들을 나발에게 보내 식량과 물품을 얻어오게 했다. 당연히 은혜의 보답으로 물품을 풍성하게 내줄 줄 알았지만, 정작 나발은 다윗의 부하들을 지독히 무례하게 대접했다. "나는 너희가 누군지도 모른다. 내가 언제 도와달라고 했냐? 귀찮게 하지 말고 썩 물러가라."

부하들이 돌아와 이같은 사실을 보고하자 다윗은 불같이 노했다. "다 칼을 차라. 나발을 손 좀 봐줘야겠다. 아니, 아예 싹 쓸어버려야겠어."

다윗의 부대는 나발의 집으로 진군하던 중 그 아내 아비가일을 만났다. 아비가일은 남편이 한 무례한 행동에 관해 듣고는 선물과 식량을 잔뜩 싸서 다윗을 달래러 가는 길이었다. "다윗이여, 제 남편이 배은망덕한 짓을 저질렀습니다. 해서는 안 될 일을 했습니다." 그리고 28절에서 아비가일은 이렇게 말했다. "이 종의 무례함을 부디 용서해 주십시오. 여호와께서 반드시 내 주의 집안을 든든히 세워주실 것입니다."

집안을 든든히 세워주실 것입니다! 볼수록 마음에 드는 구절이다. 아비가일의 말을 풀이하자면 이렇다. "충분히 화내실 만합니다. 선을 악으로 갚은 제 남편이 백 번 잘못했지요. 하지만 넓은 마음으로 이해해주시면 하나님이 당신에게 자자손손 이어질 복을 주실 겁니다. 집안이 든든히 설 겁니다."

화가 풀린 다윗은 원한을 잊고 몸을 돌렸다. 그가 원한을 날려버리자 정말로 하나님은 그와 그 자손에게 놀라운 복을 내리셨다.

살다보면 누구나 화내고 원망을 품을 만한 일을 겪기 마련이다. 나쁜 일을 수도 없이 겪으며 살아왔는가? 그래서 세상이 지독히도 미운가? 그래도 넓은 마음으로 원망을 날려버려야 한다. 원망은 피를 타고 후대로 흘러간다. 그렇지 않아도 자녀와 손자손녀가 극복해야 할 장애물이 산더미처럼 쌓였는데 그 위에 또 다른 장애물을 쌓아서야 되겠는가?

우리의 피 속에는 우리의 경험들이 그대로 녹아 있다. 미군의 연구 결과에서처럼 피는 그 뿌리를 기억한다. 백 년 후에도 우리의 피는 뿌리를 잊지 않을 것이다. 그것은 가문의 방향에 좋든 나쁘든 반드시 영향을 미친다.

당신의 피에 무엇을 담겠는가? 패배? 평범함? 용서하지 않는 태도? 원망?

안 될 말이다. 긍정적인 요소들을 담아야 한다. 결단력, 끈기, 정직, 믿음, 후히 베푸는 마음, 은혜, 승리를 피에 담으라.

믿음의 유산을 남기겠다는 결단이 중요하다. 가문에 좋은 유산을 남겨야 한다. 선대로부터 부정적인 요소들을 물려받았는가? 오늘은 새로운 날이니 하나님께 감사하라. 오늘부터 가문의 쓴뿌리를 뽑기 시작하라.

매일매일 최선을 다해 살아가라. 그러면 더 높이 올라가고 더 많은 일을 이룰 수 있다. 그뿐만이 아니다. 하나님은 당신이 씨앗을 뿌리면 천대까지 그분의 복과 은혜를 누리게 해주겠다고 약속하셨다. 한 명이 잘 산 여파가 천 대까지 이어진다!

06
Become A Better You
좋아하는 일을 선택하라

자기 일을 사랑하라. 매일 불타는 열정으로 일하러 나가야 한다.
일을 즐기고, 뭔가를 이루었다는 뿌듯한 기분으로 퇴근해야 한다.

하나님은 아직 태어나지도 않은 사람을 보시고 그에게 딱 맞는 재능을 주셨다. 아이디어와 지혜뿐 아니라 그 누구보다 잘할 수 있는 그만의 영역을 주셨다.

그렇다면 불만족스럽게 사는 사람들이 그토록 많은 이유는 무엇일까? 지극히 평범한 직장에서 좋아하지도 않는 일을 하면서 겨우 입에 풀칠이나 하는 사람들은 뭔가? 답은 뻔하다. 하나님이 마음에 심어주신 꿈과 열정을 좇지 않기 때문이다.

하나님이 주신 소명을 향해 전진하지 않으면 불안과 불만족이 존재의 깊은 곳을 항상 맴돈다. 아무리 떨쳐내려 해도 평생을 따라다닌다. '진정한 삶'을 살지 못했다는 후회를 안고 생을 마감하는 인생보다 더 큰 비극이 있을까. 하나님이 주신 잠재력을 발휘하지 못하고 떠나는 인생은 얼마나 서글픈가. 죽지 못해 살아온 인생. 열정을 느끼지 못하고 그럭저럭 버텨온 인생. 잠재력을 깊이 묻어둔 채 꽃을 피우지 못하고 지는 인생은 너무도 안타깝다.

언젠가 지구상에서 가장 부유한 곳은 포트녹스나 중동이 아니라는 말을 들었다. 남아프리카의 금광이나 다이아몬드 광산도 아니다. 아이러니하게도 지구상에서 가장 풍요로운 곳은 공동묘지다. 이루지 못한 온갖 꿈과 열정이 무덤 속에서 잠자고 있기 때문이다. 쓰지 못한 책, 시작해보지도 못한 사업, 이루지 못한 관계 등 온갖 보화가 땅 밑에 묻혀 있다. 어마어마한 잠재력이 무덤 속에서 썩어가고 있으니 안타깝기 짝이 없다.

행복과 열정을 느끼지 못하는 것은 무엇보다도 하나님의 뜻을 좇지 않기 때문이다. 하나님이 우리 안에 재능이라는 보물을 넣어두셨으나 그 보물을 캐내는 일은 어디까지나 우리 몫이다.

지금 당장 하나님의 뜻에 시선을 고정하고, 하나님이 마음에 주신 꿈과 열정을 향해 발걸음을 떼는 게 어떤가? 꿈과 열정을 좇아야 온전한 인생을 살 수 있다. 잠재력을 최대한 사용했다는 뿌듯함으로 인생을 마무리해야 하지 않겠는가. 보화를 썩혀두지 말고 인생을 잘 활용해야 한다.

열정이 샘솟는 일을 찾으라

진짜 하나님이 처음부터 내게 주신 길을 찾으려면 어떻게 해야 할까? 별로 복잡하지 않다. 열정을 불러일으키는 일이 바로 우리의 소명이다. 무엇을 하고 싶은가? 무슨 일을 할 때 순수한 기쁨이 솟아나는

가? 우리의 꿈과 열정이 가리키는 방향에 우리의 길이 있다. 하나님은 우리를 만드실 때 우리 안에 열정을 불어넣으셨다. 따라서 그분이 주신 나만의 길은 열정과 깊이 결합되어 있다. 즐겁게 할 수 있는 일이 바로 우리 소명이다.

아이들을 끔찍이 예뻐하는가? 그렇다면 당신의 소명은 십중팔구 아이들과 관련이 있다. 아이들을 가르치거나 코치하거나 돌보는 일이 제격이다. 건물이 올라가는 현장을 지나칠 때마다 호기심이 솟아나는가? 그렇다면 건축이나 디자인이 하나님의 뜻일지 모른다. 남을 돕는 일에 누구보다도 열심인 사람들은 필시 사회사업이나 의료분야가 소명일 것이다. 의사나 간호사, 간병인, 목사, 카운슬러가 제격이다. 가장 이루고 싶은 꿈을 조사해보면 으레 자신만의 소명이 튀어나온다.

지금 하고 있는 일이 영 마음에 들지 않는가? 아침마다 억지로 몸을 일으켜 일터로 기어가는가? 일이 지겹고 의미를 찾지 못하겠는가?

그렇다면 지금 하는 일을 솔직하게 돌아봐야 할 때다. 불행하고 불만족스러운 삶을 계속 이어가서는 안 된다. 소명이 있는 분야에서 일해야 행복해질 수 있다. 무의미한 삶을 언제까지 이어가겠는가? 하기 싫은 일을 언제까지 참을 것인가? 당장 편한 삶을 뒤흔들고 싶지 않다는 이유만으로 현재에 머물러서는 평생 그 모양으로 살 수밖에 없다. 하나님이 주신 나만의 길을 향해 전진해야 한다.

우리는 자기 일을 사랑해야 한다. 매일 불타는 열정으로 일하러 나가야 한다. 단, 즐거운 일이 꼭 쉬운 일은 아니다. 평생 즐거운 날만 계속되는 것도 아니다. 꼴 보기 싫은 사람들도 대해야 한다. 그것이 우리네 인생이다. 하지만 궁극적으로는 일을 즐겨야 한다. 뭔가를 이루었다는 뿌듯한 기분으로 퇴근해야 한다. 세상을 더 좋은 곳으로 만드는 데 작은 힘을 보탰다는 자긍심이 있어야 한다. 소명을 찾아 그와 관련된 분야에서 일하면 반드시 번영이 찾아온다.

> 즐거운 일이 꼭 쉬운 일은 아니다. 평생 즐거운 날만 계속되는 것도 아니다. 하지만 궁극적으로는 일을 즐겨야 한다.

뛰어난 사냥개에 관해 생각해보자. 사냥개에게는 사냥만큼 자연스러운 일이 없다. 갑갑한 트럭 화물칸에 가둬두면 사냥개는 종일 드러누워 게으름을 피운다. 아무런 의욕도 열정도 없이 하루하루 살아갈 뿐이다. 하지만 주인이 화물칸의 문을 활짝 열면 사냥개는 곧바로 본능을 발휘한다. 짖고 달리며 사냥감을 찾아다니는 모습에서 무한한 활기와 열정이 묻어나온다. 문을 열기 전과 후 이 개의 모습은 하늘과 땅만큼 다르다.

왜일까? 사냥개가 할 일은 사냥이기 때문이다. 하나님은 사냥개 안에 사냥의 열정을 넣어두셨다. 따라서 사냥개가 사냥을 할 때만큼 열정적인 순간은 없다. 억지로 의욕을 불러일으킬 필요도 없다. 사냥하러 갈 시간이 다가오면 사냥개의 내면에서 저절로 열정이 솟아난다. 사냥개 안에는 우주의 창조주께서 심어놓으신 사냥의 열정이 있다.

소명을 찾아 좋아하는 일을 하면 열정은 자연스럽게 솟아난다. 매일 펄쩍펄쩍 뛰지는 않더라도 내면 깊은 곳에서 형용할 수 없는 만족감이 흘러나온다. '바로 이거야. 나는 이 일을 위해 태어난 거야. 이게 내 소명이야.'

잘하는 일이 하나님이 주신 일이다

당신 안에는 우주의 창조주께서 심어놓은 소명 혹은 목적이 들어 있다. 이 소명은 우리 본성의 일부다.

이런 식으로 생각하면 이해하기 쉽다. 하나님은 독특한 특성과 개성을 넣어 각 동물을 창조하셨다. 이를테면 올빼미는 밤에 나가기를 좋아하는 야행성 동물이다. 하나님은 낮에 잘 볼 수 있는 인간과 달리 밤에 잘 볼 수 있는 눈을 올빼미에게 주셨다. 그런데 올빼미가 밤에 자고 낮에 돌아다니기로 마음을 먹는다면 어떻게 될까? 그것은 하나님이 주신 뜻을 거스르는 행동이다. 그런 식으로 살면 문제가 끊이지 않는다. 무엇보다도 먹잇감을 찾기가 극도로 어려워진다. 창조된 대로 행동하지 않으면 인생은 고난의 연속이다. 자기 본성에서 벗어난 올빼미의 종말은 안 봐도 훤하다.

반면 주어진 길을 정확히 따라가면 일이 술술 풀린다. 올빼미 비유를 계속 들어보자. 올빼미는 누가 시키지 않아도 알아서 밤에 활동한다. 하나님이 야행성으로 만드셨기 때문에 올빼미는 어둠 속에서 돌아다니는 게 지극히 자연스럽다.

우리도 마찬가지다. 하나님은 우리 각자 안에 독특한 특성을 불어넣으셨다. 우리가 소명을 찾아 잘하는 일을 하면 인생이 날마다 더 즐거워진다. 아무리 늦게까지 일해도 힘이 들지 않는다.

위대한 가수가 노래하는 모습을 보면 그렇게 쉬워 보일 수가 없다. 왜 그런가? 천성적으로 잘하는 일을 하기 때문이다.

반면에 자신에게 자연스럽지 않은 일을 하면 그렇게 힘들 수가 없다. 아무리 연습하고 노력해도 좀처럼 실력이 늘지 않는다. 자기 길이 아니라서 그렇다.

그렇다고 해서 당장 일이 풀리지 않으면 곧바로 포기하라는 말은 아니다. 때로 우리는 어려운 일도 끝까지 해내야 한다. 그러면 그 과정에서 더없이 값진 교훈과 실력을 얻는다. 하지만 인생 전체가 힘겨워서는 곤란하다. 목적에 따라 살고 있다는 가장 결정적인 증거는 자연스럽게 느껴진다는 것이다. 천부적인 재능이 있는 분야의 기술과 능력을 기르고 활용하면 반드시 성공한다.

내 친구 크레이그와 론은 둘 다 목사가 되려는 뜻을 품고 신학교에 입학했다. 졸업한 후 교회를 세운 크레이그는 친구 론에게 도와달라고 부탁했다. 론도 교회를 세울 생각이었지만 당장은 기회가 생기지 않아 당분간 크레이그를 돕기로 했다. 한편 론은 대단한 음악가였다. 피아노와 작곡, 노래 솜씨가 아주 일품이었다.

크레이그는 론에게 교회의 음악 사역을 맡겼고, 론은 몇 년 간 그 일을 훌륭히 해냈다. 교회는 점차 탁월한 음악으로 주위에 널리 알려지게 되었다. 덕분에 성도 수는 하루가 다르게 불어났.

하지만 론의 마음은 콩밭에 가 있었다. "결국은 이곳을 나와 내 교회를 열어야 해."

두 사람의 아내들은 론의 음악이 사람들에게 좋은 영향을 미치고 있다고 말했지만 론은 귀담아듣지 않았다. 론에게 음악은 참 쉬웠다. 늘 해오던 일이었다. 음악은 굳이 노력하지 않아도 잘하는 분야였다. 론은 뭔가 더 어렵고 새로운 도전에 뛰어들어야 한다고만 생각했다.

그러던 어느 날 론은 자신이 사람들에게 나눠주고 싶은 모든 것이 음악을 통해 전해지고 있다는 사실을 깨달았다. 이미 하고 있는 일에서 하나님이 주신 자신만의 길을 발견하기 시작했다. 반면 목사라는 직업은 깊이 고민할수록 그리 매력적으로 다가오지 않았다.

론은 현재의 자리에서 하나님이 주신 재능을 계속 활용하기로 결심했다. 그 결과 그와 가족은 복을 받았고 수많은 사람들이 그의 음악을 통해 힘과 용기를 얻었다. 진짜 가야할 길이 너무 가까이 있었기 때문에 그는 하마터면 그것을 놓칠 뻔했다. 그의 눈에 음악은 너무도 '평범해' 보였다.

하나님은 우리에게 남보다 잘할 수 있는 영역을 주셨다. 특별한 재능과 기술을 주셨다. 이것을 당연하게 여겨서는 곤란하다. 판매나 커뮤니케이션, 격려, 운동, 마케팅, 뭐든 자신에게 너무 쉽다는 이유로 무시하면 소명을 놓치고 만다. 잘하는 일이 곧 하나님이 주신 일이다. 잘하는 일, 그래서 즐거운 일이 곧 우리의 소명이다.

> 잘하는 일이 곧 하나님이 주신 일이다. 잘하는 일, 그래서 즐거운 일이 곧 우리의 소명이다.

자신의 천부적인 강점을 알아야 하지만, 그것을 최대로 활용하여 남들에게 최선의 유익을 끼치는 일도 그에 못지않게 중요하다. 리빙 바이블의 로마서 12장 6절에서는 "하나님이 우리 각자에게 특정한 일을 잘할 수 있는 능력을 주셨다"라고 말한다. 모든 일을 잘할 수는 없지만 '무엇인가'는 잘할 수 있다. 우리는 강점에 집중해야 한다. 천부적으로 잘하지 못하는 일에 매달리다가는 하나님이 주신 나만의 길을 놓치고 만다. 진짜 소명을 따르고 있다면 아주 가끔 힘들 때를 제외하고 삶이 즐겁고 활기차다.

열정이 있는 곳에 성공이 있다

우리 아버지는 인도에 자주 가셨다. 인도 선교는 아버지가 열정을 품은 일 가운데 하나였다. 그래서 1년에 두세 번은 아내와 아버지와 나, 이렇게 셋이서 여행을 떠났다. 여행은 주요 도시들 중 한 곳에 내린 다음, 차로 네다섯 시간을 달려 시골 마을로 들어가는 것으로 시작됐다. 시골구석에 당연히 좋은 호텔은 없었다. 아니, 호텔 자체가 없었다. 물론 입맛을 당기는 음식도 구경하기 힘들었다. 게다가 날씨는 왜 그리도 후덥지근한지. 나와 아내는 찝찝하고 불편해서 견디기 힘들었다. 하지만 아버지가 인도 사람들을 워낙 좋아하셨기 때문에 우리는 매년 그곳에 갈 수밖에 없었다.

가끔은 낡은 정부군 막사에 머물기도 했다. 막사라고 해봐야 사방을 막은 콘크리트 벽이 전부였지만. 밤이면 온갖 벌레가 온 천지를 헤집고 다녔다. 아내와 나는 불평은 하지 않았지만 솔직히 견디기가 이만저만 힘든 게 아니었다.

하지만 아버지는 전혀 불편하지 않은 것 같았다. 행동하는 모습이 마치 근사한 호텔에라도 있는 듯했다. 아버지는 악취도 못 맡고, 무더위도 못 느끼고, 벌레도 보지 못하셨다. 마냥 즐거워만 보였다. 사실 아버지가 인도 마을에서처럼 행복해하는 모습은 본 적이 없다.

한번은 아버지가 이런 말씀을 하셨다. "레이크우드교회 목회만 아니면 이곳에서 살고 싶구나."

왜 아버지는 불편을 느끼지 않으셨을까? 인도 선교가 아버지에게 주어진 길 가운데 하나였기 때문이다. 인도는 아버지의 열정을 끌어당기는 곳이었다.

잠언 18장 16절은 재능이 사람의 가는 길을 여유롭게 한다고 말한다. 하나님이 주신 나만의 길을 따라가면 일이 술술 풀린다. 필요한 일거리나 친구, 기회가 속속 눈앞에 나타난다. 아니, 재능과 강점이 있는 분야에 집중하면 뿌리쳐야 할 정도로 많은 기회가 마구 밀려온다.

만족이 없는가? 처음부터 당신에게 주어진 길을 따라가지 않아서 그런지도 모른다. 하나님이 마음에 심어주신 꿈을 좇아가면 더없는 만족이 솟아날 것이다. 내면의 잠재력을 활용하고 있는가? 가장 잘하는 일, 가장 자연스럽게 다가오는 일을 발견했는가?

가정주부로 아이를 키우는 일에서 소명을 느낀다면 그 일에 전력을 다하면 된다. 친구들이 모두 나가서 일한다고 해서 꼭 당신도 나갈 필요는 없다. 자신만의 목적을 찾아 끝까지 매달리면 누구보다 성공할 수 있다.

판매에 자신이 있다면 답답한 사무실 문을 박차고 나가라. 재능이 있는 분야로 뛰어들어 능력을 십분 발휘하라. 소명을 이루려면 하나님이 마음에 심어주신 일을 해야 한다. 열정이 향하는 곳에 성공이 있다.

〈불의 전차 *Chariots of Fire*〉는 내가 즐겨보는 클래식 영화다. 영화에서 에릭 리델은 재능이 뛰어난 육상 선수로, 올림픽 출전이 꿈이지만 오히려 중국 선교의 소명을 느꼈다. 하지만 아무리 생각해도 하나님이 자신에게 주신 재능은 달리기였다. 달릴 때마다 하나님의 미소가 눈에 선했다. 한 장면에서 그가 유명한 대사를 읊는다. "달릴 때는 하나님이 기뻐하시는 게 느껴져." 다시 말하면 이렇다. "처음부터 나에게 주어진 길을 따라 재능을 활용할 때 나를 향해 웃으시는 하나님이 느껴져!"

내가 좋아하는 리델의 또 다른 대사는 이렇다. "이기는 게 하나님께 영광을 돌리는 길이야." 우리는 이런 철학으로 최고가 되려고 애써야 한다. 하나님의 뜻을 좇아야 잠재력을 온전히 발휘하고 하나님께 영광을 돌릴 수 있다. 사업가로 부르심을 받았다면 세계적인 기업을 일궈야 하나님이 영광을 받으신다. 교육을 소명으로 느꼈다면 양질의 교육으로 하나님을 기쁘시게 해야 한다. 무슨 일로 부르심을 입었건 능력을 최대로 발휘하면 하나님이 활짝 웃으시리라.

아직 소명을 향해 발을 내딛지 않았는가? 여전히 열정이 없는 일을 붙들고 있는가? 이제는 더 나은 사람이 되어야 할 때다.

물론 일이 마음에 들지 않을 때마다 성급하게 그만두어서는 곤란하다. 하지만 최소한 인생을 되돌아볼 필요는 있다. 열정을 좇고 있는가? 천부적으로 잘하는 일을 하고 있는가? 그렇지 않다면 뭔가 변화를 꾀해보는 건 어떤가? 인생은 짧다. 열정이 가는 일을 찾아 자신의 전부를 쏟기에도 모자라다. 열정을 향해 전진하면 하나님이 한번에 한걸음씩 인도하시리라.

하나님이 주신 소명, 나만의 길, 목적을 따라가기를 소망하라. 끊임없이 전진하고 믿기로 결단하라. 꿈이 이루어질 때까지 끊임없이 더 멀리 뻗어나가라. 그러면 언젠가 뒤를 돌아보며 "이것이 하나님이 나를 이곳에 두신 이유야"라고 자신 있게 외칠 날이 오리라.

마음의 키를 잡으라

나는 잘될 것이다

잘되는 마음 1
나는 날마다 성장하고 있다

아침 해를 바라보며 "오늘도 잘될 거야. 하는 일마다 잘되고 좋은 만남이 기다리고 있을 거야. 어제보다 더 멋진 사람이 될 거야"라고 한 번 크게 외친다.

잘되는 마음 2
나는 복 있는 가문을 세운다

점심식사를 하고 나서 가족에게 문자 메시지를 보낸다.
"사랑합니다. 축복합니다. 오늘 하루가 하나님의 꿈을 이루는 데 한 걸음 나아가는 시간이 되리라 믿습니다. 파이팅!"

잘되는 마음 3
나는 좋아하는 일을 한다

저녁에 퇴근할 땐 낮에 있었던 언짢은 일은 모두 잊고, 즐겁고 뿌듯한 마음으로 집에 가라. 스스로 격려하고 칭찬하라. "하나님이 주신 귀한 하루를 열심히 살아서 참 행복해. 난 역시 하나님의 사랑스런 자녀야."

BECOME

A

BETTER

Y O U

2부

두 번째 키 　잘되는 생각

나는 긍정적인 사람이다

1 잘한 일을 떠올리라
2 자신을 사랑하라
3 스스로 격려하라
4 자신감을 가지라
　생각의 키를 잡으라

01
Become A Better You
잘한 일을 떠올리라

말씀에 따라 살려고 최선을 다한다면 잠시 실수해도 하나님은 여전히 기뻐하신다. 하나님은 우리가 나아지기를 원하신다.

더 나은 사람이 되기를 정말로 원한다면 반드시 좋은 자아상을 가져야 한다. 주위를 둘러보라. 비난하는 목소리에 귀를 기울인 탓에 고개를 푹 숙인 채 살아가는 사람들이 수두룩하다. 성경은 사탄을 '형제를 비난하는 자'로 표현한다. 그렇다. 마귀는 우리가 죄책감 속에서 살기를 바란다. 원수는 뭘 안 했느니 뭘 해야 했다느니 하면서 온갖 비난의 화살을 쏘아댄다. 지난 실수와 실패를 다시금 상기시켜주는 게 원수의 핵심 전술 가운데 하나다.

"너, 지난 주에 발끈했지?"

"너는 가족에게 더 많은 시간을 냈어야 해."

"교회만 가면 뭐해? 매번 지각하는데."

"푼돈이나 쥐어주고선 뭘 베풀었다고 난리야?"

이런 말을 무턱대고 받아들이는 사람이 많다. 이런 공격을 꾸준히 받다보면 자신이 점점 싫어지고 결국 죄책감의 감옥에 갇히고 만다. 기쁨과 자신감은 온데간데없고 종일 최악을 기대하며 대개는 기대한 대로 최악의 열매를 거둔다.

물론 세상에 완벽한 사람은 없다. 누구나 죄를 짓고 넘어지고 실패한다. 하지만 하나님의 자비와 용서가 있지 않은가. 그런데도 많은 사람들의 내면은 온통 명투성이다. 그들은 비난의 말을 토시 하나까지도 놓치지 않는다. "너는 실패작이야. 너는 엉망이야." 그들은 자기 자신에게 지독히도 심하게 군다. 성장과 개선의 가능성은 떠올리지 못하고, 비난의 목소리만 있는 그대로 믿는다. "너는 잘할 수 있는 게 하나도 없어. 이 습관을 평생 끊지 못할 걸. 쓸모없는 인간 같으니라고." 아침에 눈을 뜨자마자 원수의 목소리가 전날의 잘못을 일깨워준다. 그리고 오늘도 분명 잘못을 저지를 거란다. 어느새 자신이 극도로 싫어지고, 이런 냉소주의는 주위 사람들에게까지 삽시간에 퍼진다.

자신감 있게 살려면 어깨를 쫙 펴고 당당히 말해야 한다. "완벽하진 않지만 나는 계속 성장하고 있어. 실수하긴 했지만 이미 용서를 받았어. 하나님의 자비는 끝이 없거든."

하나님은 잘된 점에 주목하신다

더 나은 사람이 되기 위해 애써야 하지만 약점만 보면서 자기 자신을 깔아뭉개서는 곤란하다. 내 행동은 완벽하지 않지만 내 마음만큼은 늘 옳은 곳을 향해 있다. 남들은 나를 좋아하지 않을지 몰라도 하나님만큼은 나를 끔찍이 사랑하신다.

　말씀에 따라 살려고 최선을 다한다면 잠시 실수해도 하나님은 여전히 기뻐하신다. 하나님은 우리가 더 나아지기를 원하신다. 그러나 하나님은 우리의 약점도 이해해주신다. 누구나 알면서도 잘못을 저지를 때가 있다는 걸 하나님은 아신다. 인간적인 결점과 불완전이 드러나 자신에 대한 환상이 깨지면 스스로를 괴롭히는 게 우리 본성이다. '행복해질 자격이 없다'고 생각한다.

　그러나 아니다. 하나님의 용서와 자비를 받아들일 줄 알아야 한다. 비난의 목소리를 끊임없이 되새기면 자신을 향한 부정적인 태도만 뿌리를 내릴 뿐이다. 자신을 좋게 보지 않으면 인생의 모든 영역이 추락한다.

　샘은 3년 전에 저지른 일로 지금도 날마다 하나님께 용서를 구한다. 같은 일로 용서를 구한 게 족히 5백 번은 넘을 것이다. 처음 회개한 날 온전히 용서를 받았건만, 샘은 그 사실을 이해하지 못한다. 문제는 샘이 용서와 자비를 받지 못한 게 아니다. 계속해서 비난의 목소리에 귀를 기울이기 때문이다. "너는 끝장이야. 네가 저지른 일을 생각해봐. 하나님은 너를 축복하실 수 없어."

　샘은 매일 아침 일어나 하나님의 용서를 선포해야 옳다. "아버지, 자비를 영원히 거두어가지 않으시니 감사합니다. 과거의 실수가 크긴 하지만 주님은 아무리 큰 죄도 용서해주시는 줄 믿습니다. 어제 지은 죄도 있음을 고백합니다. 날마다 새로운 주님의 자비를 구합니다. 오늘, 믿음으로 당신의 자비를 받아들이겠습니다."

　이런 믿음을 품으면 오랫동안 우리를 옭아매던 사슬이 단번에 끊어져나간다. 비난의 목소리는 들을 가치도 없다. 고개 숙인 채로 살아가지 않아도 된다. 죄책감에 물든 삶은 하나님의 자비를 받아들이지 않았다는 증거다. "나는 자격이 없어. 나는 가치가 없어."

하지만 은혜가 무엇인가? 은혜는 자격이 없어도 주시는 공짜 선물이다. 누구도 은혜를 받을 자격은 없다. 하지만 하나님은 우리를 귀한 존재로 삼아주셨다. 그래서 이제 우리는 벌레만도 못한 존재가 아니다. 지극히 높으신 하나님의 자녀다. 그러니 비난의 목소리에 흔들릴 까닭이 무엇인가?

"하지만 나는 극복해야 할 문제점이 너무 많아."

문제 하나 없는 사람이 어디 있는가? 누구에게나 개선해야 할 부분이 있기 마련이다. 그러나 하나님은 잘못된 점이 아닌 잘된 점에 주목하신다. 우리가 얼마나 성장하고 있는지를 보신다. 그러니 고개를 쳐들고 당당히 말해도 좋다. "더는 죄책감에 빠져 살지

> 하나님은 잘못된 점이 아닌 잘된 점에 주목하신다. 우리가 얼마나 성장하고 있는지를 보신다.

않겠어. 내가 무용지물이라는 생각은 이제 떨쳐버리겠어. 비록 실수하기는 했지만 용서받지 못할 만큼 끔찍한 건 아니야. 이미 회개하고 용서를 구했어. 이제 한 발 더 나아가서 하나님의 자비를 받아들일 거야."

나는 우리 아이들이 잘못한 부분에 주목하지 않는다. 우리 아이가 리틀리그에서 스트라이크아웃을 천 번도 넘게 당해도 나는 한번 친 안타를 두고두고 자랑할 것이다. 우리 아들 조나단은 열두 살이다. 누가 이 아이에 관해 물으면 나는 사랑스러운 점을 단번에 수백 가지는

나는 긍정적인 사람이다 85

나열할 수 있다. 우리 애는 똑똑하고, 재능이 철철 넘치고, 유머 감각이 탁월하고, 재치 만점이다. 장점을 다 열거하자면 끝이 없다. 이것이 부모의 마음이다. 우리를 향하신 하나님의 마음도 똑같다.

언젠가 내가 설교 도중에 두뇌의 10퍼센트 이상 사용하는 사람은 극히 드물다고 말한 적이 있다. 그때 조나단이 엄마 귀에 대고 이렇게 속삭였다. "엄마, 나는 11퍼센트를 사용하니까 평균 이상이야!"

우리 아들은 완벽하지 않다. 실수투성이다. 하지만 이 녀석을 가르치고 훈련시켜 더 높은 단계로 이끄는 재미가 쏠쏠하다. 하나님도 마찬가지다. 하나님은 우리를 조건없이 사랑하신다.

"아빠, 나는 아빠의 축복을 받을 자격이 없는 것 같아요. 아빠의 사랑을 받기에는 내가 너무 못났어요. 아빠도 알잖아요. 내가 세 살 때 거짓말한 거. 네 살 때는 어린 여동생도 때렸고…."

우리 아들이 이런 말을 한다면 당장 녀석을 병원으로 데려가 뇌 검사부터 받아봐야 할 것이다. 하지만 조나단은 부모의 용서를 받을 줄 안다. 자기가 사랑받고 있다는 걸 안다. 나와 아내가 자기를 축복하기 원한다는 걸 녀석이 모를 리가 없다.

실수해도 담대히 나아가라

2년 전 아들에게 기타를 사주던 날, 조나단은 집에 도착하자마자 빨리 앰프를 설치해달라고 떼를 썼다. 성화에 못이겨 겨우 설치를 마치고 일어서려는데 녀석이 나를 와락 안으며 말했다. "아빠, 새 기타를 사줘서 너무 고마워요. 그런데 새 키보드는 언제 사줄 거예요?" 정말 낯짝도 두꺼운 녀석이다!

우리도 하나님 앞에서 담대해야 한다. 성경은 "은혜의 보좌 앞으로 담대히 나아갑시다"라고 말한다. 왜 그럴까? 자비하심을 얻기 위해서다.

"오 하나님, 또 실수했어요. 부모 노릇을 엉망으로 했어요. 또 다시 분노를 폭발하고 말았어요. 애들한테 고함을 질렀어요. 이제 복을 받기는 틀렸죠?" 이런 기도는 옳지 않다.

하나님의 복을 받으려면 겸손하고 정중하면서도 동시에 담대히 그분 앞에 나아가야 한다. "하나님, 제가 실수했지만 그래도 저를 사랑하시는 줄 알아요. 용서를 구합니다. 자비를 베풀어주세요." 그리고 나서 하나님의 복과 은혜를 기대하면 된다.

나는 뻔뻔하다면 뻔뻔한 사람이다. 감히 전능하신 하나님을 내 친구로 여기니 말이다. 나는 하나님이 지금 내 모습 그대로 웃어주신다고 믿는다. 나도 내가 완벽하지 않은 줄 잘 안다. 하지만 내 마음만은 오직 선을 향해 있다. 하나님을 기쁘시게 하기 위해 최선을 다할 것이다. 그러려면 비난의 소리를 듣지 말아야 한다. 죄책감에 시달리며 살지는 않으리라. 실수해도 하나님 앞에 나아가 용서를 구하면 그만이다. 그 다음에는 그분의 자비를 받아들이고 계속 전진하기만 하면 된다.

나는 예수님의 탕자 비유를 참 좋아한다. 탕자는 실수를 많이도 저질렀다. 아버지한테 유산을 미리 달라니, 천하에 이런 못된 자식이 어디 있는가? 이 녀석은 돈을 받자마자 곧장 집을 나가 흥청망청 난잡하게 살았다. 하지만 돈이 떨어지자 친구들도 한꺼번에 떨어져나갔다. 먹을 음식도, 잘 곳도 없는 그는 결국 어느 돼지우리에 머물게 되었다.

굶어죽지 않으려면 돼지 사료고 뭐고 가릴 처지가 아니었다.

어느 날 오물 더미 위에 앉아 한탄하던 탕자는 문득 마음을 돌려먹었다. "아버지한테 가야겠어." 이것이 그의 평생에 내린 가장 현명한 선택이었다. 아무리 실수하고 실패했어도 신세한탄은 답이 아니다. 몇 달이고 자신을 비난하며 살아서야 되겠는가. 승리의 첫 단계는 다시 일어나 아버지의 포근한 품으로 돌아가는 것이다.

탕자는 집으로 발길을 향했다. 그의 마음 한구석에 어떤 생각이 도사리고 있었을지는 뻔하다. '시간 낭비야. 아버지는 절대 나를 다시 받아주시지 않을 거야. 그렇게 못된 짓을 저지른 나를 거들떠나보시겠어?' 아마도 집으로 가는 길에 최소한 서너 번은 그런 생각을 떠올렸을 것이다.

하지만 성경을 보니 아버지의 반응은 전혀 뜻밖이다. "아들이 아직 멀리 있는데 그 아버지는 아들을 보고." 아버지는 아들이 돌아오기만 눈이 빠지게 기다렸던 게 분명하다. "오늘은 녀석이 돌아올지도 몰라." 늘 그런 마음으로 아침에 눈을 떴을 것이다. 아침부터 저녁까지 아버지는 아들을 기다렸다. 그리고 마침내 아들이 보이자 벌떡 일어나 달려갔다. 아버지는 아들의 얼굴을 조금이라도 빨리 보고 싶어 도저히 앉아서 기다릴 수가 없었다. 여기 등장하는 아버지는 바로 우리 하나님이시다.

혹시 이 비유에서 특별한 점을 눈치챘는가? 달리는 하나님의 이미지가 등장하는 곳은 성경을 통틀어 이 구절밖에 없다. 하나님이 누구에게 달려가셨던가? 제자들 중 한 명에게? 사도들 중 누구에게? 유명한 종교 지도자에게? 아니다. 하나님은 당신의 자비가 절실히 필요한 젊은이에게 달려가신다. 그분은 지독한 실수를 저지른 사람, 비참하게 실패한 사람에게 달려가고 계신다.

아버지는 정신없이 달려가 아들을 얼싸안았다. 얼마나 보고 싶던 아들인가. 그런데 아들은 고개를 푹 숙인 채 기어들어가는 목소리로 중얼거릴 뿐이다. "아버지, 저는 완전 실패작이에요. 어리석은 짓을 저질렀어요. 염치없는 말인 줄 잘 알지만 혹시 저를 종으로 받아주시면 안 될까요? 밭에서 열심히 일할게요."

하지만 아버지는 그럴 마음이 전혀 없다. "그게 무슨 말이냐? 너는 내 아들이야. 어서 잔치를 열어야겠다."

> 하나님의 자비가 감당하지 못할 만큼 큰 잘못은 없다. 그분은 두 팔을 활짝 펴고 계신다.

하나님이 더는 용서하지 않으실 것 같은가? 돌아오기에는 너무 늦었는가? 그렇지 않다. 하나님의 자비가 감당하지 못할 만큼 큰 잘못은 없다. 하늘 아버지는 정죄하거나 징벌할 길을 찾는 분이 아니시다. 그분은 우리 앞에서 두 팔을 활짝 펴고 계신다. 우리가 하나님의 기준에서 아무리 멀리 벗어났어도 그분은 여전히 우리를 목이 빠져라 기다리고 계신다. 우리가 한 걸음만 다가가면 하늘 아버지는 만사를 제쳐놓고 단숨에 달려오신다.

모든 잘못을 낱낱이 기록하면서 화를 내는 분으로 하나님을 오해하는 사람들이 많다. 그런 사람들은 너무 많은 실수를 저질렀다는 생각에 차마 고개를 들고 다니지 못한다. 어리석은 실수를 했어도 감히 하나님을 찾아가 용서와 도움을 구하지 못한다. 그저 스스로 죄의 대가를 치러야 한다는 생각뿐이다. 안타깝게도 그들이 대가를 치르는

나는 긍정적인 사람이다

방식은 대개 꿈을 버리는 것이다. 비참하게 살아야 조금이라도 죄 값을 더는 기분이 들기 때문이다. 죄를 지어놓고 방실방실 웃으면서 돌아다닐 수는 없다.

그렇게 생각한다면 좋은 소식을 듣지 못했기 때문이다. 빚은 이미 청산되었다. 왜 하나님의 자비를 받아들이지 않는가? 하나님이 여전히 놀라운 복을 쌓아놓고 계신다는 사실을 왜 믿지 못하는가? 우리가 아무리 큰 실수를 저질렀어도 하나님의 자비는 차고 넘친다.

하나님은 우리 실수나 잘못에 초점을 맞추지 않으신다. 불행이나 좌절에 허덕이는 건 그분의 뜻과 거리가 멀다. 하나님은 우리가 성공하기를 누구보다도 바라신다. 그분은 우리가 풍요롭게 살도록 창조하셨다.

하나님은 위대한 계획을 세워놓고 계신다

죄책감, 그리고 무엇보다도 비난의 목소리에서 벗어나 새로운 태도를 품어야 한다. 우리가 좌절감과 죄책감의 진흙탕에서 아무리 오래 뒹굴었어도 하나님은 여전히 위대한 계획을 세워놓고 계신다. 첫 번째 계획을 놓쳤는가? 무슨 상관인가. 하나님의 두 번째, 세 번째 계획이 줄줄이 기다리고 있는데. 하나님이 이미 우리를 향해 얼굴을 돌리셨으니 우리도 그분을 향해 얼굴을 돌려야 한다.

부모님이 우리에게 자주 해주시던 이야기 하나가 기억난다. 맏형 폴이 아주 어렸을 때 있었던 일이다. 우리 형제들은 아무도 태어나기 전이었다. 밤이면 부모님은 형을 침대에 눕히고 다른 방으로 건너가셨는데, 부모님 방은 거실에서 불과 몇 미터밖에 떨어져 있지 않았다.

부모님은 밤마다 형의 머리를 쓰다듬으며 말씀하셨다. "얘야, 잘 자렴." 그러면 형은 으레 이렇게 대답했다. "엄마 아빠도 안녕히 주무세요."

그런데 어느 날, 무슨 이유에서인지 형은 두려움을 느꼈다. 부모님이 잘 자라는 말을 건넨 후 얼마 지나지 않아 형이 말했다. "아빠, 아직 거기 있어요?"

"응, 아직 여기 있단다."

"아빠, 제 쪽을 보고 있어요?"

"그럼, 네 쪽을 보고 있단다."

아버지가 자기 쪽을 보고 있다는 사실이 형에게 말할 수 없이 큰 안도감을 주었다. 이윽고 형은 아버지의 포근한 관심을 느끼며 스르르 잠에 빠져들었다.

하늘 아버지의 얼굴이 우리를 향해 있다. 더 좋은 소식은 하나님이 언제까지나 우리 쪽을 바라보신다는 사실이다. 우리가 아무리 못났어도, 아무리 많은 실수를 저질렀어도, 그래도 하나님은 여전히 우리를 사랑하시며 우리를 바라보신다.

처음에는 열정으로 살았지만 어느새 실패와 실수의 늪으로 빠져들었는가? 비난의 목소리가 끊임없이 좌절감과 죄책감을 불러일으켰는가? 이제 자유를 얻을 때다. 지금 하나님이 우리를 향해 달려오고 계신다. 그분의 얼굴이 우리 쪽을 향해 있다. 그분은 화를 내고 정죄하시는 분이 아니라 사랑과 자비와 용서가 충만하신 분이다. 하늘 아버지가 우리를 위해 여전히 위대한 계획을 세워놓고 계신다.

게다가 하나님은 우리가 빼앗긴 것까지 회복시켜주신다. 수천 번은 족히 실패했는가? 소중히 여기던 것들을 모조리 잃어버렸는가? 하지만 하나님의 자비는 아무리 써도 바닥이 나지 않는다. 오늘부터 그분의 은혜를 받을 수 있다. 단지 태도만 바꾸면 된다. 이제부터는 자신을 부정적으로 보지 마라. 비난의 목소리에 귀를 닫고 하나님의 자비를 받아들이라. 더 이상 과거의 늪에 머물지도, 정죄의 목소리를 귀담아 듣지도 마라.

> 하나님은 당신을 기뻐하신다. 그분은 당신을 용서하셨고 멋진 미래를 예비해놓으셨다.

하나님은 당신을 기뻐하신다. 그분은 당신을 용서하셨고 멋진 미래를 예비해놓으셨다. 그분이 당신을 인정하시니 고개를 높이 쳐들라. 그러면 비난의 힘은 흩어지고 속 시원한 자유를 느끼게 되리라. 그리고 나아가 자신을 사랑하는 법을 배우라.

02

Become A Better You

자신을 사랑하라

자신에게 없는 것을 남에게 줄 수는 없다.
자신을 사랑하지 않으면 남을 사랑할 수 없다.

우리는 모두 결점들을 가지고 있다. 하지만 더 나아지기 위해 매일 최선을 다해 꾸준히 전진하고 있다면 하나님이 기뻐하신다고 확신해도 좋다. 하나님이 우리의 모든 결정을 기뻐하시지는 않을지 몰라도 우리 자신만큼은 기뻐하신다.

하나님은 우리에게 자신을 사랑하라고 분명히 말씀하신다. 하나님은 우리가 당당하게 어깨를 펴고 건강한 자아상을 세우기를 원하신다. 하지만 자기 허물과 약점만 보는 사람들이 너무 많아 안타깝다. 그들은 실수할 때마다 자신을 심하게 깎아내린다. 틈만 나면 자신을 호되게 꾸짖는다. "못난 놈. 무기력한 놈. 너는 해도 너무해. 벌써 몇 번째 실수야?"

혹시 이걸 아는가? 하나님은 우리가 실수할 줄 미리부터 알고 계셨다. 우리가 약점과 허물과 잘못된 욕망을 드러낼 줄 하나님이 모르셨을까? 전혀 아니다. 하나님은 우리가 태어나기도 전에 이미 우리에 관한 모든 것을 파악하셨다. 그리고 그럼에도 우리를 사랑하신다!

자신과 화해하라

자신과 다투며 사는 인생만큼 불쌍한 인생도 없다. 오늘날 그런 인생이 얼마나 많은가. 내면의 전쟁을 벌이고 있는 사람들이 정말 많다. 자신의 모습을 지독히 싫어하는 사람들. "나는 느려터졌어. 절제라고는 눈곱만큼도 없어. 나는 왜 이렇게 못생겼지? 머리가 너무 나빠." 그들은 부정적인 자아상이 온갖 고난의 근본 원인인 줄도 모른 채 약점에만 시선을 고정한다. 남들과 잘 어울리지 못하는 사람들. 어딘지 모르게 불안해 보이는 사람들. 인생을 즐기지 못하는 사람들. 이 모두는 자기 자신과 화해하지 못한 탓이다.

예수님은 "네 이웃을 네 몸처럼 사랑하여라"고 말씀하셨다. 뒤집어 말하면, 먼저 자신을 사랑해야 남을 사랑할 수 있다는 말이다. 약점이 있는 그대로 자신을 존중하지 않으면 결코 남을 제대로 사랑할 수 없다. 그런데 안타깝게도 오늘날 자기혐오가 많은 관계를 파괴하고 있다.

나는 결혼생활이 삐거덕거리는 원인을 배우자에게서 찾는 사람들을 많이 봤다. 동료에게 비난의 화살을 돌리는 사람들도 많다. 하지만 사실은 그들 자신의 내면에서 내전이 벌어지고 있는 중이다. 그들은 자기 외모를 혐오한다. 남보다 못하게 사는 자신을 정말 싫어한다. 나쁜 습관을 끊지 못하는 자신이 너무 한심하다. 이런 자기비하의 독소는 다른 관계들 속으로 고스란히 흘러들어간다.

자신에게 없는 것을 남에게 줄 수는 없다. 자신을 사랑하지 않으면 남을 사랑할 수 없다. 내면에서 어리석은 전쟁이 벌어지고 있는가? 자신을 향해 분노를 쏟아내고 있는가? 불안한가? 너무 못생겨서 아무도 다가오지 않을 것만 같은가? 죄책감에 시달리고 있는가? 그렇다면 남들에게 그런 부정적인 요소밖에 전해줄 게 없다.

> 자신을 사랑하는 사람은 주위에 사랑을 나눠주고 건강한 관계를 싹틔운다.

반면, 하나님이 우리 안에서 역사하고 계신다는 것을 안다면 흠과 약점에 상관없이 자신을 받아들일 수 있다. 자신을 사랑하는 사람은 주위에 사랑을 나눠주고 건강한 관계를 싹틔운다.

같은 방식으로 부부관계와 주변의 관계를 회복할 수 있다. 남들에게서만 문제를 찾으려고 하면 틀어진 관계는 절대 회복되지 않는다. 먼저 자기 내면을 바로잡아야 한다. 자신을 싫어하면 자신뿐 아니라 인생의 모든 관계가 망가진다는 사실을 알아야 한다. 무엇보다도 하나님과의 관계에 먼저 이상 기류가 흐른다.

자신을 좋아하는 태도가 이처럼 중요하다. 약점이 좀 있어도 괜찮다. 남에게 말하기 창피한 구석이 좀 있으면 어떤가? 당신만 그런 게 아니다. 사람은 다 똑같다. 그러니 마음을 편하게 먹어도 된다. 자신에게 심하게 굴어서 뭐가 남는가. "이 멍청아. 못생긴 놈. 절제라고는 도무지 모르는 놈. 꼴도 보기 싫은 놈." 남한테 대놓고 이렇게 말하는 사람은 거의 없다. 그런데 희한하게 우리는 남한테는 못하는 소리를 자신한테는 너무도 쉽게 내뱉는다. 자신을 깔보는 것은 하나님의 걸작

나는 긍정적인 사람이다 95

품을 깔보는 짓이다.

당신은 누가 뭐래도 남다른 삶을 살려고 애쓰는 중이다. 하나님은 그런 마음을 기뻐하신다. 그러니 부족한 부분이 좀 있더라도 자신을 미워할 필요는 없다. 실수해도 하나님께 나아가면 그만이다. "아버지, 용서해주세요. 회개합니다. 앞으로는 잘하게 도와주세요." 기도하고 마음의 짐을 훌훌 털어버리면 그걸로 끝이다. 몇 달, 아니 몇 년씩 자신을 괴롭혀서야 되겠는가. 과거는 털어내고 앞으로 나아가야 한다.

우리는 하나님의 인정을 받은 몸이다

자기비하의 함정에 빠져서는 안 된다. 성경은 하나님이 이미 우리를 인정하고 받아주셨다고 말한다. 하나님이 완벽한 인생만 받아주실까? 그렇지 않다. 하나님은 우리를 있는 그대로 받으신다. 아무 조건 없이 보듬으신다. 하나님이 우리를 사랑하시는 건 우리의 성품이나 행동 때문이 아니다. 그것은 우리의 신분 때문이다. 우리는 지극히 높으신 하나님의 자녀다. 하나님이 우리를 인정하시는데 우리가 스스로를 인정하지 못할 까닭이 무엇인가? 자신이 못났다는 생각이나 죄책감은 전혀 불필요한 감정이다. 자신을 있는 그대로 사랑하면 평안이 찾아온다.

"목사님, 그래도 믿지 못하겠어요. 저는 어쩔 수 없는 죄인일 뿐이에요." 언젠가 성품 좋은 한 남자가 내게 말했다.

물론 예전에 우리는 어쩔 수 없는 죄인이었다. 그러나 그리스도 앞에 나오는 순간, 모든 죄가 씻겨나갔다. 예수님은 우리를 새로운 피조물로 만드셨다. 그래서 이제 우리는 죄의 노예가 아니라 지극히 높으신 하나님의 아들이요 딸이다. 비굴한 얼굴로 바닥을 기어다니지 말고 만찬 테이블에 앉아도 된다. 하나님은 우리를 위해 성대한 잔치를 여신다. 풍성한 삶을 주려 하신다. 과거에 얼마나 많은 실수를 저질렀는지는 상관없다. 지금 아무리 힘든 일을 겪고 있어도 괜찮다. 우리는 승리의 삶을 살도록 창조된 존재다. 지금 우리의 모습이 완벽하지는 않아도 최소한 어제보다는 낫다. "하나님, 저를 날마다 성장시켜주시니 감사합니다."

원수는 우리가 의롭다는 사실을 알까봐 두려워한다. 묵은 죄를 끊임없이 떠올리며 살기를 바란다. 하지만 하나님은 의인으로 살라고 말씀하신다. 우리는 천국 백성으로 택함받고 하나님께 인정을 받은 대단한 존재다. 이땅에서도 얼마든지 의인 행세를 해도 좋다.

우리는 아침마다 자리에서 일어나 순간의 기분과 상관없이 담대히 선포해야 한다. "아버지, 저를 용서하고 인정해주셔서 감사합니다. 저를 기뻐하시니 고맙습니다. 저는 하나님의 친구입니다."

옷을 입을 때는 '하나님의 인정'이라는 가슴받이도 잊지 말고 걸쳐야 한다. 매일 가슴에 '전능하신 하나님의 인정을 받은 자'라는 대문짝만한 명찰이 달려 있다는 기분으로 살라. "너는 이래서 안 돼. 너는 저래서 안 돼. 너는 실패작이야." 이런 비난의 목소리가 자아상을 깨뜨리려 할 때마다 거울 앞으로 달려가 명찰을 확인하라. '하나님의 인정을 받은 자.'

더 나아지려는 모습은 아름답다

하나님은 우리의 약점을 눈여겨보지 않으신다. 단점을 일일이 꺼내

지적하지 않으신다. 그분은 우리가 회개한 이상 까마득한 옛날에 지은 죄는커녕 바로 어제 지은 죄도 기억하지 않으신다. 오직 우리가 잘한 점만 보실 뿐이다. 하나님은 우리가 더 나은 삶을 살고 그분을 믿기로 결단했다는 사실에 주목하신다. 그분을 더 깊이 알기 원힌다는 사실에 함박웃음을 지으신다.

하나님이 우리를 사랑하시니 우리도 자신을 사랑해야 마땅하다. 아직 개선해야 할 부분이 적지 않지만, 우리는 점점 나아지고 있다. 우리 인생은 진행형이다. 그러니 과거의 무거운 짐을 내던지고 자유롭게 살아도 좋다.

원수는 약점을 꼬집어 우리를 깔아뭉개려 한다. "너는 열심히 일하지 않고 있어. 너는 그리 좋은 남편도, 부모도 아니야. 물론 어제는 다이어트를 그럭저럭 잘했어. 하지만 간밤에 야식을 먹지 말았어야지."

들을 가치도 없는 헛소리다. 우리는 약점은 적고 장점은 수없이 많은 존재다.

"하지만 나는 너무 다혈질이야."

맞는 말인지도 모른다. 그러나 한번도 지각하지 않고 출근했다는 사실은 왜 떠올리지 못하는가? 당신은 끈기와 결단력이 남다르다.

"나는 그리 좋은 엄마가 아닌가 봐."

그럴지도 모른다. 하지만 자녀가 학교생활을 훌륭하게 잘하고 있다는 사실은 왜 생각하지 못하는가? 당신의 자녀는 식사를 거르는 법이 없으며 더없이 건강하다. 사교성도 좋다. 스포츠며 학교와 교회 활동에 누구보다도 열심이다.

"에이, 나는 좋은 남편이 못 돼."

물론 당신은 회사 일을 정말 많이 한다. 하지만 집세를 한번도 밀린 적이 없지 않은가? 당신이 열심히 일한 덕분에 당신 가족이 남부럽지 않게 살고 있다.

"하지만 나는 실수를 너무 많이 저질렀어."

그런가? 하지만 이 책을 집어서 읽고 배우고 있는 게 어딘가? 더 나아지려는 모습이 정말로 보기 좋다. 그러니 죄책감의 누더기는 벗어던지고 의의 예복을 입는 게 어떤가? '하나님의 인정'이라는 가슴받이를 차라. 하나님은 우리를 기뻐하시며 우리를 바꾸시는 중이다.

잘못한 점과 못난 점을 자꾸 되새겨봐야 좋을 게 하나도 없다. 히브리서는 "모든 짐과 얽매이기 쉬운 죄를 벗어버리고"라고 말한다. 자기 가슴을 자꾸 후벼파면 반드시 패배감과 절망에 빠지게 된다. 그러므로 죄에 한눈을 팔지 말고 변화와 발전을 위한 경주를 계속해야 한다. 영적 성장은 번갯불에 콩 구워 먹듯이 순식간에 이루어지는 일이 아니다. 기나긴 경주요 과정이다. 성경은 하나님이 우리를 조금씩 바꾸신다고 말한다.

"내 약점을 전부 알고 나면 그런 말을 할 수 없을 텐데."

그런가? 그렇다면 더 잘됐다. 하나님의 능력은 우리가 약할 때 가장 강하게 역사하시니까. 우리가 약할 때 하나님은 강하시다. 그러니 자신에게 비판적으로 굴지 말고 하나님의 어깨에 기대야 한다. "아버지께 기대겠습니다. 이 못된 습관을 깨뜨려주세요. 저는 이 부분이 약합니다. 하지만 하나님은 강하십니다. 제 자신을 소중히 여길 수 있도록 도와주세요."

약점이 많다고 푸념하지 말고 하나님께 도움을 요청하면 그분이 크게 역사하신다.

> 약점도 하나님이 주신 것이다. 그러니 우리는 어떤 경우에도 그분을 믿어야 한다.

약점도 하나님이 주신 것이다. 그러니 우리는 어떤 경우에도 그분을 믿어야 한다. 언제까지 기다리겠는가? 문제점이 전부 사라질 때까지? 완벽해졌다는 확신이 들 때까지? 자신의 모든 면이 마음에 들 때까지? 평생을 기다려도 그런 날은 오지 않는다.

"살을 2킬로그램만 빼면 자신감이 솟을 텐데." "이 불 같은 성질만 아니면 나도 그리 형편없는 사람은 아닌데." "머리가 조금만 더 좋았으면."

아니다. 당신은 있는 모습 그대로 보기 좋다. 완벽하지는 않아도 더 나아지려고 노력하는 모습이 아름답다. 하나님은 그런 마음을 보신다. 하나님은 중심을 보시며 우리를 조금씩 바꿔주신다.

영적 성숙의 단계는 저마다 달라도 우리는 다 성장할 수 있다. "하나님, 이 부분은 아직 부족해요. 하지만 최선을 다하려고 합니다. 참, 하나님이 저를 이미 인정하고 받아주셨다는 사실을 잘 압니다. 그러니 저도 제 자신을 받아들이겠습니다. 충만한 자신감으로 오늘을 살기로 굳게 다짐합니다."

아버지와 아들이 산을 오르고 있었다. 그런데 소년이 그만 발을 헛디뎌 30미터쯤 아래 덤불 속으로 굴러떨어졌다. 까진 상처를 본 소년은 다급하게 외쳤다. "도와줘요!"

그러자 어디서 한 목소리가 들려왔다. "도와줘요!"

놀라 어리둥절한 소년이 물었다. "누구세요?"

"누구세요?"

소년은 부아가 치밀기 시작했다.

"너는 겁쟁이야!"

"너는 겁쟁이야!"

"너는 바보야!"

"너는 바보야!"

그때 아버지가 내려와 아들을 덤불에서 빼냈다. 소년은 아버지를 올려다보며 물었다. "저 사람 누구예요?"

그러자 아버지가 껄껄 웃으며 설명해주었다. "얘야, 그건 메아리란다. 메아리의 또 다른 이름은 '인생'이지." 그러면서 고함을 질렀다.

"너는 승자야!"

역시나 목소리가 돌아왔다. "너는 승자야!"

아버지의 목청이 다시 울렸다. "너는 뭐든 할 수 있어!"

"너는 뭐든 할 수 있어!"

이제 아버지는 아들 쪽으로 고개를 돌렸다. "아들아, 인생이 이렇단다. 뭐든 네가 보내는 그대로 돌아오지."

지금 자신에게 어떤 메시지를 보내고 있는가?

"나는 실패작이야. 못생겼어. 무절제해. 망했어. 성질 못된 놈이야. 아무도 내게 가까이 오려고 하지 않아."

이런 부정적인 메시지라면 어서 긍정적인 메시지로 바꿔야 한다.

"나는 인정을 받았어. 나는 하나님 앞에서 의인이야. 나는 재치가 철철 넘쳐. 재능이 많아. 넉넉히 이길 수 있어."

예수님이 세례를 받고 물에서 나오시자 하늘에서 음성이 들려왔다.

"이는 내가 사랑하는 아들이다. 내가 그를 매우 기뻐한다." 물론 예수 님이 하나님의 독생자이시기는 하다. 하지만 나는 하나님이 우리에게도 똑같은 말씀을 하고 계신다고 믿는다. 하나님은 나와 당신을 무척이나 흡족해하신다.

03

Become A Better You

스스로 격려하라

자아상을 높이는 데 우리의 입술만한 도구도 없다.
말은 씨앗과 같다. 이사야는 자기 말의 열매를 먹는다고 했다.

하나님은 어느 한 사람이라도 평범하게 창조하지 않으셨다. 근근이 살아가라고 우리를 이땅에 보내신 게 아니다. 우리는 두각을 나타낼 존재다. 성경은 하나님이 창세 전부터 우리를 택하셨을 뿐 아니라 풍성한 삶에 필요한 모든 도구를 주셨다고 말한다. 우리 안에는 위대한 씨앗이 들어 있다. 단, 이 씨앗이 싹을 틔우려면 우리가 믿음으로 행동해야 한다.

그런데 낮은 자존감과 열등감으로 무기력하게 살아가는 사람이 수없이 많이 눈에 띈다. 빈약한 자아상으로는 하나님의 최선을 기대조차 할 수 없다. 우리는 마음에 품은 자아상 이상으로 발전할 수 없다. 우리는 하나님의 눈으로 자신을 봐야 한다.

말하는 습관을 바꾸면 인생이 바뀐다

자아상을 높이는 데 우리의 입술만한 도구도 없다. 말은 씨앗과 같다. 말에는 창조의 힘이 스며 있다. 이사야는 우리가 자기 말의 열매를 먹는다고 했다. 말한 그대로 열매를 맺는다니, 생각할수록 어마어마한 진리다.

> 세상은 봐야 믿을 수 있다고 말하지만, 하나님은 믿어야 볼 수 있다고 말씀하신다. 원하는 모습을 선포해야 그 모습으로 변해간다.

긍정적이든 부정적이든 말에는 창조력이 깃들어 있다. 그것은 우리가 다른 누구의 말보다 자신의 말을 더 믿기 때문이다. 생각해보라. 우리 입에서 나온 말은 가장 먼저 우리 귀로 빨려들어간다. 그래서 한마디 말이 꾸준히 되풀이되면 결국 우리의 정신에 스며들어 그 말 그대로 열매를 맺는다.

따라서 매일 자기 삶을 향해 복을 선포하는 습관을 길러야 한다. "이럴 수가, 내 모습이 언제 이렇게 형편없어졌지? 이렇게 폭삭 늙다니. 주름투성이잖아." 이런 말은 아예 입에 담지도 말아야 한다. 아침마다 거울을 보며 긍정의 말을 선포하라. "안녕! 너, 정말 멋져 보인다!" 아무리 몸이 찌뿌드드해도 거울을 보며 건강을 선포하라. "나는 튼튼해. 건강해. 하나님이 내 젊음을 되돌리고 계셔. 빨리 나가서 마음껏 활개치며 살고 싶어."

현실적으로는 이 말이 사실이 아닐 수도 있다. 실제로는 몸 상태가 그리 좋지 않고 극복해야 할 장애물이 많을 수도 있다. 하지만 성경은 "없는 것을 있는 것 같이" 부르라고 말한다.

다시 말해, 실질적인 상태가 아니라 원하는 상태를 말해야 한다. 세상은 봐야 믿을 수 있다고 말하지만, 하나님은 믿어야 볼 수 있다고 말씀하신다. 원하는 모습을 선포해야 그 모습으로 변해간다. 자신에 관해 말하는 습관부터 바꾸라. 그러면 인생이 바뀐다.

하나님이 아들을 주겠다고 하셨을 때 아브라함과 사라는 둘 다 아이를 낳을 수 있는 나이를 훌쩍 넘긴 상태였다. 사라가 웃은 것도 무리는 아니다. 사라는 필시 아브라함에게 이렇게 말했을 것이다. "여보, 도대체 무슨 말이에요? 제가요? 제가 아이를 갖는다고요? 에이, 저는 이미 꼬부랑 할머니에요."

아브라함과 사라는 자아상을 바꾸기 전까지 절대 아이를 가질 수 없었다. 그래서 하나님은 어떻게 하셨을까? 먼저 그들의 이름을 바꾸셨다. 그들이 늘 듣는 말을 바꾸신 것이다. 하나님은 아브람과 사래의 이름을 각각 '열국의 아비'와 '여왕'을 뜻하는 아브라함과 사라로 바꾸셨다. 생각해보라. 하나님은 아이 하나 없는 아브라함을 열국의 아비로 부르셨다. 덕분에 그는 하루 종일 "안녕하세요, 열국의 아버님"이라는 말을 들었다. 그렇게 날마다 듣다보니 어느새 그 말이 그의 내면에 깊이 뿌리를 내렸다.

사라는 백발이 성성할 때까지 아이를 단 한 명도 낳지 못했다. 그런 마당에 자신이 여왕처럼 느껴졌겠는가? 하지만 "안녕하세요, 여왕님"이라는 말을 귀에 못이 박히도록 듣다보니 서서히 자아상이 변하기 시작했다. 어느새 사라는 자신을 늙은 불임 여성이 아닌 여왕으로 보게 되었다. 그리고 정말로 아들을 낳아 하나님이 명령하신 대로 이삭이라는 이름을 붙였다!

하나님이 마음에 불가능해 보이는 뭔가를 속삭이셨는가? 건강을

나는 긍정적인 사람이다

되찾기에는 너무 늦은 것 같은가? 빚더미에서 벗어나기는 불가능해 보이는가? 결혼하기 힘들겠는가? 살을 빼기는 어려울 듯한가? 이 사업을 벌이기에는 너무 많은 장애물들이 눈앞에 보이는가? 현실적인 측면에서는 성공 가능성이 전혀 없다. 도저히 있을 수 없는 일이다. 하지만 그런 꿈을 이루려면 긍정의 말을 해야 한다. 아무리 불가능해 보여도 담대히 선포해야 옳다. "나는 주 안에서 강해. 주 안에서는 못할 일이 없어. 나는 얼마든지 나를 향하신 하나님의 뜻과 계획을 이룰 수 있어." 복을 말하면 하나님이 약속하신 복이 굴러들어온다. 단순히 현재의 상황을 표현하는 말이 아니라 상황을 바꾸는 말을 해야 한다.

미래에 되고 싶은 모습을 말하라

우리는 말로 자신의 미래를 예언할 수 있다. 하루에 딱 5분만 떼서 자기 삶을 향해 복을 선포해보라. 놀라운 일이 벌어질 테니. 원한다면 글로 써도 좋다. 하박국은 비전을 글로 쓰라고 말한다. 꿈과 목표와 포부뿐 아니라 바꾸고 싶은 부분들도 빠짐없이 써야 한다. 무엇보다도 하나님의 말씀으로 우리의 말을 지원사격해야 한다. 하나님과 단 둘이 시간을 보낸 후 매일 몇 분씩 자기 삶을 향해 복을 선포하면 정말로 그 복을 받는다. 복에 관해 읽거나 생각하는 것만으로는 부족하다. 말로 해야 초자연적인 일이 벌어진다. 말이 믿음에 생명력을 불어넣는다.

> 하나님과 단 둘이 시간을 보낸 후 매일 몇 분씩 자기 삶을 향해 복을 선포하면 정말로 그 복을 받는다.

베티는 수없이 금연을 시도했다. 하지만 굳은 결심으로 최선을 다해도 어느새 입에 또 다시 담배가 물려 있었다. 베티는 부정적인 말을 내뱉기 시작했다. "나는 결단력이 부족한가 봐. 너무 어려워. 담배를 끊기는 틀린 것 같아." 그리고 친구들에게는 변명을 늘어놓았다. "담배를 끊으면 갑자기 살이 찐다고 하더라." 부정적인 말은 몇 년째 베티의 입가를 떠나지 않았다.

그러던 어느 날 누군가 베티에게 말하는 방식을 바꿔보라고 권했다. 없는 것을 있는 것 같이 말하라는 것이다. 딱히 손해볼 것도 없는 터라 베티는 한번 시도해보기로 했다. "담배는 맛이 없어. 니코틴 냄새가 참지 못할 만큼 역겨워. 담배를 끊어도 절대 살찌지 않아." 베티는 날이면 날마다, 달이면 달마다 그렇게 선포했다.

나중에 그녀가 내게 말했다. "앉아서 담배를 맛있게 피우면서도 입으로는 지독히 맛이 없다고 말했어요." 그녀는 현재의 상태가 아니라 원하는 상태를 말했다. 하루는 담배에 불이 붙이고 들이마셨는데 그 날따라 맛이 약간 썼다. 그때부터 매일 조금씩 맛이 더 나빠졌다. 결국 도저히 목구멍으로 넘길 수 없을 만큼 맛이 지독해지자 베티는 더 이상 담배를 입에 물 수 없었다. 담배의 중독이 완전히 풀린 것이다.

놀랍게도 몸무게도 그대로였다. 현재 베티는 니코틴에서 완전히 자유로운 삶을 살고 있다. 그녀가 담배의 중독을 끊은 데는 말의 힘이 톡톡히 한 몫을 했다. 그녀는 자유로운 미래를 예언했고, 그대로 이루어졌다.

당신도 예전의 베티처럼 몇 년째 부정적인 말만 하고 있는가? "나는 이 중독을 끊을 수 없어. 이 많은 살을 어떻게 다 빼? 빚에서 벗어나기는 글렀어. 내 주제에 결혼은 무슨."

이런 말은 마음과 정신 속에 견고한 진을 형성한다. 부정적인 말을 내뱉을 때마다 조금씩 나쁜 자아상이 자리를 잡는다. 이미지를 바꿔 자신을 승자로 보지 않으면 언제까지나 부정적인 상태에 머물 수밖에 없다.

오늘부터는 무슨 일이 있어도 자신을 좋게 말하라. 수천 가지 나쁜 습관이 있어도 입에서 비판의 말이 튀어나와서는 안 된다. 말로 자기 삶을 축복해야 한다. 외면이 바뀌려면 먼저 내면의 이미지가 바뀌어야 한다.

5년 후 모습을 선포하라

자신에 대해 부정적이고 비판적인 말을 하면 우리를 향하신 하나님의 완벽한 계획이 온전히 이루어질 수 없다. 구약의 선지자 예레미야가 하마터면 그럴 뻔했다. 하나님은 예레미야에게 소명을 주셨다. "예레미야야, 나는 네가 어머니의 자궁에서 형성되기도 전에 너를 보았다. 미리부터 너를 열국을 위한 선지자로 선택했단다."

하지만 젊은 예레미야는 자신이 없었다. 하나님이 주시는 약속의 말씀을 듣고 복을 받았다는 기쁨은커녕 두려움부터 앞섰다. "하나님, 저는 할 수 없어요. 열국을 향해 외칠 수 없다구요. 저는 너무 어려서 무슨 말을 해야 할지조차 몰라요."

"너는 어린아이라고 말하지 마라." 하나님은 예레미야의 부정적인 말을 즉시 차단하셨다. 왜일까? "저는 할 수 없어요. 능력도 없고 너무 어려요." 예레미야가 계속해서 이런 부정적인 말을 하고 돌아다니면 하나님의 계획과 약속이 실현되는 데 방해를 받을지도 모른다. 하나님의 말씀을 해석하자면 이렇다. "예레미야야, 더는 그런 말을 하지 마라. 말로 네 미래를 가로막으면 안 된다." 결국 자신에 관한 말을 바꾼 예레미야는 변변치 못한 수준에 머물러 있는 세대를 향해 용감히 하나님의 말씀을 외쳤다.

하나님은 우리도 위대한 일에 부르셨다. 그분은 우리 마음에 꿈과 소망을 심으셨다. 물론 아직 개선해야 할 부분이 많다. 하지만 변명은 금물이다. "하나님, 저는 할 수 없어요. 저는 실수를 너무 많이 저질렀어요. 하나님, 사람을 잘못 보셨어요."

하나님은 예레미야에게 하셨던 말씀을 우리에게도 하고 계신다. "말을 조심해라. 자꾸 부정적인 말을 하면 나의 완벽한 계획이 실현되지 않는다."

오늘이 우리 인생의 전환점이다. 여태껏 자신에 관해 좋게 말해본 적이 없는가? 오늘부터는 어깨를 쫙 펴고 자기 삶을 향해 긍정의 말을 선포하라. "나는 복을 받았어. 나는 건강하고 부유해. 누구보다도 유능해. 나는 부르심을 받았어. 은혜를 입었어. 두뇌가 명석해. 나는 재간꾼이야. 나를 향하신 하나님의 뜻과 계획을 온전히 이룰 수 있어."

5년 후에 당신이 어떤 모습을 하고 있을지 궁금한가? 그렇다면 지금 당신이 하는 말을 유심히 들어보라. 우리는 매순간 자신의 미래를 예언하고 있다. 건강하고 행복해지고 싶은가? 중독의 사슬을 끊고 싶은가? 그렇다면 지금부터 건강과 행복과 자유를 선포해야 한다. 명심하라. 우리는 자기 입에서 나온 말의 열매를 먹는다. 그러므로 자신의 미래를 축복하라. 하나님과 같은 눈으로 자신을 보고 자기 삶을 향해 믿음과 승리의 말을 선포하면 더 좋은 자아상이 생긴다. 자아상이 좋아지면 실제로 더 나은 사람이 된다!

04
Become A Better You
자신감을 가지라

좋은 점만 인정하고 자신을 높이 평가하라. 이런 긍정적인 생각에
온 정신을 집중하면 하나님의 복과 은혜가 더 좋은 날을 만들리라.

우리 내면에서는 하루 종일 대화가 벌어지고 있다. 알고보면 우리는 다른 누구보다도 자신에게 더 많은 말을 한다. 문제는 어떤 말을 하느냐다. 자신에게 뭐라고 말하고 있는가? 무슨 생각을 골똘히 하는가? 긍정적인 생각? 힘을 솟구치게 하는 생각? 아니면 부정적이고 패배적인 생각을 하며 돌아다니는가? "나는 매력이 없어. 재능도 없어. 늘 실수만 저질러. 하나님은 이런 나를 싫어하실 거야." 이런 부정적인 혼잣말 때문에 높이 비상하지 못하는 사람이 무수히 많다.

온종일 부정적인 메시지로 마음을 가득 채우는 사람은 성공한 사람을 봐도 내면에서 부정적인 말부터 쏟아낸다. "무능한 나와는 거리가 먼 일이야. 나는 저 사람만큼 똑똑하지 못해. 재능이 너무 부족해." 얼굴과 몸매가 출중한 사람을 보면 또 다시 내면의 목소리가 들려온다.

"내 몸매는 한심하기 짝이 없어. 몸을 다시 만들기에는 자제력이 너무 부족해." 부정적인 혼잣말 뿌리를 내릴 때까지 방치해두면 정신이 썩고 앞길은 꽉 막힌다. 날이면 날마다 머릿속에서 부정적인 음악을 트는 사람은 평범한 수준을 절대 벗어날 수 없다.

부정적인 생각 패턴을 거슬러올라가보면 대개 어린 시절의 상처가 드러난다. 사랑으로 키우고 자신감을 심어줬어야 하는 사람이 우리를 깔아뭉갰던 기억은 무의식 속에서 좀처럼 사라지지 않는다. 내 주위에는 학대나 거부를 당하며 자라온 탓에 무기력하게 사는 사람들이 적지 않다. 부모님이나 선생님, 심지어 친구의 부정적인 말이 그들의 내면에 깊이 뿌리를 박았다. 그로 인한 부정적인 생각 패턴은 하나님이 뜻하신 수준에 이르지 못하도록 그들의 앞길을 막고 있다.

자신의 온갖 잘못된 점만 떠올리며 잠자리에 드는 습관을 버려야 한다. 제대로 해내지 못한 사건만 곱씹다가 잠이 들어서는 안 된다. 아무리 많이 실패했어도 상관없다. 이제 부정적인 메시지와 경험을 지우고 새로운 메시지를 녹음해야 한다. 틈만 나면 자신의 가치를 떠올려야 한다. "나는 지극히 높으신 하나님의 자녀야. 내 미래는 더없이 밝아. 하나님은 나를 기뻐하셔. 내 재능은 보통이 아니야. 창의력도 대단해. 나는 뭐든 할 수 있어."

자신에게 이런 말을 하면 실제로 더 나은 사람으로 변해간다. 단, 교만이 아니라 잔잔한 자신감으로 말해야 한다. 온종일 내면 깊은 곳에서 긍정의 목소리가 울려퍼져야 한다.

자신을 깎아내리지 마라

일전에 매우 흥미로운 연구에 관한 글을 읽은 적이 있다. 몇몇 대학생들을 대상으로 세상이 거꾸로 보이는 특수 안경을 착용하게 한 후 일상생활에 얼마나 적응할 수 있는지 알아보는 것이었다. 처음 며칠간은 혼란스럽기 짝이 없었다. 학생들은 수시로 여기저기 부딪혔고 읽거나 쓰지 못했으며 누가 이끌어줘야 겨우 교실에 들어올 수 있었다. 특수 안경을 쓴 학생들은 장애인이나 다름없었다. 하지만 그들은 점차 적응하기 시작했다. 그리고 첫 주가 끝날 무렵에는 아무런 도움 없이 혼자서 교실에 들어올 수 있었다. 호기심이 생긴 연구가들은 실험을 계속했고, 한 달 후 학생들은 '거꾸로 세상'에 완전히 적응했다. 이제는 읽고 쓰고 숙제하고 컴퓨터 자판을 치는 데 아무런 문제가 없었다.

우리에게도 비슷한 일이 일어날 수 있다. "나는 나쁜 부모야. 나는 너무 많은 실수를 저질렀어. 내겐 어떤 좋은 일도 일어날 수 없어." 이런 잘못된 마음자세를 오랫동안 품고 있으면 그것이 하나님의 창조 섭리와 정반대임에도 불구하고 우리 마음이 결국 거기에 적응하고 만다. 거꾸로 된 삶을 살게 된다.

당신 세상은 이미 뒤집어졌는가? 자신감은 완전히 사라지고 낮은 자존감의 늪에 빠져 잠재력보다 훨씬 못한 삶을 살고 있는가? 자신에게 자꾸 나쁜 말을 해서 그렇게 됐다는 생각은 안 해봤는가? 평범한 삶은 자기 안에서 끊임없이 오가는 부정적인 대화 탓이다. 삶을 바꾸려면 먼저 내면의 말을 바꿔야 한다.

한번은 텔레비전에서 몸무게를 무려 70킬로그램이나 감량한 여성을 봤다. 비결은 바로 지방 흡입술이었다. 진행자가 시술 전후 사진을 보여줬는데, 정말 같은 사람의 사진이 맞나 싶을 정도였다. 하지만 몇 달 후 다시 출연한 그 여성은 완전히 풀이 죽은 모습이었다. 진행자가 어리둥절해하며 물었다. "정말 아름다워 보이는데 뭐가 문제예요? 환상적인 몸매인 걸요."

"예, 다들 그렇게 말해요. 하지만 제 마음은 여전히 못생긴 뚱보예요."

나는 속으로 생각했다. '바로 그거야. 마음이 문제야!' 그 여성의 외모는 완전히 바뀌었지만 내면은 그대로였다. 그녀의 마음에는 아직도 낡은 음악이 재생되고 있었다. "나는 뚱보야. 못생겼어. 내가 행복해질 날은 오지 않아." 그녀는 미끈한 몸매를 얻었으면서도 여전히 행복하지 않았다. 자신을 깎아내리는 목소리에 귀를 기울이면 이 여성처럼 된다.

자녀의 자존감을 높여주라

나는 좋은 부모 밑에서 자라는 복을 받았다. 두 분은 내게 자신감과 자존감을 불어넣으셨다. 어릴 적에 부모님은 늘 내가 위대한 일을 할 거라고 말씀하셨고, 틈만 나면 내가 얼마나 자랑스러운 아들인지 일깨워주셨다. 부모들은 자녀에게 자신감과 자존감을 심어주어야 한다. 아이들에게는 부모의 사랑과 격려와 인정이 반드시 필요하다. 왜 자꾸 자녀를

> 부모들은 자녀에게 자신감과 자존감을 심어주어야 한다. 아이들에게는 부모의 사랑과 격려와 인정이 반드시 필요하다.

깔아뭉개는가? "형은 늘 일등인데, 너는 왜 성적이 매일 그 모양이니?" "그런 머리로 어떻게 대학에 갈 수 있겠어?" "이런 식으로 가다간 쓸모없는 사람이 될 게 뻔해." 아이들 앞에서 이런 말은 절대 금물이다.

말은 씨앗과 같아서 사람의 마음에 뿌리를 내려 계속해서 자라난다. 물론 자녀의 잘못된 행동은 바로잡아야 하지만 그들의 마음에 부정적인 말을 심어서는 곤란하다. "너는 못된 녀석이야." 절대 그렇지 않다. 가끔 잘못을 저지르기는 해도 아이들은 지극히 높으신 하나님의 형상을 따라 창조된 귀한 존재다. 부모들은 자녀에게 자신감과 자존감, 안정감을 심어줄 책임이 있다.

부모나 보호자에게서 좋은 격려의 말을 듣지 못해 제대로 살지 못하는 어른들이 얼마나 많은지 모른다. 부모가 잘한 점을 칭찬해주지 않고 잘못만 지적하면 아이의 인생 전체가 망가진다는 사실을 잊어서는 안 된다.

우리 형 폴과 형수 제니퍼에게는 잭슨이라는 귀여운 아들이 있다. 이 녀석은 늘 싱글벙글 웃으며 주위 사람들을 즐겁게 만든다. 밤이면 형수는 아들을 침대에 눕히고 이런저런 이야기를 나누다가 함께 기도도 한다. 그리고 잘 자라는 인사를 하기 전에 늘 이렇게 말한다. "애야, 네가 어떤 존재인지 아니? 너는 슈퍼맨이야. 너는 파워레인저야. 너는 스파이더맨이야. 너는 베트맨이야. 너는 내 카우보이야. 너는 위대한 야구 선수야." 그러면 어린 잭슨은 입이 귀에 걸린 채로 이 말을 곧이곧대로 받아들인다.

형수가 뭘 하고 있는 걸까? 아들의 내면에 긍정적인 대화를 불러일으키고 있는 것이다. 형수는 겨우 세 살밖에 되지 않은 아들에게 자존감을 불어넣고 있다. "애야, 너는 특별해. 너는 소중해. 커서 위대한 일을 해낼 거야." 그러고 나서 침실로 돌아와 우리 형의 귓가에 다시 이 말을 똑같이 읊어준다. 단, 파워레인저 자리에 엘비스 프레슬리를 넣어서.

하루는 재미있는 일이 벌어졌다. 그날따라 늦게 귀가한 형 부부는 영웅들의 이름을 읊을 시간도 없이 서둘러 아들을 침대에 눕혔다. 그런데 몇 분 후 위층에서 작은 목소리가 들려왔다. "엄마, 엄마." 형수는 계단을 달려 올라갔다. "응, 무슨 일이야?" "엄마, 내가 누군지 얘기해줘야지."

이 짤막한 말에 심오한 진리가 숨어 있다. 우리가 자녀에게 좋은 자아상을 심어주지 않으면 다른 누군가가 그 자리에 나쁜 자아상을 심을지도 모른다는 사실이다.

자녀에게 복의 말을 하라. 자녀의 인생을 향해 승리를 선포하라. 아이들에게는 부모의 격려와 인정이 꼭 필요하다. 우리는 그들에게 원대한 비전을 심어주어야 한다.

모세가 태어났을 때 이집트의 파라오는 모든 사내아이를 죽이라는 명령을 내렸다. 하지만 모세의 엄마는 이런 극악하고 어처구니없는 명령에 따를 수 없었다. 아들을 꼭꼭 숨겨두었다가 기회를 엿본 후 갈대 상자에 담아 나일 강에 띄웠다. 그리하여 파라오의 딸들 가운데 한 명이 모세를 발견해 키우게 되었다. 그러나 모세에게는 복의 말을 해줄 아버지가 없었다.

세월은 유수처럼 흘러 어느 날 하나님이 장성한 모세에게 오셔서 말씀하셨다. "모세야, 너를 통해 이스라엘 백성들을 구해내겠다." 모세의 입에서 나온 첫 마디는 예상대로였다. "하나님, 제가 도대체 누구라고 그런 말씀을 하십니까?"

부모가 정체성을 일깨워주지 않으면 이런 일이 벌어진다. 누군가 자신감과 자존감을 심어주지 않으면 자녀는 자기 능력을 의심하게 된다. 하나님은 모세에게 다시 말씀하셨다. "모세야, 그게 무슨 말이냐? 너는 내가 선택한 사람이다."

그러자 모세는 또 다른 질문을 던진다. "하지만 하나님, 누가 제 말을 듣겠습니까? 아시다시피 저는 말을 잘 못합니다. 더듬거리는 버릇까지 있는 걸요." 이 얼마나 자신감없는 말인가. 모세의 마음에도 어리석은 말이 재생되고 있었다. 아마도 매일 복의 말을 해줄 아버지가 없었던 탓이리라. 하지만 모세는 하나님의 도우심으로 어린 시절의 장애물을 극복할 수 있었다.

어릴 적에 격려의 말을 별로 듣지 못하고 자랐는가? 이땅의 아버지가 당신이 누구인지 말해주지 않았는가? 그래도 당신의 신분은 변함이 없다. 누가 뭐래도 당신은 지극히 높으신 하나님의 자녀다. 그분이 당신에게 영광과 존귀로 관을 씌우셨다. 당신은 그리스도 안에서 뭐든 할 수 있다. 당신은 잠재력 덩어리다. 창의력이 흘러넘친다. 용기며 힘, 능력까지 두루 갖춘 당신이 이루지 못할 일은 없다. 어디를 가든 하나님의 은혜가 당신을 뒤덮고 있다. 당신이 손대는 곳마다 부와 성공이 나타난다. 당신은 하나님의 복을 받았다. 이것이 당신의 본모습이다. 그러니 어깨를 쫙 펴고 고개를 높이 쳐들고 자신을 향해 말하라. "나는 승자야. 나는 뭐든 해낼 수 있어. 하나님은 나를 위대한 존재로 만드셨어."

정말로 더 나은 사람이 되고 싶다면 자신에 관한 생각을 옳은 방향에 고정해야 한다. 하루 종일 자신의 장점을 되새겨야 한다. 부정적인 옛 생각이 다시 고개를 쳐들면 지체없이 새로운 말로 대응하면 그만이다. 자신과 하나님에 관한 긍정의 말을 선포하면 부정적인 생각은 저 멀리 물러간다.

> 정말로 더 나은 사람이 되고 싶다면 자신에 관한 생각을 옳은 방향에 고정해야 한다. 하루 종일 자신의 장점을 되새겨야 한다.

자신의 가능성을 믿어야 성장한다

언젠가 우리 교회 로비에서 한 젊은 여성과 이야기를 나누었다. 참으로 아리따운 여성이었다. 어느 모로 보나 행복하고 명랑해 보였다. 하지만 그녀의 내면에서는 전쟁이 벌어지고 있었다. 그녀는 자신을 싫어했다. 스스로 매력이 없고 뚱뚱하다고 생각했다. 그녀는 내 앞에서 자신의 못난 점을 하염없이 늘어놓았다.

이야기를 들으면서 그녀가 아버지에게서 무시를 당하며 자라왔다는 사실을 발견했다. 아버지는 그녀의 잘못된 점을 꼬집으며 자존감을 밑바닥까지 끌어내렸다. 그런 탓인지 그녀는 겨우 20대 후반의 나이에 두 번이나 이혼을 겪었고 세 번째 결혼생활도 파국으로 치닫고 있었다.

나는 자초지종을 다 들은 후 이렇게 말했다. "당신 내면의 CD플레이어에서 나쁜 말이 재생되고 있어요. 이를테면 이런 말이죠. '나는 뚱

뚱해. 매력이 없어. 나는 세상에 내놓을 게 하나도 없어. 나는 전혀 사랑스럽지 않아.' 이런 거짓말을 자꾸 받아들이면 내면의 전쟁이 끝나지가 않아요. 당신은 그런 식으로 살 존재가 아니랍니다. 하나님은 자신있게 살리고 당신을 창조하신 기예요. 이제부디는 충만한 자신감으로 사세요. 자꾸 자신을 공격하면 안 됩니다. 자신과 화해하지 않으면 남들과도 잘 지낼 수 없어요. 내면의 전쟁이 다른 모든 관계로도 퍼져 나갈 겁니다."

집안이 평안하지 않은 원인이 바로 당신일지도 모른다. 당신 내면에 평안이 없는 탓일 수도 있다. 그렇다면 어서 자신과 화해해야 한다. 마음에서 끊임없이 재생되는 부정적인 목소리를 몰아내지 않으면 큰일이다. 이 젊은 여성처럼 당신의 과거사가 문제의 근본 원인일 수 있다.

부정적인 목소리를 그냥 방치해두고 있는가? 부모나 보호자에게서 마땅한 격려와 사랑을 받지 못하고 자라서 어쩔 수 없다고 생각하는가? 하지만 중요한 건 시작이 아니라 마무리다. 이제부터는 매일 자신을 향해 긍정의 말을 선포하라. "하나님 앞에서 나는 눈에 넣어도 아프지 않을 만큼 소중한 자녀야. 나는 그분의 가장 귀한 보물이야. 그분이 나를 영광과 존귀로 관을 씌우셨어. 나는 매력적이야. 내 앞길은 훤히 뚫려 있어."

여호수아 5장 9절에서 하나님은 이스라엘 백성에게 이런 말씀을 하셨다. "오늘 내가 너희에게서 이집트의 수치를 굴려내버렸다." 이스라엘 백성들은 자신감이 없었다. 상처와 학대 속에서 살다보니 노예 신분에서 벗어난 후에도 여전히 낙심한 채로 남아 있었다. 그때 하나님이 오셔서 말씀하셨다. "이제 그만 낙심해라. 내가 수치심을 걷어주마." 나는 그들이 수치심을 떨쳐낸 후에야 약속의 땅에 들어갈 수 있었다고 믿는다.

성경은 말한다. "우리 가운데 있는 모든 선한 것을 깨달아 그리스도께 이르게 되기를 바랍니다." 우리 안에 있는 모든 선한 것을 인정할 때 믿음이 효력을 발휘한다는 말이다. 우리가 상처와 고통만 떠올리면 믿음은 힘을 쓰지 못한다. 단점과 약점을 바라볼 때 믿음은 열매를 맺지 못한다. 우리 가운데 있는 모든 선한 것을 인정할 때 믿음이 가장 큰 효력을 발휘한다. 그러므로 긍정의 말을 선포해야 한다. "내 미래는 밝아. 나는 재능이 있어. 사람들은 나를 좋아해. 나는 하나님의 은혜를 입었어."

우리가 하나님의 아들이신 예수 그리스도를 믿고 또 우리 자신을 믿을 때 믿음이 열매를 맺는다. 자신의 능력과 가능성을 믿어야 믿음이 빛을 발한다.

불행히도 사람들 대부분은 오히려 자신의 못난 점만 인정한다. 심지어 그들의 무의식 속에서도 자신을 비하하는 메시지가 끊임없이 되풀이되고 있다. 당신이 이런 부류라면 서둘러 마음의 메시지를 바꿔야 한다.

너무 순진한 건지 몰라도 나는 사람들이 나를 좋아해주기를 '기대'한다. 사람들이 나를 친절하게 대하고 도와주기를 기대한다. 나는 내가 누구인지 알기에 자신감이 하늘을 찌른다. 내가 누군가? 바로 지극히 높으신 하나님의 자녀다!

소심한 태도로 모임 장소에 들어가려고 하는가? "여기서는 아무도 나를 좋아하지 않을 거야. 사람들 표정을 봐. 벌써 내 흉을 보고 있는 게 분명해. 이 정장을 입지 말 걸 그랬어. 그냥 집에서 텔레비전이나 보는 건데."

이니다. 내적 대화를 다른 방향으로 이끌이야 한다. 우리가 자신의 장점을 인정해야 비로소 믿음이 열매를 맺는다. 자신을 긍정적으로 보고 높이 평가하는 태도를 길러야 한다.

"에이, 나는 한낱 주부에 불과해. 그냥 판매원이야. 그저 학교 선생일 뿐이야."

아니다. 우리는 '한낱, 그냥, 그저'가 아니다. 우리는 지극히 높으신 하나님의 자녀다. 얼마든지 우리의 목적을 이룰 수 있다. 하나님이 우리의 발걸음 하나하나를 인도하시기 때문이다. 그분의 선하심과 자비하심이 늘 우리를 따라다닌다. 우리는 놀라운 일을 해낼 존재다. 이런 사실을 알고 인정하면 자신감이 하늘 높이 치솟는다.

아침에 정신이 들자마자 곧바로 긍정의 말을 선포하라. "나는 복을 받았어. 하나님의 은혜가 나를 온통 뒤덮고 있어. 오늘은 멋진 날이 될 거야." 종일 이 말을 마음속에서 반복 재생하라. 올바른 메시지를 재생하고, 긍정적이고 희망찬 생각만 품으라. 자신의 잘못된 점만 떠올리는 건 지극히 어리석은 짓이다. 좋은 점만 인정하고 자신을 높이 평가하라. 이런 긍정적인 생각에 온 정신을 집중하면 자신감이 솟아날 뿐 아니라 더 높은 단계로 비상할 수 있다. 하나님의 복과 은혜가 더 좋은 날을 만들리라.

생각의 키를 잡으라

나는 긍정적인 사람이다

잘되는 생각 1
나는 잘되는 생각을 한다

복된 말로 하루를 시작한다. "나는 직장에서 성공할 거야. 하나님의 은혜를 입은 사람이거든. 오늘도 좋은 결정을 내릴 수 있어. 나는 부지런한 일꾼이고 날마다 하나님 안에서 성장하고 있어."

잘되는 생각 2
나는 나를 소중하게 생각한다

하루 중에 시간을 내어 스스로 격려한다. "내 안에는 사랑이 가득해. 나는 절제력이 뛰어나고 이해심이 많아. 나는 패자가 아니라 승자야."

잘되는 생각 3
나는 긍정적으로 생각한다

자기 전에 거울을 보며 자신의 장점을 말한다. "나는 보통 뛰어난 존재가 아니야. 하나님이 시키신 일은 무엇이든 할 수 있어. 재능과 지혜가 철철 넘쳐. 나는 비전을 충분히 이룰 수 있어."

BECOME

A

BETTER

Y O U

3부

세 번째 키 잘되는 습관

나는 좋은 습관을 가진 사람이다

1 도움이 되면 꾸준히 하라
2 행복한 습관을 기르라
3 남의 비판에 화내지 마라
4 자신의 행복을 책임지라
　습관의 키를 잡으라

01
Become A Better You
도움이 되면 꾸준히 하라

습관은 인격의 일부분이다. 일이 뜻대로 풀리지
않을 때마다 화를 내면 나쁜 습관이 인격의 일부로 굳어버린다.

체로키 부족에게는 손자에게 인생의 원칙을 가르쳐주는 지혜로운 할아버지에 관한 이야기가 전해 내려온다. 할아버지가 손자를 앞에 혀놓고 말한다. "애야, 모든 사람 안에서는 늑대 두 마리가 치열하게 싸우고 있단다. 한 늑대는 악하지. 이 늑대는 분노와 질투, 용서하지 않는 마음, 교만, 게으름으로 똘똘 뭉쳐 있어. 반면 다른 늑대는 착하단다. 이 늑대의 특징은 사랑과 친절, 겸손과 절제란다. 이 두 마리 늑대가 우리 안에서 늘 싸우고 있어."

어린 손자가 잠시 생각하다가 입을 연다. "할아버지, 그럼 어떤 늑대가 이길까요?"

할아버지가 빙긋 웃으며 말한다. "그야 네가 먹이를 주는 늑대지."

용서하지 않는 마음과 성급함, 낮은 자존감 같은 악한 늑대에게 먹이를 주면 그런 부정적인 특성만 점점 강해진다. 직장에 관해 자주 불평하는가? 늘 사장 욕을 하는가? 회사가 대우를 제대로 안 해준다거나 일을 너무 많이 시킨다며 신세타령만 늘어놓는가? 불평하면 일시적인 해방감은 느낄지 몰라도 한번 피 맛을 본 늑대는 점점 더 많은 피를 원하는 법이다.

불평하고 싶은 유혹이 밀려오거든 자신에게 이런 질문을 던지라. "정말로 이런 부정적인 습관을 키우고 싶은가?" "현재 수준에서 이대로 머물고 싶은가? 아니면 불평하는 습관을 버리고 더 높은 수준으로 올라가고 싶은가?"

평화와 끈기, 친절과 사랑, 겸손과 절제 같은 선한 늑대에게 먹이를 주면 그런 긍정적인 특성이 점점 강해진다. 일하러 가기 싫어 투덜대지 말고 긍정적인 말을 해야 한다. "아버지, 실직자가 허다한 시대에 제게 일거리를 주시니 감사합니다. 상사들이 저를 함부로 대하지만, 저는 사람이 아닌 주님을 위해 일하겠습니다."

좋든 나쁘든 습관은 그 사람의 미래를 상당 부분을 결정한다. 한 연구 결과를 보면, 우리가 일상적으로 하는 행동의 90퍼센트가 습관이다. 아침에 일어나 밤에 잠들 때까지 우리가 하는 행동의 90퍼센트가 습관이라는 말이다. 우리가 사람들을 대하고, 돈을 쓰고, 뭔가를 보고, 듣는 과정의 90퍼센트가 자동 조종 장치에 의해 조종되는 셈이다. 우리는 늘 해오던 대로 행동한다. 따라서 인생을 바꾸려면 의식적으로 일상습관을 바꿔가기 시작해야 한다. 늘 해오던 대로 하면서 다른 결과를 기대한다는 것은 얼토당토않다.

습관은 인격의 일부다

다행히 우리는 변할 수 있다. 더 좋은 습관을 기를 수 있다. 습관에 관한 연구 대부분은 6주면 습관을 바꿀 수 있다고 말한다. 21일 안에 습관의 고리를 끊을 수 있다는 연구 결과도 있다. 한 달 정도만 변화의 고통을 감내하며 노력하면 부정적인 습관을 뽑아내고 건강한 새 습관을 형성할 수 있다는 말이다.

성공한 사람들은 하나같이 좋은 습관의 소유자들이다. 예를 들어 뛰어난 프로 골퍼들은 하루도 빠짐없이 연습을 한다. 어떤 프로 골퍼는 시합이 없는 기간에도 하루에 5백에서 천 개씩 공을 친다. 무의식적으로 원하는 스윙이 나오도록 몇 시간씩 똑같은 동작을 반복한다. 그래야 긴장감이 극에 달하는 실전에서도 몸이 거의 자동적으로 올바른 스윙을 구현해내기 때문이다. 그들이 성공한 것은 결코 우연이 아니다. 성공하는 습관을 기른 덕분이다.

정시에 출근하지 않는 나쁜 버릇이 있다면 빨리 행동을 바꿔야 한다.

> 성공한 사람들은 하나같이 좋은 습관의 소유자들이다. 습관은 결국 인격의 일부분으로 자리잡는다.

인생에서 앞서가는 사람은 하나같이 시간 약속을 칼같이 지킨다. 출근하거나 등교하거나 모임에 가야 하는 날에는 15분 더 일찍 일어나 길을 나서야 한다. 충분한 여유를 두고 출발해야 한다. 시간 약속을 지키는 습관은 정말 기르기 쉬운 습관이다. 이런 습관을 놓쳐서야 되겠는가.

습관은 결국 인격의 일부분으로 자리잡는다. 자주 흐트러진 모습을 보이거나 매번 늦는다면 점점 그런 사람으로 변해간다. 일이 뜻대로 풀리지 않을 때마다 벌컥 화를 내면 나쁜 습관이 인격의 일부로 굳어 버린다. 인격을 바꾸는 첫 번째 단계는 문제의 근원을 밝혀내는 것이다. 나쁜 습관들을 모조리 찾아낸 다음, 그것들을 삶 속에서 몰아내기로 결심하라.

습관은 어떻게 바꿔야 할까? 나쁜 습관에 먹이를 주지 않으면 된다. 나쁜 습관을 굶겨죽이고 좋은 습관에 영양분을 공급해야 한다.

누군가 이런 말을 했다. "나쁜 습관은 기르기는 쉽지만 견디며 살아가기는 힘들다."

돈이 나올 구멍이 없어도 신용카드를 쓰기는 쉽다. 하지만 빚 독촉을 받으며 살기는 어렵다. 내키는 대로 행동하기는 쉽다. 하지만 죄책감에 시달리며 사는 것은 괴롭다.

마약 중독에 걸린 사람을 보라. 중독에 빠지기는 쉽다. 처음에는 기분이 날아갈 듯 좋다. 그러나 오래지 않아 중독이 인생 전체를 지배하고 중독자는 노예로 전락한다. 이처럼 나쁜 습관은 기르기는 쉬워도 떠안고 살아가기는 어렵다.

반대로 좋은 습관은 기르기가 어렵다. 노력하고 희생하며 고통을 견뎌내야 좋은 습관을 얻을 수 있다. 그러나 좋은 습관과 더불어 살아가기는 쉽다. 예컨대, 말을 조심하고 상대방의 비판이나 모욕을 넘어가주기는 쉽지 않다. 용서는 처음에는 정말 어렵다. 하지만 화목하고 따뜻한 가정에서 사는 것은 더없이 편하다.

잠시 불편함을 인내하면서 변화의 고통을 뚫고 나가면 삶이 훨씬 좋아진다. 고통은 영원하지 않다. 사실 새로운 습관이 어느 정도 자리를 잡으면 대개 고통은 저만치 물러간다.

나는 되도록이면 아내와 입씨름을 벌이지 않으려고 한다. 아내도 마찬가지다. 우리 가정에는 다툼과 갈등이 발붙일 틈이 없다. 서로의 잘못을 모른 체 하거나 용서하는 일이 별로 어렵지 않다. 가정의 화목을 지키기 위해 오랫동안 노력해왔기 때문이다. 나는 내 잘못이 아니더라도 먼저 사과하는 훈련을 했다.

하지만 신혼 초에는 전혀 그렇지 못했다. 예전의 나는 말다툼을 벌이기 좋아하고 내키는 대로 말하는 사람이었다. 그러다가 어느 날엔가 정신이 버쩍 들었다. "이건 하나님이 원하시는 모습이 아니야." 내면에서 작고 고요한 음성이 들렸다. "나쁜 버릇을 떨쳐내. 너는 더 나은 사람이야. 수준 낮게 굴지 마."

나는 결정을 내려야 했다. 내가 정말로 원하는 건 무엇인가? 내가 옳다는 사실을 증명하는 것인가, 아니면 가정의 화목인가? 나는 변화하기로 결정했다. 그러자 양보하기가 점점 쉬워졌다. 이제는 웃어 넘어가주는 일이 전혀 어렵지 않다. 그것이 내 인격의 자연스러운 일부가 되었기 때문이다. 내가 좋은 습관을 기르지 않았다면? 지금도 20년 전 신혼 초와 다름없이 내 뜻대로 되지 않을 때마다 화를 내고 토라진다면? 생각만 해도 아찔하다.

다행히 나는 더 좋은 습관을 길렀다. 변화의 아픔을 감내했다. 지금의 나 자신을 보면 변화의 고통은 감수할 만한 가치가 충분했다. 물론 아직도 개선해야 할 영역들은 남아있지만.

변화의 고통은 한 주나 한 달 혹은 1년 넘게도 지속될 수 있다. 그러나 참고 견디면 결국 고통은 사라지며, 인생이 훨씬 즐거워질 뿐 아니라 더 높은 단계로 올라선다.

당장 결단하고 변화를 시작하라

하루도 더 지체하지 말고 당장 좋은 습관을 길러야 한다. 자신의 생활방식을 보며 이런 질문을 던지라. "내가 이런 행동을 왜 하는가? 부모에게서 물려받은 습관은 아닌가? 이것이 좋은 습관인가? 더 나은 사람이 되는 데 도움이 되는가?" 이렇게 자신을 들여다보며 비생산적이거나 유익하지 않은 습관들이 발견되거든 재빨리 새로운 습관으로 바꾸어야 한다. 하나님 외에 그 어떤 것의 지배도 받아서는 안 된다.

마음만 먹으면 얼마든지 변화하지 않을 구실을 찾을 수 있다. 포기하고 늘 해오던 대로 돌아갈 이유가 도처에 깔렸다. 늘 시험은 찾아온다. 그럴 때는 성경 말씀으로 물리치면 된다. "하나님은 신실하셔서 여러분이 감당치 못할 시험은 허락하지 않으시며 시험을 당할 때도 피할 길을 마련해주셔서 여러분이 능히 감당할 수 있게 하십니다." 시험이 아무리 거세고 힘겨워도 우리는 얼마든지 이겨낼 수 있다. 게다가 우리 하나님이 도와주신다. 피할 길을 마련해주신다. 단, 우리가 그 길로 가야 한다.

나쁜 습관을 좋은 습관으로 바꾸라

사실 우리는 나쁜 습관을 버릴 게 아니라 좋은 습관으로 바꿔야 한다. 예를 들어보자. 자녀나 재정, 건강 문제에 관한 온갖 걱정 때문에 하루도 편히 잘 날이 없다면 그런 걱정이 오랫동안 굳어버린 나쁜 습관임을 깨달아야 한다. 걱정한다는 말은 하나님을 온전히 신뢰하지 않는다는 뜻이다. 하나님은 마음의 평안을 이루라고 말씀하신다. 모든 일이 하나님의 손 안에 있다는 사실을 알면 두려워할 일이 전혀 없

> 걱정한다는 말은 하나님을 온전히 신뢰하지 않는다는 뜻이다. 모든 일이 하나님의 손 안에 있다는 사실을 알면 두려워할 일이 전혀 없다.

다. 그런데도 오랫동안 근심에 빠져 살다보면 그 근심이 제2의 천성처럼 굳는다. 거의 반사적으로 걱정부터 하는 지경에 이른다. 아침에 눈을 뜨자마자 그날 일어날 일에 대한 걱정부터 시작한다.

이때 걱정을 그만하겠다는 결심만으로는 부족하다. 부정적인 생각을 긍정적인 믿음의 생각으로 바꿔야 한다. 걱정이 밀려올 때마다 좋은 것들을 떠올려야 한다. 성경은 이렇게 말한다. "무엇이든지 진실하고 무엇이든지 경건하고 무엇이든지 의롭고 무엇이든지 거룩하고 무엇이든지 사랑할 만하고 무엇이든지 칭찬할 만한 일이 있다면 이것들을 생각하십시오." 안 좋은 일에 대한 생각을 믿음과 소망, 승리에 대한 생각으로 바꾸면 마음의 프로그램이 바뀐다. 날마다 그렇게 생각을 바꿔나가면 곧 좋은 일을 생각하는 습관이 자리를 잡는다. 그러면 근심걱정이라는 낡은 습관은 자연히 꼬리를 감출 수밖에 없다.

좋은 습관을 기르는 방법은 좋은 행동을 하는 것이다. 일주일에 두어 번씩 화를 내면 화내는 습관이 자리를 잡는다. 아침마다 출근길에 조급하게 굴면 결국 조급한 사람이 되어버린다. 자꾸 부정적인 생각만 떠올리다보면 매사에 부정적인 사람이 된다. 명심하라. 반복은 습관을 낳는다. 자신도 모르게 그 일을 하게 된다. 따라서 우리는 좋은 행동을 하도록 노력해야 한다.

용서를 실천하라. 앞으로는 악을 악으로 갚지 말고 즉시 용서하라. 상처를 잊어버리고 용서하는 습관을 기르기 시작하라.

올바른 소비습관을 실천하라. 갚을 수 없는 돈을 빌리거나 신용카드를 남용하는 바람에 파탄에 이른 사람들이 많다. 20퍼센트에 가까운 이자를 물어가며 신용카드를 쓰는 게 얼마나 어리석은 행동인지 조금만 생각해도 금방 알 수 있다.

"에이, 신용카드 없이는 살 수 없어." 그렇지 않다. 얼마든지 살 수 있다. 단지 조금 불편할 뿐이다. 얼마간 변화의 고통을 감수해야 한다. "의자를 살 능력이 될 때까지는 사과 궤짝 위에 앉아야 한다." 아버지가 자주 하시던 말씀이다. 우리가 가진 것을 지혜롭게 사용하면 하나님이 더 많은 것을 주신다는 뜻이다. 오늘날 많은 사람이 기적을 달라고 기도한다. 이를테면 갑자기 돈방석에 앉게 해달라고 기도한다. 하지만 특별한 경우가 아니면 우리에게 필요한 건 기적이 아니다. 그보다는 현명한 소비와 저축의 습관을 길러야 한다. 하나님이 오늘 백만 달러의 복을 주셔도 1년 후면 다시 빚더미에 앉을 사람이 수두룩하다. 왜일까? 현명한 소비와 저축하는 습관을 기르지 못했기 때문이다.

오늘날 결혼관계가 깨지는 가장 큰 원인 세 가지 중 하나가 돈 문제라는 걸 아는가? 백년해로하려면 좋은 소비와 저축습관을 길러야 한다. 옳은 일을 시작하기에 너무 늦은 때는 없다. 우리가 우리 몫을 하면 하나님이 그분의 역할을 해주신다. 하나님이 우리를 넓히시고 높이실 것이다. 하지만 먼저 우리가 이미 가진 것을 잘 관리해야 한다.

하나님을 문제 상황에 초대하라

어떤 습관이나 중독이든 거기서 빠져나오는 첫 번째 단계는 그 습관을 인식하는 것이다. 하지만 여기서 멈추면 아무런 소용이 없다. 가만히 앉아서는 아무 일도 일어나지 않는다. 일어나 승리를 향해 나아가야 한다. 유혹이 밀려올 때 우리가 가장 먼저 해야 하는 일은 기도다. 하나님을 우리의 상황으로 초대해야 한다. 우리 힘만으로는 나쁜 습관을 물리칠 수 없다. 하나님께 도움을 구해야 한다. 감정이 걷잡을 수 없이 격해져 누군가에게 싫은 소리를 내뱉고 싶을 때는 그 자리에서 속으로 기도하라. "하나님, 도와주세요. 입을 다물 자비심과 그냥 지나갈 용기를 주세요."

성경은 "시험에 들지 않도록 깨어서 기도하라"고 말한다. "시험을 받지 않도록 기도하라"는 말씀은 없다. 누구나 시험을 받는다. 단, 하나님은 시험이 오거든 그분께 도움을 요청하라고 말씀하신다. 작은 부분이라도 하나님께 도움을 구하면서 바꿔가야 한다. "하나님, 주방을 지나가려고 합니다. 초콜릿 냄새가 제 코를 찌릅니다. 다이어트를 방해하는 유혹을 뿌리치게 도와주세요." "아버지, 오늘밤 친구들이 전부 모여 폭음을 할 겁니다. 그것이 옳지 않다는 걸 잘 압니다. 하나님, 제가 최선의 선택을 내리도록 도와주세요. 당신의 뜻 안에 머물게 해주세요."

중독에 시달리고 있는가? 급한 성미와 싸우고 있는가? 그렇다면 십중팔구 당신은 평범한 수준에서 허덕이고 있을 것이다. 당신이 이미 알고 있는 사실을 다시 한번 말해보겠다. 당신은 더 나은 사람이다. 지극히 높으신 하나님의 자녀다. 당신의 혈관에는 왕의 피가 흐르고 있다. 왕의 자녀가 가만히 앉아서 현재의 낮은 수준에 만족한다면 얼마나 안타까운 노릇인가. 당신이 극복하지 못할 장애물은 하나도 없다. 비판적인 태도나 코카인 중독, 뭐든 상관없다.

당신 안에서 꿈틀대는 하나님의 힘은 그 어떤 장애물의 힘보다도 강하다. 믿음의 선한 싸움을 싸우라. 이 세상 어떤 것의 지배도 받을 필요가 없다. "이젠 지긋지긋해. 더는 현재에 머물지 않겠어. 더 높이 비상하겠어. 나는 지금보다 더 나은 사람이야." 이런 태도를 품어야 한다.

꾸준한 연습으로 좋은 성품을 기르라

빌립보서 2장 말씀대로 우리는 자신의 구원을 이루어야 한다. 우리 안에 좋은 것들이 전부 들어 있지만 그것들이 삶 속에서 열매를 맺으려면 우리 스스로 노력해야 한다. 우리 안에는 전능하신 하나님의 씨앗이 있다. 하나님은 이미 우리 안에 자제심, 친절, 용서, 인내력 등을 전부 넣어두셨다. 하나님을 믿는 우리 안에는 이미 이런 성품들이 꿈틀대고 있다. 하지만 이것들을 이루는 것은 우리 몫이다. 좋은 삶은 저절로 이루어지지 않는다. 우리가 좋은 선택을 내릴 때만 복이 찾아온다. 가끔 한번씩이 아니라 꾸준히 좋은 선택을 해야 한다.

> 좋은 선택을 내릴 때만 복이 찾아온다. 가끔 한번씩이 아니라 꾸준히 좋은 선택을 해야 한다.

나는 지극히 목표 중심적이며 정확한 삶을 좋아한다. 몇 시까지 어디에 도착한다고 말한 이상, 1분도 늦는 법이 없다. 오히려 10분 일찍 도착한다. 나는 실행력에 관한 한 누구한테도 뒤지지 않을 자신이 있다.

하지만 아무리 좋은 특성들이 많아도 개선해야 할 영역이 반드시 있기 마련이다. 나는 철두철미하고 집중력이 뛰어나지만 참을성과는 거리가 멀다. 기다리는 건 딱 질색이다. 어딘가 도착하자마자 일을 처리하고 나서 서둘러 다른 곳으로 이동하는 스타일이다. 이런 조급한 성격이 나의 약점이며 개선해야 할 영역이다. 그렇다고 내가 가만히 앉아서 조급성을 내 숙명으로 받아들일까? "나는 원래 이렇게 생겨먹었어. 하나님이 나를 조급한 사람으로 만드셨는데 어쩌겠어?" 아니다. 나는 내 안에 참을성이 있다고 믿는다. 그래서 이 특성을 밖으로 꺼내기 위해 최선을 다하고 있다. 때로 하나님은 주위 사람들과 환경을 통해 우리를 더 높은 단계로 끌어주신다.

나는 휴스턴의 고속도로를 다니면서 참을성에 관해 정말 많은 것을 배웠다. 전에는 도로가 막힐 때마다 안절부절못하며 짜증을 냈다. 하지만 지금은 평온한 마음으로 흐름에 맡기는 법을 배웠다. 나는 내 안의 참을성 가운데 일부를 밖으로 꺼냈다. 아직도 멀었지만 이제 내 생각과 행동과 태도에 적지 않은 참을성이 스며들었다.

하나님은 아리따운 아내를 통해서도 내 구원을 이루어가셨다. 신혼 초에 외출할 때면 나는 아내를 재촉하곤 했다. "여보, 준비됐어요?"

"예, 준비됐어요. 곧 나갈게요."

그러면 워낙 성미가 급한 나는 으레 차에 탄 채로 아내를 기다렸다. "준비됐어요." 내게 이 말은 당장 떠날 것이라는 뜻이다. 하지만 아내는 언제나 천하태평이다. 호들갑을 떠는 일이 거의 없다. 아마도 세상에서 가장 느긋한 사람이 아닌가 싶다. 아내에게 "준비됐어요"라는 말은 "대충 끝났어요. 한 10분에서 15분 정도면 나갈 거예요"라는 뜻이다.

신혼 초에 이런 일이 벌어지면 나는 차 안에 앉아 부글부글 속을 끓였다. "준비됐다면서 도대체 뭐하는 거야?"

하지만 결혼한 지 20년이 넘은 지금은 아내의 "준비됐어요"라는 말을 미식축구의 '2분 경고'쯤으로 받아들인다. 시계는 남은 시간 2분을 가리키지만 미식축구를 본 사람이라면 최소한 10분에서 15분은 더 경기가 진행된다는 걸 안다. 이제 아내가 준비됐다고 말하면 나는 느긋하게 앉아서 몇 분 간 설교 원고를 검토하거나 텔레비전을 보거나 아니면 그냥 쉰다. 하나님은 아내를 사용하여 내 안의 참을성을 끄집어내셨다!

내가 어떻게 참을성을 길렀을까? 답은 꾸준한 실천이다. 나는 좋은 습관을 꾸준히 실천해왔다.

누구에게나 개선해야 할 영역은 있다. 여태껏 우울한 채로 살아왔는가? 그렇다면 내면의 기쁨을 밖으로 끄집어내야 한다. 아침마다 일어나 다윗처럼 말하라. "이날은 여호와께서 지으신 날이니 즐거워하고 기뻐하겠어. 오늘을 행복하게 살 거야."

나쁜 면을 보지 말고 좋은 면에 시선을 고정하면 구원을 이룰 수 있다. "나는 화를 억누를 수 없는 사람이야. 원래 다혈질인데 어쩌겠어?" 이런 거짓말은 들을 가치도 없다. 우리 안에는 하나님이 넣어두신 절제력이 있다. 단지 우리가 그 절제력을 아직 끄집어내지 않았을 뿐이다.

좋은 성품을 끄집어내는 길은 꾸준한 연습밖에 없다. 친절을 끄집어내려면 사람들을 격려하고 칭찬하기 시작해야 한다. 가만히 앉아서 하나님이 우리를 친절한 사람으로 바꿔주실 때까지 기다려서는 아무 소용이 없다. 꾸준히 노력하여 친절한 습관을 길러야 한다.

나아가 날마다 더 높은 목표를 세워야 한다. "오늘은 가족을 어제보다 더 사랑해주겠어. 아내를 더 존중하겠어. 자녀를 더 사랑하고 아껴주겠어." 나쁜 습관을 없애려고만 하지 말고 좋은 습관을 더 강화하려고 노력해야 한다.

제멋대로인 인생의 영역들이 있는가? 하나님은 이렇게 말씀하고 계신다. "하루도 더 미루지 마라. 오늘부터 시작해라. 오늘을 새로운 출발점으로 삼아라." 오늘부터 시작하여 변화의 고통을 견뎌내면 1년 후에는 완전히 다른 사람이 될 것이다.

> 오늘부터 시작하여 변화의 고통을 견뎌내면 1년 후에는 완전히 다른 사람이 될 것이다.

중독이나 나쁜 습관 등 앞길을 가로막고 있는 온갖 속박으로부터 자유를 얻을 것이다.

늘 옳은 일을 실천하라. 나쁜 습관은 굶겨죽이고 좋은 습관에 먹이를 주라. 그러면 더 높이 비상하고 하나님의 복과 은혜를 풍성히 경험하게 될 것이다. 그 무엇의 지배도 받지 말고 좋은 습관을 기르라. 좋은 열매를 맺지 않는 것은 뭐든 멀리하라.

명심하라. 오늘의 습관은 미래를 결정한다. 자신의 습관들을 철저히 살피고, 나쁜 습관이 생기거든 즉시 바꾸라. 그러는 사이 날마다 더 나은 사람으로 성장하는 습관이 뿌리를 내릴 것이다.

02
Become A Better You
행복한 습관을 기르라

좋은 면을 보도록 마음을 훈련시키라. 행복한 습관을 기르려면
긴장하거나 초조해하지 말고 인생의 흐름에 몸을 맡기라.

우리가 살아가는 방식, 다시 말해 우리의 태도와 행동이 학습된 것이라는 사실을 아는 사람은 그리 많지 않다. 이런 행동은 수년 간 반복을 통해 형성된 것이다. 오랫동안 좋은 면이 아닌 나쁜 면만 보다 보면 부정적인 패턴이 굳어 인생의 기쁨을 누리지 못하게 된다.

많은 사람이 내게 이렇게 말했다. "목사님, 저는 평생 걱정만 하며 살 팔자예요. 천성이 소심해요." "저는 원래 친절하고는 거리가 먼 사람이에요."

그렇지 않다. 그런 습관은 스스로 기른 것이다. 다행히 우리는 '컴퓨터'의 프로그램을 바꿀 수 있다. 얼마든지 부정적인 사고방식을 버리고 행복한 습관을 기를 수 있다.

성경은 "항상 기뻐하십시오"라고 말한다. 한 역본은 "항상 행복하게 살라"고 말한다. 어떤 상황이 닥쳐도 얼굴에 미소를 띠라는 말이다.

행복은 상황과는 상관없다. 그것은 의지와 선택의 문제다. 나는 정말 비참한 순간을 지나면서도 힘든 기색 한번 내비치지 않는 사람들을 적잖이 봐왔다. 그들은 늘 얼굴에 화색이 돌고 입은 귀에 걸려 있었다. 끔찍한 딜레마의 한복판에서도 그들은 긍정적이고 행복하고 열정적인 자세를 잃지 않았다.

그런가 하면 훨씬 좋은 상황에서도 절망의 늪에서 몸부림치는 사람들도 많다. 그런 사람들은 일이 조금만 뜻대로 풀리지 않으면 곧바로 낙심하고 근심한다. 두 부류의 차이가 뭘까?

차이는 마음의 훈련 과정에 있다. 첫 번째 부류는 행복한 습관을 길렀다. 그들은 희망으로 가득 차 있으며 언제나 최선의 결과를 믿고 기대한다. 반면 두 번째 부류는 부정적인 면만 보도록 자기 마음을 훈련시켰다. 그들은 늘 걱정하고 좌절하고 불평한다.

상황에 행복을 빼앗기지 마라

행복한 습관을 기르려면 초조해하는 대신 긴장을 풀고 흐름에 맡기는 법을 배워야 한다. 하나님이 다스리신다는 사실을 믿어야 한다. 그러면 스트레스와 근심은 자연히 물러간다. 아울러 가지지 못한 것에 대해 불평하지 말고 가진 것에 감사할 줄 알아야 한다. 요컨대 행복한 습관은 인생의 긍정적인 면에 시선을 고정하는 것을 말한다.

우리네 삶은 예기치 못한 사건과 사고가 끊일 날이 없다. 따라서 모든 일이 우리 뜻대로 풀리지만은 않는다는 현실을 받아들여야 한다. 계획한 그대로 이루어지는 경우는 별로 없다. 계획이 어긋나더라도 세상을 향해 화내지 말아야 한다. 스트레스에 시달려 기쁨을 놓칠 필요는 없다. 융통성과 적응력을 키워 나쁜 상황에서도 최대한 유익을 뽑아내야 한다.

일이 뜻대로 풀리지 않아도 결코 행복을 놓치지 말자! 이것이 내가 배운 인생 최대의 교훈 가운데 하나다. 나는 어떤 상황에서도 하루하루를 온전히 즐기기로 굳게 마음을 먹었다.

"집으로 오는 길에 타이어가 터져도 오늘을 즐기겠어. 야구하는 날 비가 쏟아져도 여전히 행복하게 살겠어. 원하던 승진을 놓쳐도 행복만큼은 잃지 않겠어." 우리의 태도는 이래야 한다.

이런 태도를 기르면 작은 골칫거리나 불편함에도 짜증을 내던 버릇은 저 멀리 물러간다. 우울한 표정으로 하루를 살아서 뭐가 유익한가. 어차피 우리는 사람이나 상황을 통제하거나 변화시킬 수 없다. 오직 하나님만 그러실 수 있다. 누군가 당신의 심기를 건드렸는가? 그 문제는 하나님께 맡기는 것이 속 편하다. 남의 잘못된 행동 때문에 기쁨을 잃어버리는 것은 지극히 어리석은 짓이다.

남편이 약속보다 늦게 귀가하는 바람에 애써 차려놓은 밥과 국이 차디 차게 식어버려 기분이 상했는가? 왜 그렇게 빡빡하게 사는가? 스트레스에 빠져 살기엔 인생이 너무 짧다. 게다가 스트레스가 오래 가면 건강을 망치고 수명도 현저히 줄어든다. 나는 도로가 막힐 때마다 짜증을 내다가 단명하고 싶은 마음은 추호도 없다. 누군가 내 뜻대로 행동하지 않거나 황금 주말에 비가 내린다고 해서 우울한 기분으로 하루를 망치고 싶지 않다.

그래봐야 자신만 손해다. 융통성을 발휘하고 좀더 느긋한 자세로 살아갈 필요가 있다. 이런 식으로 생각해보라. 스트레스의 원인 대부분은 인생 전체의 시각으로 보면 아무것도 아니다. 지난 화요일에 비가 내려 골프 경기를 망친 사건을 10년 후까지 기억할 사람은 없다. 오늘 도로가 좀 막혔다고 해서 뭐가 그리 대수인가.

우리로 하여금 누군가를 어루만지거나 특별한 일을 하게 하시려고 하나님이 우리 계획을 방해하실 때도 있다. 우리는 이런 '이면의 사건'을 좀처럼 알 수 없지만, 그럼에도 하나님은 우리를 사용하고 계신다.

최근에 아들 조나단과 함께 단골 식당을 찾았는데, 그날따라 손님이 바글거렸다. 주인에게 물어보니 적어도 45분은 기다려야 한다고 했다. 그렇게 오래 기다릴 여유가 없어 발길을 돌렸지만 기분은 썩 좋지 않았다. 그 집의 진미를 꼭 맛보고 싶었는데. 하지만 이내 마음을 가라앉히고 아들에게 말했다. "오늘은 저기 햄버거 가게에 가서 먹자." 막 문을 열고 들어가는데 앞쪽 테이블에 잘 차려입은 한 남자가 눈에 들어왔다. 혼자 앉아 있는 모습이 왠지 쓸쓸해 보였다. 나는 그 테이블 옆을 지나가면서 남자를 향해 고개를 끄덕이며 미소를 지었다. 그리고 아무 일도 없었다는 듯이 카운터로 가서 음식을 주문했다.

그런데 며칠 후 그 남자에게서 편지를 한 장 받았다. 사연을 읽어보니 그는 인생에서 가장 비참한 시간을 보내고 있었다. 그는 좀처럼 기도하는 법이 없었지만 상황이 상황인지라 그날은 두 손을 모았다고 했다. "하나님, 당신이 정말로 살아 계신다면 어떤 식으로든 증거를 보여주세요." 그는 편지에 이렇게 썼다. "목사님과 두 눈이 마주치는 순간, 제 안에서 뭔가가 꿈틀거렸어요. 평생 그런 사랑을 느껴본 적이 없었답니다."

정말 놀라운 사실은, 그때 나는 지독한 시장기 외에는 아무것도 느끼지 못했다는 것이다. 그저 뭔가를 먹고만 싶었을 뿐이다. 하지만 돌이켜보니 하나님은 일부러 내 계획을 바꾸셨다. 하나님이 내 계획에 개입하신 덕분에 나는 그 남자를 만나 그의 기도에 대한 응답에 동참할 수 있었다.

때로 하나님은 누군가에게 미소를 던지거나 인사를 건네게 하시려고 우리를 완전히 다른 방향으로 이끄신다. 하나님은 우리의 표정만으로도 누군가에게 희망을 전해주실 수 있다. 하나님이 개입하시면 누군가 우리를 통해 그분의 사랑과 연민을 느낄 수 있다.

내가 짜증을 부렸어도 그런 일이 벌어졌을까? 단골 식당에 자리가 없다고 화를 냈어도 그런 작은 기적이 일어났을까? 글쎄다.

원하지 않는 일이 일어나고 일이 뜻대로 풀리지 않아도 화를 내서는 안 된다. 그러면 상황이 더 나빠질 뿐 아니라 우리를 놀라운 일에 사용하시려는 하나님의 계획이 방해를 받는다.

긍정적인 면에 시선을 고정하라

하나님은 우리를 부정적인 사람으로 창조하지 않으셨다. 낙심이나 스트레스, 근심과 좌절 속에 살라고 우리를 이땅에 두신 게 아니다. 행복과 평안과 만족 속에서 인생을 즐기는 것이 우리를 향하신 하나님의 뜻이다. 하나님은 우리에게 믿음의 본보기가 되라고 말씀하신다. 사람들이 우리에게서 충만한 기쁨과 평안과 행복을 보고 배울 수 있어야 한다.

삶을 솔직히 돌아보라. 당신은 행복하게 살아야 한다는 사실을 잘 알고 있다. 그런데 실제로 행복하게 살고 있는가? 부푼 가슴으로 하루를 시작하는가? 가족과 친구에 대해 만족하며 사는가? 그렇지 않다면 무엇이 당신의 기쁨을 빼앗고 분노를 일으키는가? 왜 걱정하는가? 문제의 근원을 밝혀내라. 삶을 철저히 살펴본 후, 한 걸음 더 나아가 부정적인 영역들에 대해 마음의 프로그램을 다시 짜라. 사람들을 대하거나 문제를 다루는 태도와 방식을 조금만 바꿔도 인생이 완전히 바뀌고 막대한 기쁨이 샘솟을 수 있다.

우리는 온갖 부정적인 조건 반응에 빠질 수 있다. 예를 들어 도로가 막히면 거의 순간적으로 피가 거꾸로 솟는다. 사무실에서 누군가 일부러 우리 말을 무시하면 뭔가 이유가 있겠거니 생각하지 않고 곧바로 분노를 터뜨린다. 이는 그런 반응 방식에 익숙해진 탓이다. 기쁨을 앗아가는 부정적인 마음가짐이 깊숙이 자리잡은 것이다.

행복한 습관을 기르려면 이런 부정적인 반응을 바꿔야 한다. 아침에 눈을 뜨자마자 낙심이나 우울한 감정이 밀려오는가? 일하러 나가기가 죽기보다 싫은가? "내게는 좋은 일이 일어나지 않아. 오늘도 힘든 하루가 될 게 뻔해." 이런 마음으로 마지못해 하루를 살기에는 인생이 너무 아깝다. 일상의 굴레에서 벗어나 행복을 얻어야 한다. 상황이 아무리 암울해 보여도 우리는 믿음의 말을 해야 한다. "이날은 여호와께서 지으신 날이니 즐거워하고 기뻐하겠어. 오늘을 행복하게 살 거야." 이렇게 말할 때마다 마음의 프로그램이 바뀌고 행복한 습관이 자리를 잡는다. 패배나 낙심, 원망과 자기비하의 부정적인 습관을 기를 수 있는 것처럼 매일을 즐기는 습관도 기를 수 있다. 좋은 면을 보면서 이미 가진 것에 감사하고, 부정적인 조건 반응은 남김없이 뽑아내라.

오늘날 세상에는 슬픈 얼굴이 많다. 스트레스와 짜증, 근심으로 아예 육체적 질병까지 걸린 사람도 적지 않다. 물론 약물 남용으로 우울증에 걸리기도 한다. 그러나 나쁜 면만 보는 습관 탓에 패배감과 우울증에 허덕이는 사람도 그에 못지않게 많다. 좋은 면은 보지 않고 문제점만 보는 사람들. 남은 것으로 할 수 있는 일은 보지 않고 잃어버린 것과 할 수 없는 일만 생각하는 사람들. 이런 부정적인 습관은 슬픈 얼굴을 만들어낸다.

우리는 시각을 바꿔야 한다. 자꾸만 생각하면 작은 문제점도 점점 더 크게 보인다. 문제를 확대하지 말고 하나님을 확대해야 한다. 의심의 장막을 걷고 믿음으로 성큼 나아가라. 낙심의 늪에서 나와 믿음의 땅으로 들어가라. 행복한 삶은 바로 결단의 문제다.

> 자꾸만 생각하면 작은 문제점도 점점 더 크게 보인다. 문제를 확대하지 말고 하나님을 확대해야 한다.

항상 기뻐서 방방 뛰며 살라는 말은 아니다. 그것은 현실적이지 못하다. 단지 만족하며 살라는 말이다. 기쁨의 정의 가운데 하나는 '평온'이다. 얼굴에 평온한 미소를 띤 채 미래를 기대하는 것이 바로 기쁨이다. 물론 누구나 문제점과 장애물을 안고 살아간다. 하지만 우리 하나님이 누구신가? 만물을 다스리시는 분이다. 모든 일이 그분의 손바닥 안에서 움직인다.

"나는 어떤 처지에 있든지 자족하는 법을 배웠습니다" 바울의 고백이다. 그는 '배웠다'고 말한다. 달리 표현하면 이렇다. "저절로 되지는 않았습니다. 나는 평안을 유지하기 위해 마음을 훈련시켰습니다. 밝고 좋은 면만 보도록 마음의 프로그램을 바꿨습니다."

우리도 그래야 한다. 행복은 하늘에서 뚝 떨어지지 않는다. 행복은 우리가 하는 선택이다. 누구나 긍정적인 태도를 타고나는 건 아니다. 우리는 매일 긍정의 선택을 내려야 한다. 그냥 두면 우리 마음은 자꾸만 부정적인 방향으로 흘러간다. 적극적인 결단이 없으면 차츰 얼굴이 시무룩해지고 입가에서 미소가 사라진다. 급기야 삶이 완전히 재미없어진다. 흠만 찾아 비판하는 사람으로 변해간다.

대학에 다니는 한 젊은 부부에 관한 글을 읽은 적이 있다. 이 부부는 옆집에 사는 다른 대학생 부부와 금세 친해졌다. 두 부부는 공통점이 꽤 많았다.

하지만 옆집 부부는 정말 운이 좋아 보였다. 그들이 사는 모퉁이 쪽 집은 같은 아파트에서도 가장 널찍하고 근사했고, 방 안에는 반짝이는 새 가구들이 즐비했다. 반면에 자기 집 가구들은 하도 낡아서 문짝이며 서랍까지 삐거덕거리지 않는 것이 하나도 없었다. 그 부부는 최신 패션으로 쫙 빼입고 다니는 반면, 이 부부는 날이면 날마다 똑같은 옷만 입었다. 한번은 두 남자가 함께 대학 조교 자리에 지원했는데 이번에도 부자 남자만 단번에 합격했다.

가난한 남자는 점점 좌절하기 시작했다. 왜 자신만 운이 따르지 않는지 한탄스럽기만 했다. 크리스마스에 옆집 부부가 부모에게서 최고급 스포츠카를 선물로 받자 좌절감은 극에 달했다. 자신의 낡아빠진 트럭은 몰고 다니기에도 창피했다. 게다가 에어컨디셔너도 없어 여름이면 온몸이 땀으로 범벅이 되었다. 아침에 나가다가 그 근사한 스포츠카가 눈에 띄면 눈물이 핑 돌았다.

이런 일이 되풀이되자 가난한 남자는 점점 부정적이고 우울한 모습으로 변해갔다. 언제부터인가 입에서 불평불만이 끊이지 않았고, 오래 지나지 않아 아내와의 사이도 멀어지기 시작했다. 하루도 다투지 않고 지나가는 날이 없을 정도였다. 부정적인 태도는 깨소금이 쏟아지던 이 부부의 관계를 갈라놓더니 삽시간에 삶의 모든 영역으로 퍼져나갔다.

하루는 이 남자가 대학에서 통계학 수업을 듣고 있었다. 길고 복잡한 등식을 풀기 위해 몇 시간째 컴퓨터에 막대한 양의 데이터를 입력하는 중이었다. 끝도 없는 숫자들을 나열한 다음 올바른 칸에 올바른 순서로 입력하고 '엔터' 키를 쳤다. 그리고 뒤로 몸을 기대고 팔짱을 낀 채 답이 나오기를 기다릴 참이었다. 컴퓨터가 모든 정보를 분석하고 계산하기까지는 10~15분 정도 걸릴 것이라고 예상했다. 그런데 결과는 뜻밖이었다. '이럴 수가! 몇 시간을 고생해서 숫자를 입력했는데 컴퓨터는 고작 10분의 1초도 되지 않아 답을 내놓다니!' 그때 한 교수가 지나가다가 멍한 표정으로 앉아 있는 이 남자를 보았다.

"뭐가 잘못됐나?"

"아뇨. 잘못된 건 없어요. 종일 컴퓨터에 데이터를 입력했는데 이렇게나 빨리 계산이 끝날 줄은 미처 몰랐어요."

교수가 빙긋 웃었다. "내가 설명해주지. 컴퓨터는 각 데이터를 양의 전파나 음의 전파를 부여해 저장한다네. 그리고 필요할 때 정보를 불러내 올바른 순서로 재결합하지. 정보를 이미 분류해뒀기 때문에 처리 속도는 그야말로 눈 깜짝할 새야."

남자의 관심을 단번에 사로잡은 것은 교수의 다음 말이었다. "컴퓨터의 작동 원리는 인간의 두뇌와 비슷하다네. 두뇌라는 컴퓨터로 들어온 영상, 소리, 맛, 느낌, 직관 등 모든 정보는 먼저 긍정적이거나 부정적이라는 도장이 찍히지. 그리고 그 느낌은 우리의 기억 창고에 영원히 저장된다네. 그래서 때로 우리가 사람의 이름은 기억하지 못해도 그 사람의 분위기는 기억하는 거야. 하지만 컴퓨터와 달리 사람은 긍정적이든 부정적이든 주로 한 쪽으로만 쏠리는 경향이 있어."

교수의 말에 남자는 정신이 번쩍 들었다. 그러고보니 자신은 온통 부정적인 방향으로 쏠려 있었다. 자신도 모르는 사이에 매사에 '부정'의 도장을 찍어왔다. 옆집 친구를 볼 때마다 자신이 가지지 못한 것들만 눈에 들어왔다. "저 집이 훨씬 더 커. 부정! 저 집 차가 훨씬 좋아. 부정!! 저 친구는 운이 참 좋아. 부정!!!" 자신이 인생을 즐기지 못하는 이유가 명확히 눈에 들어왔다. 그것은 두뇌 컴퓨터에 들어오는 모든 것을 '부정'으로 분류한 탓이었다.

마음에 집어넣은 그대로 밖으로 나오는 법이다. 부정적인 환경에서 자랐는가? 늘 행운이 따르지 않는가? 고대하던 자리에 오르지 못했는가? 그렇다고 아무 생각 없이 그런 상황에 '부정'의 도장을 찍어 저장해서는 안 된다. 태도를 바꿔 긍정의 말을 해야 한다. "하나님이 더 좋은 복을 예비해놓으셨어. 문이 닫혀도 하나님은 새로운 문을 열어주실 거야." 부정적인 상황에 '긍정'의 도장을 찍으면 긍정적인 태도와 행복한 습관이 점점 깊이 뿌리를 내린다.

부정적인 생각은 무시하라

우리 두뇌는 '망상 활성화 시스템 reticular activating system'이라는 놀라운 기능을 갖추고 있다. 이는 불필요하다고 여기는 생각과 파장을 제거하는 기능이다.

　몇 해 전 여동생 리사는 기찻길 바로 옆에 살았다. 기찻길 옆에서 살아본 사람이라면 다 알겠지만 기차가 한번 지나갈 때마다 창문이 요동을 친다. 아니, 창문 정도가 아니라 말 그대로 집 전체가 들썩인다. 그래서 리사는 그곳으로 이사한 후에 제대로 잠을 이룰 수가 없었다. 아무리 곤히 잠들어도 오밤중에도 두세 번씩 지축을 울리는 기차 소리에 깨어나지 않고는 견딜 수가 없었다. 하지만 몇 주가 지나자 동생에게 놀라운 일이 일어났다. 한밤중에 기차가 지나가도 거의 느끼지 못하게 된 것이다. 몇 달 후에는 한번도 깨지 않고 밤새 단잠을 잘 수 있었다.

　하루는 동생 집에 들렀는데 역시나 한밤중에 기차가 요란하게 지나갔다. 나는 그 소리에 놀라 하마터면 침대에서 굴러떨어질 뻔했다. 마치 세상의 종말을 알리는 소리 같았다.

　이튿날 아침 동생에게 물었다. "기차 소리 때문에 밤새 어떻게 잤어?"

　"무슨 기차?"

　동생이 밤새 편안히 잘 수 있었던 것은 망상 활성화 시스템이 기차 소리를 처리했기 때문이다.

　마찬가지로 마음을 긍정적인 방향으로 훈련시키면 부정적인 생각과 낙심이 몰려와도 전혀 영향을 받지 않는다. 두려움이 몰려와도 내 동생처럼 무시하면 된다. 부정적인 정보를 자꾸 무시하면 우리 마음의 망상 활성화 시스템이 거기에 적응한다. "내 주인이 관심을 쏟지 않으니까 이 정보는 필요없어. 두려움이나 근심에 관한 정보는 아예 보내지도 마." 물론 인간의 정신 작용은 이보다 훨씬 더 복잡하다. 하지만 내 동생이 기차 소리를 무시했던 것처럼 부정적인 메시지도 무시할 수 있다고 나는 믿는다. 우리는 기쁨과 평안, 믿음과 소망, 그리고 승리에 관한 생각만 받아들여야 한다. 그 어떤 부정적인 상황에도 '긍정'의 도장을 찍어야 한다.

"우리 애들은 엉망이야. 늘 제멋대로라니까. 걔들 때문에 걱정이 태산이야." 이런 상황에도 '긍정'의 도장을 꽝! "아버지, 저희 자녀에게 복을 주셔서 감사합니다. 이 아이들이 좋은 선택을 하고 있습니다. 성경 말씀 그대로 저와 제 집은 주님만을 섬기겠습니다."

"허리띠를 졸라매도 살기가 빠듯해. 기름값만 천정부지로 오르고 경기는 바닥이야. 어떻게 살아가야 할지 막막하기만 해."

아니다. 부정적인 생각을 몰아내고 긍정적인 생각을 받아들여야 한다. "하나님이 내 모든 필요를 채워주실 거야. 내가 손을 대는 곳마다 번영과 성공이 나타날 거야. 나는 복을 받았어. 실패는 나랑 상관없어."

> 좋은 면을 보도록 마음을 훈련시키라. 성경이 말하는 대로만 하면 행복이 늘 우리를 따라다닌다.

좋은 면을 보도록 마음을 훈련시키라. 주위 사람들이 입을 모아 불평해도 우리만큼은 모든 상황에서 좋은 면을 찾아내야 한다. 성경이 말하는 대로만 하면 행복이 늘 우리를 따라다닌다.

03
Become A Better You
남의 비판에 화내지 마라

비판을 다루는 비결은 간단하다. 깊이 받아들이지 않는 것이다.
남들의 비웃음도 웃어넘길 줄 알아야 한다.

"그 여자가 나에 관해 그런 식으로 말할 줄은 정말 몰랐어!" 테라가 눈물을 글썽이며 씩씩거렸다. "믿을 수 없는 사람과 일하고 싶지는 않아. 앞에서 하는 말과 뒤에서 하는 말이 완전히 다른 사람하고 어떻게 함께 일을 해?"

그러자 친구 보니가 테라의 등을 토닥이며 말했다. "특별히 네가 미워서 그런 게 아닐 거야. 그 여자는 원래 그래. 아무나 비판하지. 사실은 자기 자신이 미워서 그러는 거야."

"그럴지도 모르지만 아무튼 그 여자는 꼴도 보기 싫어."

누구나 비판을 받을 때가 있다. 때로는 마땅한 비판을 받기도 하지만 부당한 비판으로 마음이 상하고 관계가 경직되는 경우가 더 많다. 직장이나 사교 모임에서 누군가 나쁜 소문을 퍼뜨리거나 대놓고 우리를 비난할 수 있다. 우리의 작은 실수를 부풀려 말하는 사람들도 있다. 대개 이런 비판은 우리를 도우려는 의도가 아니다. 우리를 깔아뭉개려는 시도일 뿐이다.

물론 선설적인 비판은 유익하다. 우리를 진심으로 아끼는 사람이 지혜로운 비판을 해주면 겸손히 받아들여 부족한 부분을 채워야 한다. 하지만 안타깝게도 상대방을 세워주려는 비판은 극히 드물다. 대부분은 정반대다. 복의 통로가 되기보다는 상대방의 가슴을 도려내려는 비판이 태반이다. 부당한 비판만큼 큰 상처를 주는 일도 없다. 비판받는 사람보다는 비판하는 사람 본인에게 문제가 있을 때 이런 비판이 나온다.

내 경험상 부당한 비판은 대개 지나친 경쟁심 곧 질투에서 비롯한다. 남이 원하는 어떤 것을 내가 가지고 있을 때 이런 비판을 받는다. 하나님은 믿는 자라면 누구에게나 복을 베푸신다. 그러나 이런 사실을 몰라 자신에게 만족하지 못하면 시기심이 고개를 쳐든다. 그리고 남을 냉소적이고 신랄하게 비판함으로써 자신의 열등감을 감추려 한다.

내 인생 최대의 교훈 가운데 하나는 남들의 성공을 축하해주라는 것이다. 우리가 원하던 승진이 다른 동료에게 돌아가면 인간인 이상 질투심이 생길 수 있다. "왜 내가 승진하지 못했지? 누구보다도 열심히 일했는데. 억울해."

하지만 우리가 올바른 태도를 잃지 않고 그들의 성공을 축하해주면 하나님이 정한 때에 우리에게 더 좋은 문을 열어주신다. 나는 남들과 함께 기뻐해주지 않으면 내가 원하는 수준에 이를 수 없다는 진리를 발견했다. 하나님은 승진을 예비해놓고 먼저 시험을 주실 때가 많다. 우리가 준비되었는지 보시려는 것이다. 우리가 아직 솔로일 때 단짝 친구가 결혼하면 함께 기뻐해줄 수 있는가? 내 집 마련을 위해 수년 간 기도하며 저축해왔는데 느닷없이 친척이 꿈에서나 나올 법한 집으로 이사한다. 이것이 시험이다. 이때 질투하고 비판하면 현재 수준에 꽁꽁 묶일 수밖에 없다. 남들의 승리를 축하해주고 나서 도전을 받아 더욱 분발하는 사람이 현명하다. 그들에게 놀라운 은혜를 베푸신 하나님이 우리만 모른 체 하시겠는가? 때가 되면 더 큰 은혜를 부어주신다.

부당한 비판의 소리는 한 귀로 흘려버리라

더 나은 사람이 되려면 비판을 다룰 줄 알아야 한다. 우리에 관해 수군대고 판단하는 사람들. 심지어 억울한 누명을 씌우려는 사람들. 구약 시대에는 이런 사람을 '물맷군'이라 불렀다. 적이 성을 포위한 뒤 가장 먼저 한 일은 성벽의 돌을 뽑아내는 것이었다. 그런 다음 이 돌을 성의 우물 속으로 던졌다. 돌로 우물을 막아버리면 사람들이 목이 말라 결국 성 밖으로 나오기 때문이다.

물맷군과 비판자 사이에 어떤 연관성이 있는지 알겠는가? 우리 안에는 기쁨과 평안과 승리의 우물이 있다. 그런데 우리는 물맷군이 돌을 던져 이 우물을 막도록 놔둘 때가 많다. 경멸의 말을 한 귀로 듣고 한 귀로 흘려야 함에도 그 말을 계속해서 되뇌는 것이다. 그러다가 급기야 폭발하고 만다. "그대로 되갚아주고 말겠어. 나에 관한 헛소문을 퍼뜨렸겠다. 좋아. 나도 내가 알고 있는 비리를 터뜨려주지."

우리의 최우선사항은 앙갚음이 아니라 우물을 깨끗하게 유지하는 것이다. 비판은 우리의 우물을 막으려고 날아오는 돌이다. 비판을 자꾸 곱씹으며 분통을 터뜨리면 돌을 던지는 사람의 농간에 놀아나는 셈이다. 우물에 돌이 박혀 기쁨과 평안과 승리가 원활하게 흐르지 못한다.

살다보면 누구나 말이나 행동으로 상대방을 거꾸러뜨리려는 물맷군을 만나기 마련이다. 겉으로는 친한 척하지만 뒤에서는 우리를 공격할 기회만 호시탐탐 노리는 사람이 바로 물맷군이다.

부당한 비판을 극복하는 방법은 복수하기는커녕 아예 복수심조차 날려버리는 것이다. 상대방을 욕하면 똑같이 수준 낮은 사람밖에 되지 않는다. 우리가 옳고 상대방이 그르다는 점을 증명해봐야 남는 것은 하나도 없다. 물맷군을 무찌르는 방법은 깨끗이 잊고 우리가 가야 할 길로 꿋꿋이 가는 것이다. 그저 목표와 상급만 바라보며 하나님이 원하시는 일을 하면 그만이다.

> 부당한 비판을 극복하는 방법은 복수하기는커녕 아예 복수심조차 날려버리는 것이다.

예수님도 제자들을 각 마을로 보내면서 그렇게 말씀하셨다. 제자들이 사람들을 가르치고 병자를 치유하며 가난한 자를 돌보는 과정에서 때로 반대에 부딪칠 것을 아셨기 때문이다. 모두가 그들을 반기고 그들의 메시지를 기꺼이 받아들인다면야 좋겠지만 그럴 리는 없었다. 질투심에 불타 그들을 깎아내리고 비난할 사람들이 있을 게 분명했다. 그래서 예수님은 제자들에게 특별한 지시를 내리셨다. "누구든지 너희를 환영하지 않거나 너희 말에 귀를 기울이지 않으면 그 집이든 그 마을이든 떠날 때 발에 묻은 먼지를 떨어버리라."

예수님은 '만약'이라는 표현을 쓰지 않으셨다. 누구든지 너희를 푸대접하거나 험담할 '때'라고 말씀하셨다. 물맷군이 어디에나 있다는 말이다. 예수님은 과민반응을 보이거나 걱정하지 말라고 하셨다. 시시비비를 따지려고 하지 말고 그저 "발에 묻은 먼지를 떨어버리라"고 지시하셨다. 이 행동이 상징하는 의미는 이렇다. "너는 내 기쁨을 앗아갈 수 없어. 아무리 나를 거부하거나 욕해봐라. 너와 똑같이 수준 낮게 굴지 않을 테니. 너랑 싸우지 않겠어. 시시비비는 하나님께 맡기겠어."

때로 우리는 직장을 나서면서 그냥 먼지를 떨어버리고 나와야 한다. 험담하고 농간을 부리고 거꾸러뜨리려는 사람들을 일일이 상대해 봐야 우리만 손해다. 그냥 떨어버리면 된다. 때로는 친척의 집을 나서면서도 먼지를 떨어내야 한다. "잊어버리겠어. 삼촌의 독한 말을 되새기지 않겠어."

최근에 먼지를 떨어내지 못하고 결국 물맷군의 의도대로 따라간 적이 있는가? 비판의 말을 끊임없이 되뇌고 거부당한 일로 속을 부글부글 끓였는가? 그렇다면 우물이 거의 막혀 있을 테니 속이 답답할 것이다. 이제 바위를 치우고 내면의 우물을 깨끗하게 정화할 때다.

모든 사람을 만족시키지 않아도 좋다

부정적인 말이나 다른 사람의 의견 때문에 인생을 완전히 망치는 사람들이 적지 않다. 그들은 남의 비위를 맞추기 위해 산다. 모든 사람을 행복하게 해주면 자신도 행복해진다고 착각한다. 그래서 누구에게든 부정적인 말을 들으면 견디지 못한다.

하지만 그것은 꿈에서나 가능한 일이다. 모든 사람이 우리를 좋아하고 받아들이기를 바라는 것은 뜬구름을 잡으려는 것이나 다름없다. 모든 사람의 비위를 맞출 수는 없다. 우리가 아무리 잘해도 여지없이 흠을 잡아내는 사람들이 있다. 그런 사람에게는 수천 번을 잘해도 언제나 단 한번의 잘못에 대한 지적만 돌아올 뿐이다. 그런 사람의 마음에 들려고 애쓰기에는 인생이 너무 짧다.

물론 우리는 늘 사랑과 친절로 사람들을 대해야 한다. 하지만 매사에 전혀 만족하지 못하는 사람들을 만족시키기 위해 너무 많은 시간을 허비할 수는 없다. 그들은 스스로 내면의 문제를 해결하기 전까지 결코 행복해질 수 없다.

안타까운 일이지만 사람이 뛰어날수록 비판의 목소리는 더욱 거세진다. 우리의 뛰어난 모습이 사람들의 열등감을 건드리기 때문이다. 우리의 순결한 마음에 사람들은 죄의식을 느낀다. 우리가 가난한 자를 먹이고 이웃집 잔디를 대신 깎아주고 나그네에게 거처를 제공하면 비판의 목소리가 잠잠해질까? 전혀 아니다. 오히려 사람들의 질투심이 더 활활 타오른다. "지가 뭐라고 나서긴 나서? 성자라도 되는 줄 아나보지? 왜 매일 혼자서 일찍 출근하는 거야? 사장 눈에 들려고 그러는 거 아냐? 모든 사람에게 친절하게 구는 데는 다 꿍꿍이가 있어."

이런 물맷군은 무시하는 게 상책이다. 그들은 자신이 최선을 다하지 않으니까 양심에 찔려 지레 우리를 공격하는 것이다. 부정적인 말을 듣거나 부당한 비난을 듣더라도 전혀 동요할 필요가 없다. "별 것 아냐. 하찮은 물맷군에 불과해. 나는 내 우물에 어떤 돌도 들이지 않기로 굳게 마음먹었어. 꿋꿋이 내 길로 갈 거야."

나는 매일매일 마음을 돌아보며 하루를 시작한다. 내게 가장 중요한 건 하나님이 원하시는 일을 하는 것이다. 내가 말씀을 따르고 내 인생이 제대로 가고 있다는 확신만 있다면 그걸로 끝이다. 비판의 목소리 따위에 한눈을 팔 겨를이 없다. 당신도 그래야 한다!

내 장점 가운데 하나는 집중력이다. 나는 사람들이 뭐라 말해도 한눈을 팔지 않는다. 모두가 나를 이해해주리라는 기대 따위는 하지 않는다. 그렇다고 일일이 해명하며 돌아다닐 시간도 없다. 나는 사람들의 마음에 소망의 씨앗을 뿌리라는 소명을 받았다. 성경의 사소한 측면이나 난해한 신학적 교리를 하나부터 열까지 설명하는 건 내 일이 아니다. 사람들의 실제 삶과 상관없는 논쟁에 휘말리고 싶지는 않다. 내 재능은 격려하고 자극하는 일에 있다.

"조엘 오스틴 목사는 이 부분이 너무 약해." "그는 이 부분이 너무 지나쳐." 내가 이런 비판을 들을 때마다 나 자신을 바꿨다면 지금쯤 정신분열증에 걸렸을지도 모른다! 나는 하나님이 내 본 모습 그대로를 사용하시려고 나를 높여주셨다고 믿는다. 다른 사람들의 말에 휩쓸려 하나님이 주신 내 모습을 버리고 싶은 마음은 터럭만큼도 없다.

모든 사람을 만족시켜야 한다는 부담감에서 벗어나야 한다. 비판을 받지 않을까 하는 걱정은 전혀 무익하다. 세상을 좋게 바꾸려다가 비난을 받았다면 오히려 축하할 일이다. 예수님을 닮은 삶이니 말이다. 예수님은 언제나 선을 행하셨으나 끊임없이 비판을 받으셨다. 심지어 안식일에 병자를 치료한 일로도 손가락질을 받으셨다. 세리들과 저녁식사를 나눈 후에는 죄인들의 친구라는 비난을 받으셨다. 돌팔매질을 당하기 직전에 놓인 여인을 구하셨을 때도 그랬다. 하지만

> 예수님은 모든 사람의 틀에 자신을 맞추려는 헛된 노력을 하지 않으셨다. 그저 묵묵히 한 길로 가며 자신의 뜻을 이루셨을 뿐이다.

예수님은 모든 사람의 틀에 자신을 맞추려는 헛된 노력을 하지 않으셨다. 일일이 해명하지도 않으셨다. 그저 묵묵히 한 길로 가며 자신의 소명을 이루셨을 뿐이다.

나는 예수님의 모습에서 자유를 발견했다. 나도 모든 사람의 마음에 들려고 애썼던 시절이 있었다. 그때는 부정적인 말을 한마디라도 들으면 밤새 잠을 이루지 못했다. "저런, 실패했어. 내가 뭘 잘못했을까? 어떤 점을 바꿔야 할까?"

그러던 어느 날 모든 사람의 마음에 들기는 불가능하다는 사실을 깨달았다. 누군가 내 메시지나 의도를 막무가내로 곡해하면 내 힘으로는 어쩔 수 없다. 그렇다고 나는 비판의 소리에 분노하거나 기쁨을 빼앗기지 않는다. 십중팔구 내 문제가 아니기 때문이다. 하나님이 내게 주신 장점이 사람들의 질투심을 불러일으켰을 뿐이다.

하나님의 뜻은 남들 말에 좌지우지되지 않는다. 몇몇 비판적인 휴스턴 사람들은 우리가 컴팩센터로 이사하지 못하리라 예상했다. 불가능하다는 말을 몇 번이나 들었는지 모른다. 한번은 휴스턴의 고위 리더들이 모인 오찬 자리에서 한 사람이 좌중을 둘러보며 말했다. "레이크우드교회가 컴팩센터로 이사하면 지옥이 시원해질 겁니다."

나는 그 말을 듣자마자 흘려버렸다. 하나님의 뜻이 한 사람의 반대로 바뀌지 않는다는 걸 알았기 때문이다. 그의 말은 방해의 목소리에 불과했다. 그리고 어차피 모든 사람이 우리의 이전 계획을 이해할 수는 없었다. "왜 교회를 옮기려는 거야? 교회의 몸집만 불려서 뭘 어쩌려고? 왜 뿌리를 떠나려는 거지?" 이런 말이 들릴 때마다 당장 달려가 우리의 이전 계획이 얼마나 좋은 아이디어인지 설명해주고 싶었다. 하지만 그래봐야 소용이 없다는 걸 알기에 나는 침묵을 지켰다. 그리고 결국 우리 교회는 2005년부터 컴팩센터였던 건물에서 하나님을 예배하고 있다. 혹시 지옥이 시원해지지는 않았을까?

비판자들은 우리가 갈 길을 방해할 수 없다. 최종 결정권은 하나님께 있다. 안 된다는 말에 귀를 기울일 필요도, 사람들을 만족시키려고 애쓸 필요도 없다. 그저 떨쳐내고 나서 계속 전진하면 그만이다.

남들의 비웃음을 웃어넘기라

가끔 우리는 비판에 너무 민감하게 반응한다. 마음을 굳게 먹지 않으면 뒤에서 수군대는 소리에 휘말려 자신을 바꾸기 시작할 수 있다. 절대 안 된다. 우리는 하나님이 창조하신 모습 그대로 최선을 다해야 한다. 비판의 소리에 따라 자신을 바꿔서는 안 된다.

사람들의 놀림을 너무 민감하게 받아들이면 성격이나 행동거지를 어색하게 바꿀 수 있다. 조롱이나 경솔한 말에 주눅이 들 필요는 전혀 없다. 있는 그대로 당당하게 살아도 좋다.

당신에게 유별난 특성이나 성격이 있는가? 괜찮다. 하나님은 당신을 일부러 그렇게 만드셨다. 남들이 아무리 놀려도 그냥 떨쳐버리면 그만이다. 부정적인 말이나 행동은 빨리 잊을수록 좋다.

> 비판의 소리에 따라 자신을 바꿔서는 안 된다. 괜찮다. 하나님은 당신을 일부러 그렇게 만드셨다.

나는 자주 웃는다. 사실 늘 싱글벙글이다. 웃음을 멈추려 해도 멈춰지지가 않는다. 어릴 적부터 줄곧 그랬다. 일곱 살 때 자동차 사고로 머리 부위가 많이 찢어진 적이 있었다. 응급실로 찾아온 친구들은 내가 울며불며 난리를 치고 있을 줄로만 알았다. 나중에 친구들이 하는 말. "야, 너 그렇게 다치고도 여전히 입이 귀에 걸려 있더라."

하나님이 나를 그렇게 만드신 걸 어쩌겠는가. 때로 사람들은 내가 너무 많이 웃는다며 놀려댄다. 얼굴을 찡그리는 것보다야 활짝 웃는 게 낫지 않은가. 그런데도 간혹 "왜 저렇게 많이 웃어?"라는 말이 들려온다. 내 귀에는 그들이 뒤에 붙이려다 만 말이 똑똑히 들린다. "얼빠진 사람처럼."

아버지가 주님 곁으로 떠나시고 내가 목회를 시작한 지 몇 달 후, 누군가 나를 '웃는 목사'로 부르기 시작했고 이 별명은 삽시간에 퍼졌다. 얼마 전 나를 풍자한 텔레비전 프로그램을 봤다. 나를 닮은 사람이 나와 말하다가 웃을 때마다 치약 광고처럼 앞니에서 '핑'하며 별이 튀어나왔다. 나는 너털웃음을 터뜨렸다. 아마 이 패러디를 보고 나만큼 많이 웃은 사람도 없을 것이다. 나는 속으로 이렇게 말했다. '그렇다고 내가 안 웃을 줄 알아? 싫어하면 더 웃어줄 거야.' 누가 아는가? 유명한 치약 회사에서 우리 텔레비전 프로그램을 후원할지!

우리는 남들의 비웃음을 웃어넘길 줄 알아야 한다. 부당한 비판이 들려와도 너무 억울해하지 말고 오직 하나님이 예비하신 복만 바라보라.

04
Become A Better You
자신의 행복을 책임지라

하나님은 누군가의 행복을 위해 자신의 행복을 희생하라고 하지 않으신다.
이기적인 말처럼 들리지만, 절대 그렇지 않다.

더 좋은 삶을 사는 비결 가운데 하나는 남들을 섬기는 만큼이나 자신의 행복을 챙기는 것이다. 자칫 우리는 모든 사람을 행복하게 해줘야 한다는 그릇된 책임감에 빠지기 쉽다. 이 사람의 문제를 고쳐주고 저 사람도 구해줘야 한다는 식으로.

물론 곤경에 처한 사람들에게 최대한 도움의 손길을 뻗는 것은 고결하고 존경할 만한 모습이다. 하지만 우리는 도에 지나칠 때가 너무 많다. 남들을 위해서라면 무엇을 하면서 정작 자신의 행복을 위해서는 시간을 내지 않을 때가 많다. 나는 주위의 모든 사람을 도우려고 하면 정작 나 자신의 삶은 피폐해진다는 사실을 깨달았다.

하나님은 누군가의 행복을 위해 자신의 행복을 희생하라고 하지 않으신다. 이기적인 말처럼 들리지만, 절대 그렇지 않다. 우리의 최우선사항은 어디까지나 자신을 돌보는 일이어야 한다. 그러려면 아무리 시간과 에너지를 쏟아 잘해줘도 만족하지 않는 사람들도 있다는 것을 알아야 한다. 그들이 스스로 다루고 해결해야 할 부분까지 우리가 챙겨줄 수는 없다.

각자의 행복은 각자의 책임이다

우리가 다른 사람의 어리석은 선택까지 책임져줄 수는 없다. 그러려고 하면 오래지 않아 그 사람에게 통제와 이용을 당하게 된다.

배우자나 자녀, 친구나 이웃에게 너무 신경을 쓰다가 자신의 행복을 잃어버렸는가? 도무지 바뀔 줄 모르는 사람. 늘 문제를 우리에게 떠넘기는 사람. 모든 문제를 대신 해결해주고 격려해주기만 바라는 사람. 이런 사람에게 많은 시간과 에너지를 쏟으면 정작 우리 자신이 힘들어진다. 이런 사람은 애써 문제를 해결해주면 일주일 후에 똑같은 문제를 들고 다시 나타난다. 이런 사람을 계속해서 도우면 우리만 손해가 아니라 그 사람의 인생까지도 망가진다. 우리 없이는 살아갈 수 없는 나약한 존재로 몰아가는 셈이다. 우리에게 찾아오기만 하면 모든 문제가 술술 풀리는데 굳이 스스로 노력하겠는가?

아예 도움을 원하지 않는 사람들도 있다. 변할 생각 자체가 없다. 그저 끊임없는 문젯거리로 주위의 관심을 끌고 싶을 뿐이다. 이런 사람에게는 돕지 않는 것이 오히려 도와주는 것이다.

스스로 좋은 선택을 내리지 않는 사람에게 통제와 이용을 당하며 살기에는 인생이 너무 짧다. 명심하라. 우리에겐 모든 사람을 행복하게 해줄 책임이 없다. 각자의 행복은 각자의 책임이다. 누군가에게 통제를 당하고 있다면 그것은 그의 잘못이 아니라 우리 잘못이다. 적당한 한계선을 그어야 한다.

린다와 트로이의 결혼생활은 불행하기 짝이 없었다. 린다는 극도로 부정적인 집안에

> 우리에겐 모든 사람을 행복하게 해줄 책임이 없다. 각자의 행복은 각자의 책임이다.

서 온갖 고생을 겪으며 자랐다. 안타깝게도 그녀는 불행했던 기억과 부정적인 태도를 고스란히 안은 채 트로이와 결혼했다. 일이 뜻대로 풀리지 않으면 여지없이 토라지거나 짜증을 부렸다. 며칠씩 입이 삐쭉 나온 채로 지내는 일도 많았다. 린다는 자신의 불행으로 주위의 모든 사람까지 불행의 늪에 빠뜨렸다.

반면 트로이는 착하디 착한 사람이었다. 아내의 행복을 위해서라면 뭐든 하는 좋은 남편이었다. 그는 늘 아내의 등을 토닥이며 격려하고 문제를 대신 해결해주었다. 3년 간 그는 만족할 줄 모르는 아내를 위해 자신의 행복을 포기하고 살아왔다. 그러던 어느 날 문득 아내가 바뀔 수 없다는 생각이 들었다. 이제 진저리가 났다. 일부러는 아니지만 자신이 아내를 돕기는커녕 오히려 망치고 있다는 사실을 깨달았다. 어느새 그는 아내를 무기력한 인간으로 전락시키고 말았다.

트로이는 이를 악물고 아내에게 다가가 말했다. "여보, 당신을 사랑하지만 당신을 행복하게 해주기는 힘들 것 같아요. 내가 할 수 있는 일은 이미 다 했어요. 이젠 그만하겠어요."

남편의 솔직한 말에 충격을 받은 린다는 난생 처음으로 자기 내면을 돌아보고 진짜 문제를 다루기 시작했다. 남편이 정말로 더는 챙겨주지 않자 자기 행동에 스스로 책임을 질 수밖에 없었다. 그런 경종이

울린 지 벌써 20년이 넘게 흘렀다. 지금 이 부부는 누구보다도 행복하게 잘살고 있다.

린다와 비슷한 사람이 주위에 있다면 계속해서 그 사람 때문에 자기 기쁨을 잃어서는 안 된다. 가까운 사람이 불행하다고 자신까지 불행의 늪에서 허덕일 필요는 없다. 그 사람이 끝까지 어리석은 선택을 내리고 절망의 구덩이에서 허우적댄다면 어쩔 수 없다. 여전히 사랑과 격려는 아끼지 말아야 하지만 우리만이라도 구덩이에서 빠져나와야 한다. 적당한 때를 봐서 단호한 어조로 말하라. "당신이 행복을 마다한다면 어쩔 수 없어요. 대신 내 행복은 방해하지 마세요."

여기에는 매우 미묘한 측면이 있기는 하지만, 우리가 배우자의 행복을 책임져줄 수는 없다. 자녀의 행복에 대해서도 마찬가지다. 우리 모두는 자신의 행복을 챙길 책임이 있다.

벤은 나이가 서른이 되도록 집에서 놀았다. 그는 워낙 게으르고 무절제해서 도무지 일자리를 찾아보려고 하지 않았다. 더 큰 문제는 스스로 문제를 인식하지 못한다는 것이었다. 하지만, 벤의 부모는 사랑하는 아들에게 심하게 하지 못하고 오냐오냐 받아주기만 했다. 가끔 아들을 데리고 나가 일자리를 지원하게 만들려고 했으나 벤은 들은 체도 하지 않았다. 왜일까? 의지가 없었기 때문이다.

그렇게 세월은 유수처럼 흘러갔다. 하루는 너무 오랫동안 아들에게 실망한 부모가 상담 전문 의사를 찾아갔다. 부모는 의사 앞에서 게으른 아들의 실상을 낱낱이 털어놓았다. "선생님, 무엇보다도 스스로 문제가 없다고 생각하는 게 가장 큰 문제예요." 아버지가 한숨을 푹 내쉬었다. 그런데 의사는 뜻밖의 대답을 내놓았다. "음, 아드님에게는 아무 문제가 없어요. 문제라면 오히려 늘 대신 문제를 해결해주신 두 분에게 있죠. 두 분이 늘 감싸주신 탓에 아드님이 자기 인생에 대한 책임을 회피하게 된 거예요. 정말 아드님이 나아지길 바라신다면 문제 해결을 그냥 아드님에게 맡기세요."

부모가 너무 놀란 표정을 짓자 의사가 계속해서 설명했다. "인생이 그리 호락호락하지만은 않다는 걸 알려줘야 합니다. 이제 문제를 일일이 해결해주는 일은 그만두세요."

늘 상대방을 곤경에서 빼내주기만 하는 건 바람직하지 않다. 매번 문제를 대신 해결해주는 건 옳은 방법이 아니다. 때로는 싫은 소리도 할 줄 알아야 한다. "너를 사랑해. 하지만 우리 집에서 계속 살려면 너도 일을 해야 해. 이제부터 네 삶은 네가 책임을 져."

누군가 자녀에게 두 가지 중요한 성품을 길러줘야 한다고 말했다. 그것은 감사와 열심이다. 감사할 줄 모르는 사람은 모든 것을 당연하게 받아들인다. 그는 주위 사람들이 인생에 필요한 모든 것을 은쟁반에 담아 대령하기만 바란다. 또한 열심도 감사 못지않게 중요하다. 배우고, 섬기고, 성취하고, 지금보다 더 나아지려는 열망이 있어야 한다.

어른도 마찬가지로 감사와 열심의 미덕을 갖춰야 한다. 나는 이왕이면 모든 사람을 도와주고 싶다. 세상의 모든 문제를 내가 떠안고 싶다. "내가 대신 해줄게요." 하지만 이것은 최선이 아니다.

몇 해 전 길을 가다가 내 나이 또래로 보이는 노숙자를 만났다. 그가 돈을 달라기에 무심코 20달러짜리 지폐를 건네려다가 순간 멈칫했다. 왠지 그래서는 안 된다는 생각이 들어서 돈만 주고 가는 대신 그를 대화로 끌어들였다.

그는 이 도시 저 도시를 전전긍긍하며 비참하게 살았다고 했다. 한 곳에서 진득하게 일하려 해도 뜻대로 풀리지 않았단다.

나는 안타까운 마음에 진정한 도움을 주고 싶었고, 그래서 그를 교회로 초대했다. "제가 이 동네 교회 목사거든요. 주일 아침에는 어디 계세요? 제가 사람을 보내 모시러 갈게요."

"아뇨, 교회는 됐어요. 시간이 없어서요."

나는 속으로 생각했다. '아니, 잔디를 깎아야 하는 것도 아니고, 집을 청소해야 하는 것도 아니면서 시간이 없다니!'

이야기를 나눌수록 그가 도움을 원하지 않는 게 분명해졌다. 바뀔 의지는 없고 그저 편한 길만 찾는 사람이었다. 그가 원하는 건 돈 몇 푼이 전부였다. 오해하지는 마라. 그에게 나름의 고충이 없다는 뜻은 아니다. 단지 바뀌지 않으려는 사람의 문제를 대신 해결해주는 것은 진정으로 그를 돕는 길이 아니라는 말이다. 나는 그에게 푼돈을 쥐어주고 내 용무를 볼 수도 있었다. 하지만 그릇된 동정으로 그의 불행을 더 연장하고 싶지는 않았다. 우리는 불쌍한 사람을 도와야 한다. 그러나 스스로 돕지 않는 사람을 도에 지나치게 도우려고 하면 유익보다 오히려 해를 끼치게 된다.

과감하게 '노'라고 말해야 할 때도 있다

우리는 자신도 모르는 사이에 남들에게 질질 끌려다닐 때가 많다. "일주일에 60시간을 일하지 않으면 사장에게 찍혀. 그러면 중요한 모임에 나를 데려가지 않을지도 몰라. 찍히면 끝장이야."

혹시 이 사실을 아는가? 당신은 지금 사장에게 이용당하고 있다.

사장에게 가서 적당한 한계선을 그어야 자유를 얻을 수 있다. "매일같이 야근할 수는 없어요. 저는 가족이 있는 몸이에요. 다른 약속들도 있고요. 물론 일터에 있는 동안은 최선을 다할 거예요. 하지만 근무시간이 끝나면 일을 내려놓고 집에 갈 겁니다."

정면으로 돌파해야 한다. 강압에 못 이겨 억지로 해서는 안 된다. 혹시 하기 싫은 일을 억지로 하고 있지는 않은가? 늘 자기 내면을 돌아보는 자세가 필요하다.

자기 의지가 아니라 늦게까지 자리를 지키는 사람들에게 미안한 마음 때문에 날마다 야근을 하고 있는가? 의무감 때문에 누군가를 돕고 있는가? 누군가의 심기를 건드릴까 무서워 몸이 부서져라 일하고 있는가? 이는 모든 사람을 행복하게 해줘야 한다는 왜곡된 의무감에서 비롯된 것이다.

남들이 멋대로 내놓은 요구를 들어주지 못했다고 해서 죄책감을 느낄 필요는 없다. 누군가 당신을 행사에 초대했다고 하자. 일정을 살펴보니 너무 바빠서 참석할 시간이 없다. 하지만 그러자니 부담감이 만만치 않다. 상대방이 화낼 게 불을 보듯 뻔하다. 완전히 미운 털이 박힐지도 모른다.

그렇더라도 보이지 않는 압력에 굴복하지 말고 담대하게 말해야 한다. "정말 가고 싶은데, 죄송합니다. 사정이 여의치 않아 가기 힘들겠습니다." 상대방이 이해해주지 않는다면 그것은 그 사람 문제다.

자신이 어떤 행동을 왜 하는지 정확히 알아야 한다. 의무감 때문인가? 상대방의 강압 때문인가? 그렇다면 당장 행동을 바꿔야 한다. 스스로 자기 삶을 통제하지 않으면 다른 누군가의 통제를 받는다. 원치 않는 곳에 억지로 끌려가지 말고 과감하게 '노'라고 말할 줄 알아야 한다. 저녁식사 초대를 거절했더니 친구가 화를 냈는가? 그렇다면 당신에 대한 애정이나 우정이 없다고 판단해도 좋다. 단지 자신의 필요로 당신을 이용하려는 것뿐이다. 진짜 친구는 이해해줄 줄 안다. 요구를 일일이 들어주지 않아도 화를 내지는 않는다.

> 스스로 자기 삶을 통제하지 않으면 다른 누군가의 통제를 받는다. 원치 않는 곳에 억지로 끌려가지 말고 과감하게 '노'라고 말할 줄 알아야 한다.

요즘 내게 연설을 해달라는 곳이 정말 많다. 영광이기는 하지만 나는 교회와 가정에 속한 몸이다. 아무리 오랫동안 알고 지낸 친구의 부탁이라도 대부분 거절할 수밖에 없다. 처음에는 상대방이 실망할까봐 거절하기가 정말 힘들었다. 하지만 이제는 나 자신을 돌보는 일이 우선임을 잘 안다. 남들의 부탁은 내 최우선사항이 아니다. 그것은 어디까지나 우리 가족 다음이다.

처음 초빙을 거절할 때는 사람들이 어떻게 생각할까 심히 걱정스러웠다. '자기만 아는 오만한 사람이라고 욕할지도 몰라.'

하지만 다행히 언제나 관대한 답변만 돌아왔다. "개의치 마세요. 괜찮습니다. 언제라도 오시면 저희는 대환영입니다." 자기 이익만 따지지 않는 친구. 원하는 대로 해주지 않아도 부담감이나 미안한 마음을 전혀 느끼게 하지 않는 친구. 이것이 진짜 친구다.

나의 행복은 하나님의 뜻이다

모든 사람을 행복하게 해주지 않아도 된다는 것을 알면 이루 말할 수 없는 해방감이 찾아온다. 사람들을 만족시키기 위해서만 살면 무엇보다도 우리를 향하신 하나님의 뜻과 계획을 이룰 수 없다.

대학에 다니기 위해 타지로 나간 지 1년 만에, 레이크우드교회로 돌아와 텔레비전 사역을 시작해야 한다는 마음이 강하게 일었다. 하지만 부모님이 어떻게 생각하실지가 문제였다. 사실 우리 형제자매는 전부 대학을 졸업했고 맏형 폴은 12년 넘게 공부하며 의사를 준비했다. 그런 마당에 내가 학교를 그만두고 돌아오면 부모님이 펄쩍 뛰실 게 분명했다.

하루는 아버지께 속내를 털어놨더니 다행히 아버지는 내 가능성을 봐주셨다. "애야, 그거 좋겠구나. 네 마음이 가는 대로 하렴." 하지만 어머니는 다르셨다. 어머니에게는 기도가 필요하셨다! 어머니는 자식 하나라도 대학을 졸업하지 못하는 꼴을 보고 싶지 않으셨다.

여간 마음이 착잡하지 않았다. 앞서 말했듯이, 나는 누구에게도 실망을 안겨주기 싫어하는 성격이다. 특히 부모님에게는 더더욱 그렇다. 하지만 결국 스스로 옳다고 믿는 방향으로 가기로 결심했다. 내 마음을 따르기로 했다. 물론 어머니도 결국은 마음을 푸셨다. 일전에 어머니에게 웃으며 이렇게 말했다. "대학을 나오지는 않았지만 지금 정말 잘해내고 있잖아요!"

우리는 모든 사람, 때로는 가장 가까운 사람조차 만족시킬 수 없다. 물론 부모를 공경하고 그분들의 조언을 귀담아들어야 한다. 그러나 결국은 우리 자신의 마음을 따라야 한다. 성경에 재미있는 말씀이 한 구절 있다. "그들의 포도원을 돌보느라 정작 내 포도원은 돌보지 못한 것이랍니다." 솔로몬의 이 말을 풀이하자면 이렇다. "다른 사람을 행복하게 해주는 데는 누구보다도 앞장섰다. 부모님을 만족시켰고 가족을 행복하게 해주었다. 친척과 친구들을 두루 돌보았다. 그러다보니 나 자신을 돌보는 데 소홀했다."

모든 사람을 기쁘게 하려다가 정작 자신의 행복을 놓치는 경우가 얼마나 많은가. 문득 정신을 차리고보니, 남들에게 질질 끌려온 세월이 보인다. 가만 두면 어떤 이들은 우리의 시간과 에너지를 모조리 빨아먹는다. 이들의 요구를 단호히 거부해야 우리의 삶이 새로운 차원으로 접어든다.

결코 쉽지는 않을 것이다. 오랫동안 우리를 통제해온 사람들이 쉽게 우리를 놓아주려 할 리는 없다. 그들을 여전히 사랑과 친절과 예의로 대해야 하지만 자유를 얻기 위해서는 단호해져야 한다.

당신은 오히려 남을 통제하는 쪽인가? 그렇다면 바뀌어야 한다. 사람들을 자기 뜻으로 교묘하게 끌어들여서는 결코 복을 받지 못한다. 자기가 원하는 일을 사람들에게 강요하지 말고 마음을 넓게 품어야 한다. 사랑으로 살아가면 관계가 꽃을 피우고 인생이 술술 풀린다.

오늘을 전환점으로 삼으라. 모든 사람을 만족시키고 모든 문제를 해결하려고 힘든 세월을 살아왔는가? 이제 그런 왜곡된 의무감을 떨쳐내라. 남들에게 도움의 손길을 뻗는 건 좋다. 물론 친절과 배려로 살아야 한다. 하지만 자신의 행복부터 챙겨야 한다. 하나님 다음에는 우리 자신이 최우선이다.

남들에게 끌려다니지 않고 자신만의 길로 가면 스트레스는 물러가고 시간과 에너지는 남아돈다. 더 행복해지고, 우리를 향하신 하나님의 완벽한 계획을 마음껏 이루어갈 수 있다.

습관의 키를 잡으라

나는 좋은 습관을 가진 사람이다

잘되는 습관 1
나는 시간 약속을 지킨다
정시에 출근하지 않는 나쁜 버릇이 있다면 빨리 고쳐야 한다. 인생을 앞서가는 사람들은 하나같이 시간 약속을 잘 지킨다.

잘되는 습관 2
나는 잘 웃는다
"이날은 여호와께서 지으신 날이니 즐거워하고 기뻐하겠어. 오늘을 행복하게 살 거야." 지금 옆에 있는 사람을 보며 가장 매력적인 미소를 지어보라. 잘 웃으면 나도 행복하고 보는 사람도 기분이 좋아진다. 남들의 비웃음조차 웃어넘기는 여유를 갖자.

잘되는 습관 3
나는 두려움을 이긴다
오늘 들었던 비판의 목소리를 잠들기 전에 떠올리며 웃는다. 하나님이 주신 나만의 장점을 떠올리며 그것에 마음을 집중한다. 사람들의 말이나 평가를 두려워하는 게 아니라 하나님만 바라보는 습관을 기르자.

BECOME

A

BETTER

YOU

4부

네 번째 키 잘되는 관계

나는 사랑할 줄 아는 사람이다

1 사랑할수록 세워주라
2 갈등은 즉시 해결하라
3 하나님 다음은 가족이다
4 좋은 감정은 평소에 쌓아두라
5 매일 선을 베풀라
   관계의 키를 잡으라

01
Become A Better You
사랑할수록 세워주라

칭찬은 서로를 하나로 묶어주는 접착제다.
부부는 기회가 있을 때마다 서로를 높여줄 책임이 있다.

중학교에 다닐 때 나는 우리 야구팀에서 몸집이 작은 편에 속했다. 시즌 첫 게임에서 덩치가 큰 선수들만 우글대는 진짜 강팀과 격돌할 예정이어서 체구가 작은 나는 잔뜩 주눅이 들어 있었다.

경기가 있던 날, 코치가 친구들이 모여 있는 곳으로 나를 불렀다. 몸집이 어마어마하고 우락부락한 코치는 특유의 퉁명스러운 어투로 말했다. "조엘, 너는 그리 크진 않지만 몸집이 중요한 게 아냐. 중요한 건 바로 여기야." 그러면서 손가락으로 자기 가슴을 가리켰다. "큰 마음을 품어. 올해 너는 대단한 활약을 할 거야."

친구들 앞에서 코치의 칭찬을 들은 나는 저절로 어깨가 쫙 펴지고 얼굴 가득 웃음이 번졌다. 마치 마이클 조던이라도 된 기분이었다. '코치가 나를 믿어줬어!' 자신감이 솟구쳤고, 그해 나는 과거 어느 때보다도 뛰어난 경기력을 보였다. 코치는 일부러 시간을 내서 내 안에 어마어마한 자신감을 불어넣은 것이다. 사람들에게서 최선을 이끌어내려면 이런 격려의 씨앗을 뿌려야 한다.

"누구도 나를 격려해주지 않았어. 그런데 왜 내가 남을 격려해야 해?" 이렇게 되묻고 싶은가? 더 좋은 삶을 살기 원한다면 남들이 더 좋은 삶을 살도록 도와야 한다. 남들이 성공하도록 도우면 하나님이 우리의 승리를 보장해주신다.

다른 사람의 성공을 기꺼이 도우라

하나님이 우리 삶 속으로 사람들을 보내신 것은 그들이 성공하고 하나님이 원하시는 사람이 되도록 도우라는 뜻이다. 누군가 믿어주지 않으면 사람들 대부분은 잠재력을 온전히 발휘하지 못한다. 이것은 당신과 나에게 할 일이 있다는 뜻이다. 우리는 어디를 가든 사람들을 격려하고 세워주고 더 높은 단계로 끌어올려야 한다. 우리 삶 속을 지나가는 사람들이 전보다 더 발전해야 한다. 사람들이 당신과 나를 만난 후 절망감이나 패배감이 아닌 용기와 도전 정신을 얻어야 우리가 제대로 살고 있는 것이다.

일부러 시간을 내서 도와야 한다. 자기만 잘살 방법을 찾는 데 골똘하지 말고, 다른 누군가의 삶을 개선할 방법도 모색해야 한다. 오늘 누구를 격려할 수 있을까? 누구를 키워줄까? 누군가의 삶을 어떻게 좋은 방향으로 이끌 수 있을까?

누구나 다른 사람들에게 무엇인가 줄 수 있다. 누군가 우리의 격려를 절실히 원한다. 누군가 우리가 믿어준다는 사실을 듣고 싶어한다.

"나는 당신 편이에요. 당신은 성공할 잠재력이 충분해요." 누군가에게 지금 이런 말이 필요하다. 지난날을 돌아보면 오늘의 우리가 있기까지 중요한 역할을 해준 누군가가 있었다. 자신감을 심어준 부모님이나 선생님. 전혀 자격이 없다고 생각하는 우리에게 중요한 역할을 맡겨준 상사. 힘이 되는 말을 던져준 상담 교사. "너는 할 수 있어. 너는 이 대학에 갈 수 있어. 너라면 그 일에서 반드시 성공할 거야."

그들은 우리 자신도 모르는 잠재력을 보고 우리를 다음 단계로 끌어올려주었다. 이제 우리 차례다. 우리도 다른 누군가에게 힘을 전해줘야 한다. 누구를 믿어줄까? 누구의 등을 토닥여줄까? 누구를 성공의 길로 안내해줄까? 세상에 인간경영만큼 위대한 투자는 없다. 관계는 성과보다 훨씬 더 중요하다.

> 세상에 인간경영만큼 위대한 투자는 없다. 관계는 성과보다 훨씬 더 중요하다.

하나님은 우리에게 주위 사람들을 돌볼 책임을 주셨다. 배우자와 자녀, 친구, 동료들에게서 최선을 이끌어내는 것은 우리의 가장 중요한 임무 가운데 하나다. 자신에게 물어보라. "내가 누군가를 더 좋은 삶으로 이끌고 있는가? 내가 그 사람에게 자신감을 주고 있는가? 아니면 내 한 몸만 잘 살려고 바동거리고 있는가?"

신뢰는 모든 잠재력을 쏟아내게 한다

내 아내는 격려의 대가다. 아내는 늘 나를 믿어주고 나의 든든한 아군이자 팬이다. 마치 나를 지구상에서 가장 위대한 사람처럼 대접해준다. 물론 실제로는 그렇지 않다는 걸 잘 안다. 그래도 아내가 나를 위대한 인물로 생각해주니 기분이 좋다. 아내 눈에 나는 뭐든 할 수 있는 사람이다. 아내는 늘 내게서 최선을 이끌어낸다.

아내가 나더러 언젠가 레이크우드교회의 목사가 될 거라고 말하지 않았다면 지금의 나는 없을 것이다. 아내가 그런 확신을 처음 표현했을 때만 해도 나는 텔레비전 설교는커녕 단 한번도 대중 앞에서 설교를 해본 적이 없었다. 게다가 설교할 마음도 없었다. 하지만 아내는 아버지가 설교하시는 도중에 내게 이런 말을 하곤 했다. "여보, 언젠가 당신이 저 위에 설 거예요. 당신은 세상에 줄 게 정말 많아요. 당신은 많은 사람을 도와야 할 몸이에요."

나는 할 수 없을 줄만 알았다. 군중 앞에 서고 싶지 않았다. 신학교에 다닌 적도 없었다. 목사가 되기 위한 그 어떤 공식 훈련도 거치지 않았다. 나는 곧 나직이 대답했다. "여보, 그만해요. 나는 그런 인물이 아니에요. 목사 재목이 아니라구요."

"무슨 말이에요? 당신 안에 잠재력이 보여요. 충분히 할 수 있어요." 아내는 내 안에서 내가 보지 못한 잠재력을 보았고 격려의 씨앗에 계속해서 물을 뿌렸다.

아버지가 주님 곁으로 떠나신 뒤 처음 강단에 섰을 때 느꼈던 긴장감은 정말 대단했다. 하지만 두 가지 요인이 그 긴장감을 한층 덜어주었다. 첫 번째는 아내가 뿌린 격려의 씨앗이었고, 다른 하나는 성도들의 지지였다. 내가 설교하러 나갈 때마다 성도들은 우레와 같은 박수를 보냈다. 오금이 저리다가도 한바탕 성도들의 박수갈채를 받고 나면 어디선가 무한한 자신감이 솟아났다.

몇 개월이 지난 후 성도들이 나를 진심으로 믿어준다는 걸 알게 되었다. '이 사람들이 내 잠재력을 봐주는구나!' 아내와 가족들과 우리 교회 성도들은 한마음으로 내게서 최선을 이끌어냈다.

이제 나도 그들과 당신에게서 최선을 이끌어낼 참이다. 당신 안에는 자신도 모르는 엄청난 재능이 꿈틀거리고 있다. 당신은 더 멀리 가고 더 많은 일을 이룰 수 있다. 현재에 만족하겠는가? 무슨 소리! 당신은 눈앞의 어떤 장애물도 극복하고, 어떤 중독의 사슬도 끊어낼 수 있다. 당신 안에는 지극히 높으신 하나님의 능력이 숨 쉬고 있다. 그러니 자신을 믿고 그 믿음대로 행동하라.

고린도전서 8장 1절은 사랑이 사람들로 하여금 극한까지 성장하도록 격려한다고 말한다. 사람들을 믿어주면 그들이 자신의 잠재력을 전부 쏟아낸다.

탄탄대로를 걸어온 수잔 로웰은 모든 일이 잘 풀리는데도 만족감이 없었다. 깊은 내면에서 골칫거리 십대들을 돕고 싶은 열정이 좀처럼 사그라지지 않았다. 결국 로웰은 잘나가던 직장을 그만두고 캘리포니아 주에서 문제가 많기로 소문난 한 고등학교의 교사로 들어갔다. 마약과 갱단 등으로 악명이 높은 학교였다. 당연히 그곳의 중퇴율은 주에서도 높은 편이었다. 학생들이 워낙 제멋대로요 반항적이라 오래 붙어 있는 교사가 별로 없었다. 로웰이 오래 버티리라고 생각한 사람은 아무도 없었다. 하지만 그녀는 여느 교사들과 다른 방법으로 아이들에게 다가갔다.

출근 첫날, 로웰은 학생들에게 이름과 주소, 그리고 자신에 대해 흥미로운 점을 쓰도록 했다. 그리고 그동안 돌아다니면서 몰래 이름을 외웠다. 학생들이 쓰는 것을 마치자 로웰은 첫 번째 시험을 치르겠다고 말했다. 여기저기서 불만 섞인 목소리가 터져나왔다. "너희가 아니라 내가 보는 시험이야. 내가 너희 이름을 모두 정확히 부르면 합격으로 하자. 하나라도 틀리면 첫 번째 진짜 시험에서 너희 모두에게 'A' 학점을 주마."

환호성이 터졌다. 그리고 로웰은 학생들 옆을 천천히 지나면서 한 명 한 명 정확한 이름을 불렀다. 학생들의 입은 떡 벌어졌고 자연히 로웰에게 온 시선이 쏠렸다. 이때를 놓칠세라 그녀가 부드러운 목소리로 말했다. "내가 이렇게 한 건 너희가 내게 중요한 존재라는 사실을 알려주기 위해서였어. 나는 너희를 좋아할 뿐 아니라 관심도 많단다. 그게 내가 여기에 있는 이유야."

학생들은 로웰에게서 특별한 뭔가를 느꼈다. 로웰은 단순히 지식만 전달하는 교사가 아니었다. '저 선생님은 우리를 믿는 것 같아. 우리가 대단한 인물이 될 수 있다고 생각하나 봐.'

하루는 반에서 가장 심각한 문제아로 꼽히는 아르만도가 동네 건달에게 백 달러를 빚졌다는 소식이 로웰의 귀에 들어왔다. 아르만도에게는 갚을 돈이 없었기 때문에 보통 문제가 아니었다. 로웰은 수업을 마치고 아르만도를 불러 앉혔다. "네 얘기 들었다. 선생님이 돈을 빌려주고 싶은데, 조건이 하나 있어."

"뭔데요?"

"졸업하는 날 갚는다고 약속하면 돈을 주마." 당시 2학년이었던 아르만도는 반에서 졸업할 가능성이 가장 희박한 학생이었다. 그의 형들과 누나들도 같은 학교에 다녔지만 결국 중퇴하고 말았다. 부모님도 겨우 2학년을 마쳤을 뿐이다.

하지만 로웰의 사랑은 결국 아르만도의 굳은 마음을 봄눈처럼 녹였다. 전에는 누구도 이런 사랑을 보여준 사람이 없었다. 누구도 졸업을 이야기할 정도로 그를 믿어준 적이 없었다.

로웰은 얼마 전부터 학생들에게 일기를 쓰라고 권하던 차였는데, 지난 주에는 다른 사람에게서 받은 친절에 관해 쓰라고 했다. 아르만도는 이렇게 말했다. "선생님, 지난 주에는 도무지 생각이 나지 않아 억지로 꾸며서 썼거든요. 하지만 오늘 선생님이 보여주신 사랑은 영원히 잊지 못할 거예요. 선생님을 실망시켜드리지 않기 위해서라도 꼭 졸업할게요. 저는 할 수 있어요."

로웰이 학생들을 진심으로 믿어주자 학생들도 로웰을 믿기 시작했다. 결국 아르만도는 집안에서 처음으로 고등학교 졸업장을 손에 쥐게 되었다.

사랑하는 사람의 잠재력에 주목하라

당신은 자녀의 잠재력을 믿어주는가? 위대한 일을 이룰 거라는 말로 자신감을 불어넣고 있는가? 사랑하는 이들의 잠재력을 믿어주는가? 설사 그들이 옳은 길에서 벗어났더라도 포기해서는 안 된다. 관심을 보이고 변함없는 신뢰를 보내면 그들은 반드시 달라진다.

현재 모습만 보면 믿어줄 수 없다. 잠재력에 주목해야 한다. 나쁜 습관과 마음에 들지 않는 구석이 보여도 정죄하거나 비판해서는 안 된다. 더 높은 단계로 끌어올려줄 방법을 찾는 게 우선이다. "너를 위해 기도하고 있어. 네가 이 중독을 끊을 줄로 믿어. 너에게서 위대한 모습이 엿보여." 이런 말은 사람의 인생을 바꾼다.

예수님은 어디를 가나 사람들이 스스로 보지 못하는 잠재력을 봐주셨다. 그분은 눈앞의 약점이나 흠이 아닌 뻗어갈 미래에 주목하셨다.

베드로는 모난 구석이 정말 많은 사람이었다. 성질은 더럽고 성급했으며 말도 많았다. "저런, 최소한 너보다는 성숙한 사람을 다시 찾아야겠다." 예수님이 그렇게 말씀하셨던가. 아니다. 예수님은 베드로에게서 최선을 이끌어내려고 애쓰셨다. 베드로 안에는 분명 잠재력이 있었다. 하지만 예수님이 꺼내주시지 않았다면 그 잠재력은 평생 빛을 보지 못했을지 모른다.

흥미롭게도 베드로라는 이름은 '조약돌' 혹은 '작은 돌'이라는 의미였다. 하지만 예수님은 베드로의 잠재력에 걸맞게 새 이름을 주셨다. "이제 네 이름은 '바위'를 뜻하는 '게바'다." 달리 말하면 이렇다. "너는 지금은 조약돌에 불과하다. 하지만 내가 너를 완성하면 바위가 될 것이다. 너는 강하고 견고하고 튼튼해질 거야."

칭찬 한마디로 행복을 나누라

비난하고 비판하고 무시하는 말로는 사람들에게서 최선을 이끌어내기 어렵다. 사랑과 진심어린 관심이야말로 잠재력을 온전히 끌어내는 열쇠다. 친구나 가족, 동료가 마땅치 않은 행동을 했는가? 그가 나쁜 습관을 끊지 못하고 있는가? 그래도 그런 약점을 보기보다는 잘한 점을 찾아 격려해줘야 한다.

약점을 그냥 묻어두라는 말은 아니다. 부정적인 행동이나 태도를 고쳐주려면 적당한 기회가 올 때까지 기다려야 한다는 말이다. 먼저 상대방의 신뢰를 얻어 관계를 쌓아야 한다. 그래야 그가 더 높은 단계로 성장하도록 격려하거나 훈계할 수 있다.

트집을 잡고 흠을 꼬집어내기는 쉽다. 하지만 우리의 목표는 사람들에게서 최선을 이끌어내는 것이다. 격려하고 세워주고 더 높은 단계로 이끌어주는 게 우리의 목표다.

> 트집을 잡고 흠을 꼬집어내기는 쉽다. 하지만 우리의 목표는 사람들에게서 최선을 이끌어내는 것이다.

어느 날 아침 한 남자가 신문을 가져오려고 현관문을 열자 건너편 집에 사는 작은 개가 뛰어와 신문을 물어다주었다. 남자는 흡족한 웃음을 띠며 개에게 먹을 것을 가져다주었다. 개는 정신없이 꼬리를 흔들며 먹이를 받아먹고 자기 집으로 돌아갔다.

이튿날 아침 여느 때처럼 신문을 가져오기 위해 현관문을 열었는데, 이번에는 그 개가 바로 문 앞에서 기다리고 있었다. 숨이 차서 헐떡이는 개 옆에는 온 동네를 돌며 물어온 신문이 여덟 부나 놓여 있었다!

사람도 상대방의 칭찬과 존경과 인정에 이 개처럼 반응한다. 남편과 아내는 서로에게 가장 열렬한 치어리더가 되어야 한다. 시간을 내서 아내를 칭찬하고 남편을 띄워주는 부부의 모습은 얼마나 아름다운지 모른다. 칭찬하는 데 게을러서는 안 된다. 서로에게 무심한 채 으레 내 곁에 있는 사람으로 여겨서는 곤란하다. 부부는 기회가 있을 때마다 서로를 높여줄 책임이 있다.

어디선가 이런 말을 들었다. "칭찬은 서로를 하나로 묶어주는 접착제다." 좋은 관계를 떼어놓으려는 요인들이 지천에 깔린 오늘날, 친절한 말 한마디는 천금보다도 귀하다.

"여보, 오늘은 평소보다 더 예뻐 보이네. 오늘 저녁식사는 정말 끝내

줬어요." "지난 주에 어려운 그 일을 지혜롭게 해결해줘서 고마워요." 짧지만 진실하고 자연스러운 칭찬 한마디는 관계를 강하게 지켜준다.

내가 설교를 마치고 강단을 내려올 때마다 아내는 칭찬 한마디를 잊지 않는다. "여보, 오늘 정말 대단했어요."

실제로는 설교가 별로였더라도 아내는 그와 상관없이 나를 격려해 준다.

어느 날 함께 강단을 내려오다가 아내가 말했다. "여보, 오늘은 환상적이었어요." 기분이 정말 좋았다.

그런데 다음 주일에는 아내의 말이 조금 달랐다. "여보, 오늘은 대단했어요."

나는 다소 실망했다는 표정으로 물었다. "대단했다고? 환상적이지 않고?"

아내는 귀엽게 눈을 흘기며 씩 웃었다. 아내는 나를 응석받이로 키우고 말았다!

칭찬은 좀 남발해도 괜찮다. 그리고 언제나 말로 표현해야 한다. '생각'으로는 자신 외에 누구도 축복할 수 없다. 종일 누군가의 장점을 생각만 해서는 그에게 아무런 도움도 되지 않는다. 생각을 넘어 입 밖으로 내보내야 한다. 매일 칭찬하고 세워줄 사람을

> 칭찬은 언제나 말로 표현해야 한다. '생각'으로는 자신 외에 누구도 축복할 수 없다.

찾는 것은 선택사항이 아니라 필수사항이다. 식당 웨이터의 서비스가 만점이었다면 고마운 마음만 품지 말고 말로 표시해야 한다. "친절한 서비스, 정말 감사해요. 잊지 않을게요." 긍정적인 말 한마디에 상대

방의 하루가 행복해진다.

우리 교회에 나오는 브렌트라는 남자가 상점 계산대 앞에서 줄을 서 있을 때였다. 계산대 직원은 물건값을 빨리빨리 계산하지 못해 쩔쩔매고 있었고, 결국 줄을 선 사람들이 짜증을 내기 시작하면서 계산대 앞에는 찬바람이 쌩쌩 돌았다.

자기 차례가 오자 브렌트는 남들처럼 쌀쌀맞게 구는 대신 환한 미소를 지었다. "아가씨, 일을 참 열심히 하시네요. 정말 보기 좋아요."

그러자 이 아가씨의 얼굴에 금세 화색이 돌았다. 브렌트의 한마디는 그녀의 어깨를 짓누르던 무거운 벽돌 더미를 단번에 치워냈다. "석 달 간 일하면서 그런 말을 듣기는 처음이에요. 정말 감사해요."

우리 사회는 비판과 냉소와 흠잡기로 한없이 어두워져 있다. 잘못된 점을 지적하는 일에는 재빠르지만 잘한 점을 찾는 일에는 그렇게 느릴 수가 없다. 나는 그런 식으로 살고 싶지 않다. 나는 받는 사람이 아닌 주는 사람이 되고 싶다. 사람들을 무너뜨리기보다는 세워주고 싶다. 내가 지나간 자리마다 더 좋은 곳으로 변하도록 최선을 다할 것이다.

인생을 마쳤을 때 어떤 사람으로 기억될 수 있을까 고민해본 적이 있다. 내가 남길 유산은 무엇일까. 앞으로 백 년 후, 나는 사람들에게서 최선을 이끌어내고 세상을 더 좋은 곳으로 만든 사람으로 기억되고 싶다. 물질적인 성취는 곧 잊혀지기 마련이다. 오래가는 유산은 남들의 삶 속에 남긴 투자뿐이다.

나는 아내와 자녀에게서 최선을 이끌어내고 싶다. 친구들의 잠재력을 끌어내고 싶다. 사람들에게서 이런 말을 들을 수 있다면 더 바랄 게 없다. "조엘 오스틴과 자주 만나고 싶어. 내가 더 높이 오르고 더 많은 것을 기대하고 지경을 넓히도록 늘 격려해주거든. 그의 행동과 태도와 인간관계를 보면 볼수록 나도 더 나은 사람이 되고 싶어져."

사람들을 돕고도 '남는' 시간이 있다면 내 안의 잠재력을 끌어내줄 사람들과 함께하고 싶다.

> 남들에게서 최선을 이끌어내는 인간경영을 실천하면 하나님이 반드시 당신에게서 최선을 이끌어내실 것이다.

성경은 철이 철을 날카롭게 한다고 말한다. 우리는 서로를 더 나은 사람으로 이끌어주며 살아가야 한다.

자신에게 물어보라. 사람들이 내 곁을 지나간 후에 더 좋아지는가, 나빠지는가? 대화 속에서 그들을 칭찬하고 잠재력을 일깨워주는가, 아니면 그들을 깎아내리기만 하는가? 내가 누군가를 믿어주는가? 내가 누군가에게서 더 나은 삶에 필요한 자신감을 불어넣고 있는가? 아니면 나 자신만 생각하는가?

지난 몇 년 간 나는 은막의 스타, 정계 리더, 프로선수 같은 유명인사들에게서 수많은 칭찬의 편지를 받았다. 하지만 최고의 칭찬은 뭐니뭐니 해도 아내가 가족들 앞에서 내게 해준 말이다. "남편과 함께한 후로 저는 더 나은 사람이 되었어요. 자신감은 배가 되고 친절도 몸에 배었어요. 살아가는 태도도 훨씬 좋아졌죠. 남편의 격려와 권고 덕분에 이만큼 성장할 수 있었어요."

물론 나도 아내가 내게 미친 좋은 영향을 밤새도록 꼽을 수 있다. 아내는 '인간경영'의 대가다. 우리는 만나는 사람마다 더 좋은 삶을 선사해 떠나보내기로 굳게 다짐했다.

나눠주는 삶만큼 하나님을 닮은 모습은 없다. 남을 돕는 마음은 곧 하나님의 마음이다. 남들에게서 최선을 이끌어내는 인간경영을 실천하면 하나님이 반드시 당신에게서 최선을 이끌어내실 것이다.

   아침에 눈을 뜨면 어떻게 복을 받을까만 고민하지 말고 누군가에게 복의 통로가 될 방법을 찾으라. 누군가의 하루를 행복하게 해주면 하나님이 갑절의 행복으로 돌려주신다.

02
Become A Better You
갈등은 즉시 해결하라

건강한 관계를 원한다면 갈등이 파고들 틈을 막아야 한다.
우리는 사람을 바꿀 수 없다. 오직 하나님만 하실 수 있다.

하나님과의 관계, 배우자와의 관계, 친척들과의 관계, 친구 관계, 이웃 관계, 삶 속에서 관계만큼 중요한 것은 없다. 그런데도 우리는 우선순위 목록의 맨 꼭대기에 두어야 할 이 관계를 밑바닥으로 끌어내릴 때가 얼마나 많은지 모른다. 정신을 똑바로 차리지 않으면 쓸데없는 일로 우리와 소중한 사람들 사이에 틈이 벌어질 수 있다.

건강한 관계를 원한다면 갈등이 파고들 틈을 막아야 한다. 하나님은 우리 각자를 유일무이한 존재로 창조하셨다. 그래서 개성도 기질도 다 다르다. 사람마다 문제에 접근하는 방식이 천차만별이니 가끔 서로의 방향이 어긋나는 건 지극히 자연스러운 일이다. 하지만 상대방이 우리와 반대되는 의견을 내놓으면 곧바로 공격 자세를 취할 때가 너무도 많다. 똑같이 생각하거나 행동하지 않는다고 해서 반드시 누구는 맞고 누구는 틀린 게 아니다. 그냥 서로 다를 뿐이다. 그런데 다르다는 사실이 종종 충돌로 이어지곤 한다.

나와 다른 사람과 잘 어울리려면 성숙한 자세가 필요하다. 인내심이 있어어 쉽게 흥분하지 않으며 사소한 문제가 밀다툼으로 번지는 것을 막을 수 있다. 갈등의 여지를 없애려면 상대의 입장에서 생각할 줄 알아야 한다.

알면서도 모른 체 넘어가주는 태도 또한 필요하다. 누구에게나 흠과 약점이 있다. 우리와 관계를 맺은 사람이 완벽하리라는 기대는 버려야 한다. 아무리 서로 죽고 못사는 사이라도 오래 지내다보면 짜증이 날 때가 있기 마련이다. 아무리 위대한 사람도 알고보면 모난 부분이 있다. 완벽한 배우자나 완벽한 상사, 심지어 완벽한 목사도 없다.

"상처만 주지 않는다면 사랑해줄게." "실수만 하지 않으면 아껴줄게." "나를 잘 대해주기만 한다면 너는 여전히 내 친구야." "나처럼만 행동하면 너를 받아줄게." 이런 태도로 사는 사람들이 의외로 많다. 상대방에게는 엄청난 부담감이 아닐 수 없다.

지나치게 까다롭게 살면 나도 상대도 모두 피곤하다. 상대방이 마음에 들지 않는 말이나 행동을 하더라도 될 수 있으면 그냥 넘어가는 편이 낫다. 사랑은 상대방의 장점을 본다고 성경은 말한다.

사랑은 허물을 덮는다

"남편이 아침부터 한마디도 안 했어. 어제 진수성찬을 차려줬건만 고맙다는 말 한마디도 없어."

종일 부아가 난 채로 툴툴거리지 말고 남편을 이해하려고 애써야 옳다. "컨디션이 좋지 않은 건지도 몰라. 너무 많은 일에 시달려서 그런 건 아닐까? 다른 문제로 스트레스를 받았는지도 모르지." 비판이나 정죄 대신 이해심을 발휘하면 갈등은 발을 디딜 틈이 없다.

아버지는 이런 말씀을 자주 하셨다. "누구나 가끔은 이상하게 하루 종일 일이 꼬이는 날이 있는 법이야." 누군가 꼴불견인 행동을 하거나 무심코 우리를 모욕해도 대개는 자존심을 접는 편이 낫다. "이번은 모른 체 넘어가자." 곧바로 화를 내지 말고 상대방이 그렇게 행동하게끔 만든 상황과 그 사람의 긍정적인 면을 보는 습관을 기르면 인생이 한 차원 높은 단계로 올라선다.

성경은 사랑이 상대방의 잘못을 기록하지 않는다고 말한다. 치부책을 없애면 관계의 질이 한층 더 높아진다. 지난 20년 간 누군가 자신에게 잘못한 점을 머릿속에 일일이 저장해두는 사람들. 이 얼마나 피곤한 삶인가. 그들은 배우자가 상처준 일, 상사가 경솔하거나 무례하게 군 일, 부모가 자기 자녀의 생일을 잊고 지나간 일들을 하나도 빠짐없이 기억한다. 부정적인 일을 기록한 치부책은 불태워버리고 이왕이면 선한 일을 기록하는 게 어떤가? 과거의 고통을 자꾸 들추어내면 현재가 갈등에 휘말린다.

"하지만 내가 옳아!"

그럴지도 모른다. 하지만 누가 옳은지를 가리고 싶은가, 아니면 가정의 평화를 원하는가? 자기 뜻대로 밀고나가고 싶은가, 아니면 건강한 관계를 바라는가? 대개 우리는 한 쪽을 포기해야 한다. 모든 관계가 그렇지만 특히 부부관계에서 흠잡기 놀음은 절대 금물이다.

크리스틴은 교차로에서 핸들을 너무 급하게 돌리다가 그만 다른 차의 옆면을 긁고 말았다. 남편 에릭이 결혼 선물로 사준 따끈따끈한 새 차로 사고를 내다니 정신이 아찔했다. 크리스틴은 곧 도로 가에 차를 세웠고, 상대편 차에서 한 노신사가 나와 자기 차의 앞 범퍼를 이리저리 살피기 시작했다. 그러고는 차에 앉아 훌쩍거리고 있는 그리스틴 쪽으로 다가왔다.

"부인, 괜찮아요?" 친절한 목소리였다.

"예." 크리스틴은 여전히 울먹이고 있었다. "이 차는 남편이 준 결혼 선물이거든요. 남편이 이 사실을 알면 가만 있지 않을 거예요. 어떻게 해야 할지 모르겠어요."

노신사는 부드러운 목소리로 크리스틴을 달랬다. "저런, 괜찮을 거예요. 남편이 이해해줄 거예요." 몇 분 간 대화를 나눈 후 다시 노신사가 말했다. "보험 정보만 교환하고 각자 갈 길을 갔으면 좋겠는데요."

"보험증이 어디 있는지도 잘 모르겠어요."

"아마 자동차 앞좌석 서랍에 있을 거예요. 열어보세요."

크리스틴은 서랍을 열어 자동차 등록증과 보험증을 꺼냈다. 그때 보험증서 안에 있는 작은 메모가 눈에 띄었다. "여보, 혹시 사고가 나더라도 걱정하지 마세요. 나는 차가 아닌 당신을 사랑해요."

정말 닮고 싶은 남편이다. 실수나 잘못된 행동에 대해 미리 자비를 베풀다니, 얼마나 멋진 남편인가! 우리도 가까운 이들의 실수를 들쑤시지 말고 조용히 덮어주는 미덕을 길러야 한다.

평화를 원한다면 상대방에게 맞추라

"아내와 나는 상극이야. 달라도 너무 달라. 도저히 함께 살 수가 없어."

그렇지 않다. 하나님이 서로 다른 두 사람을 붙여두신 데는 다 이유가 있다. 하나님은 실수가 없는 분이다. 서로 장점과 약점이 다르면 오히려 각자의 장점으로 상대방의 단점을 보완해줄 수 있다. 우리는 서로 경쟁하는 게 아니라 서로를 완성해주어야 한다. 떨어져 있을 때보다 둘이 함께 있을 때 훨씬 큰 힘을 발휘할 수 있다.

> 서로 장점과 약점이 다르면 오히려 각자의 장점으로 상대방의 단점을 보완해줄 수 있다. 우리는 서로 경쟁하는 게 아니라 서로를 완성해주어야 한다.

단, 상대방의 취향과 민감한 부분에 대해 자세히 알아본 후 서로의 약점이 갈등으로 번지지 않도록 조심해야 한다.

당신은 깔끔하고 단정한 사람인가? 모든 게 완벽하게 정돈되어야 마음이 놓이는가? 하지만 당신 남편은 지저분하다. 매일 집안을 온통 어질러놓는다. 벗은 양말은 빨래통에 넣어달라고 그토록 신신당부했건만, 오늘 저녁에도 여전히 아무렇게나 뒤집힌 양말짝이 소파 위에서 뒹굴고 있다. 당신은 마침내 폭발하고 말았다. "언제나 양말을 제자리에 벗어놓을래요? 뒤치다꺼리하기도 이젠 지긋지긋해요. 도대체 내 일을 볼 수가 없잖아요."

그보다는 가정에 평화를 가져오는 사람이 되는 게 낫지 않을까? 남편의 양말을 조용히 치우고 나서 남은 시간을 평화롭게 보내면 얼마나 좋은가. 사소한 일을 긁어 부스럼을 만들 필요는 없다. 그깟 양말 문제로 가정의 평화를 깨뜨려서야 되겠는가.

"아내더러 집을 나설 때 불을 끄라고 한 게 벌써 몇 번째인지 몰라요. 하지만 늘 깜박하지 뭐예요. 매번 내가 돌아와서 끄고 나가야 한다니까요."

씩씩거리는 데이비드에게 이렇게 말했다. "아내를 그만 닦달하고 약점을 덮어주는 게 어때요? 아내도 그러잖아요. 다시 돌아와 불을 끄는 일이 뭐 그리 힘들어요? 운동도 되고 좋잖아요."

"하지만 아내가 언제나 바뀔까요?"

답은 뻔하다. 남편이 잔소리를 그만둘 때다. 남편이 불평을 그만하고 좋은 태도를 기를 때다. 그때 아내는 자연히 바뀌게 되어 있다.

물론 이런 문제는 상대적으로 사소한 문제지만 중요한 문제에서도 원칙은 똑같다. 약점을 감싸주고 가정의 갈등을 없애려고 애쓰면 하나님이 상대방을 바꿔주신다. 명심하라. 우리는 사람을 바꿀 수 없다. 오직 하나님만 그러실 수 있다. 하루 종일 상대방을 괴롭혀봐야 상황만 더 악화될 뿐이다. 갈등과 반목의 뿌리만 더 깊어진다. 지속적인 비판만큼 가정의 평화를 재빨리 깨뜨리는 것도 없다. 일터에서도 마찬가지다. 끊임없는 잔소리와 짜증과 비판적인 태도는 사무실의 분위기를 망친다.

성경은 이렇게 가르친다. "서로 마음을 같이하고." 남들이 우리의 마음을 따라와야 한다는 말이 아니다. 평화를 얻으려면 '우리'가 먼저 변해야 한다.

"아내가 내 뜻대로만 하면 가정이 화목해질 거야." "남편이 자기 물건만 정리하면 아무런 문제가 없어." "상사가 나를 제대로 대우하면 나도 더는 무례하게 굴 생각이 없어."

이런 태도는 옳지 않다. 평화를 원한다면 우리가 상대방에게 맞춰야 한다. 때로는 자존심을 접어야 한다. 남편의 양말을 치워준 다음 꼭 한마디를 덧붙이는가? "봐요, 오늘도 내가 대신 치웠잖아요."

그냥 치워주고 나서 아무 말 하지 않는 아내가 지혜롭다. 우리가 갈등의 불씨를 만들지 않으려고 애쓰면 하나님이 영광을 받으신다. 그리고 하나님께 영광을 돌리면 그분이 반드시 우리를 높여주신다. 자비와 친절의 씨앗을 뿌리면 관계가 쑥쑥 자라나기 시작한다.

꼭 싸워야 할 문제는 없다

지극히 사소한 문제로 갈등의 골이 깊어지는 경우가 대부분이다. 쓸데없는 문제로 말다툼을 벌인다.

한번은 아내와 함께 차를 타고 근교를 지나다가 한창 짓고 있는 새 집 앞에서 차를 세웠다.

"건축업자가 왜 집 밖에 차고를 만들었는지 모르겠네. 나라면 저렇게 하지 않을 텐데."

내 말에 아내도 그 집을 바라보았다. "내부 공간을 늘리려고 그런 것 같아요."

나는 전경과 집의 모양새를 살핀 후 대답했다. "아니야. 그런 식으로는 공간이 넓어지지 않아요."

"제 말이 맞다니까요."

15분이 지난 후까지도 우리는 차고 문제로 입씨름을 벌이고 있었다. 목소리 톤은 갈수록 높아지고 말투는 점점 날카로워졌다. 문득 이건 아니다 싶었다. '남의 차고 문제로 우리가 왜 다퉈야 하지? 우리는 집 주인이 누군지도 모르잖아!' 우리의 기쁨과 평화를 포기할 만큼 중요한 문제가 아니었다. 결국 우리는 의견이 맞지 않아도 더는 왈가왈부하지 않기로 했다.

정말로 싸워야 할 문제인지 현명하게 판단해야 한다. 중요하지 않은 문제로 다투면 도대체 남는 게 뭔가? 그렇지 않아도 세상에는 다뤄야 할 큰 문제들이 산더미처럼 쌓여 있다.

하루는 아내와 함께 휴스턴에 있는 미니트메이드파크에서 야구 경기를 보고 나왔다. 당시 이 야구장은 지은 지 얼마되지 않아 어느 쪽 도로를 타야 집으로 가는 길이 나오는지 알 수가 없었다. 야구장을 빠져나오면서 아내에게 물었다. "여보, 어느 쪽으로 돌아야 할까요?"

"오른쪽으로 돌아야 할 것 같은데요."

거리를 위아래로 훑어봤더니 오른쪽에는 눈에 익은 건물이 하나도 없었다. "아냐, 왼쪽으로 나가는 게 편하겠어요."

아내가 사방을 둘러보더니 다시 말했다. "아니에요. 오른쪽으로 가야 해요."

하지만 나는 고집스레 왼쪽을 가리켰다. "여보, 우리집은 저 방향인데. 저쪽으로 가야 해요." 그러면서 차를 왼쪽으로 돌렸다.

"마음대로 하세요. 하지만 제 말이 맞아요."

실컷 멋진 경기를 보며 함께 오붓한 시간을 보내놓고 이 무슨 짓이람. 우리 사이에는 냉랭한 공기가 흐르고 있었다. 정말 사소한 일 때문에 우리는 잔뜩 굳은 얼굴로 서로 한마디도 하지 않았다. 내가 자존심을 조금만 굽히고 아내의 말을 따랐더라면 전혀 문제될 게 없었다. 설령 아내의 말이 틀렸더라도 10분쯤 돌아가면 또 어떤가? 하지만 나는 끝끝내 내가 옳다는 사실을 증명하려 했다.

나는 말없이 휴스턴 시내를 빙빙 돌았다. 겉으로는 어디로 가는지 아는 것처럼 행동했지만 이런 식으로 가다가는 한국까지 갈지도 모를 일이었다. 간선도로가 저만치 보이는데 어떻게 타야 할지 알 수가 없었다.

아내는 내가 흘끗 쳐다볼 때마다 담담히 웃으며 말했다. "거 봐요. 제 말을 들었어야죠. 아마 내일 이맘때면 집에 도착하겠네요." 아내가 속을 긁을수록 점점 더 오기가 생겼다.

결국 시내를 30분이나 돌고 돈 끝에 나는 한풀 꺾여서 말했다. "좋아요. 야구장으로 돌아가서 다시 출발합시다."

"드디어 항복이군요."

야구장에 도착하자 아내가 길을 설명했다. "좋아요. 오른쪽으로 돌았다가 왼쪽으로 가세요." 한번도 본 적이 없는 거리가 나타나자 내심 나는 아내가 틀렸기를 간절히 바랐다. 이제 집에 가는 일은 차후 문제였다. 아내 앞에서 창피한 꼴을 당하기는 정말이지 싫었다. 좁은 도로를 몇 개 통과한 후 마침내 아내가 말했다. "됐어요. 오른쪽으로 돌아요."

이런, 돌자마자 우리는 집으로 향하는 간선도로에 올라탔다. 도저히 믿어지지 않아 아내에게 물었다. "여보, 이 길을 어떻게 안 거예요?"

"저 근처에 작은 직물 가게가 있어요. 제가 자주 이용하는 곳이에요."

나 같은 실수는 저지르지 않길 바란다. 항상 자기가 옳다고 우기는 것은 교만에서 비롯한 태도다. 때로는 자존심을 접고 남의 의견을 심사숙고할 줄 알아야 한다. 아무리 옳다고 생각해도 언제나 틀릴 가능성은 있다.

갈등이 지속되면 관계가 멀어진다

나는 지극히 사소한 문제로 자주 부딪치다가 결국 이혼하고 마는 부부를 많이 봤다. 서로 아픈 곳을 찌르다가 급기야 밤낮으로 으르렁거리는 부부들. 속으로는 서로를 사랑할지 몰라도 갈등을 곪은 채로 방치해두면 관계에 돌이키기 어려운 틈이 벌어진다.

예수님은 분열된 가정은 버티지 못하고 파멸로 치닫는다고 말씀하셨다. 그렇다. 갈등이 파고든 관계는 무너져내린다. 꼭 하루아침에 그렇게 되는 건 아니다. 몇 달, 심지어 몇 년도 버틸 수는 있다. 하지만 상처를 주는 말이나 행동이 반복돼 갈등이 깊어지면 결국 관계는 깨지고 만다. 갈등은 기초를 갉아먹기 때문에 재빨리 해결하지 않으면 인생이란 건물이 와르르 무너질 수도 있다. 그때는 이미 돌이킬 수 없다. '내가 무슨 짓을 한 거지? 관계를 망쳐놓고 말았어. 이렇게 어리석을 수가 있을까?'

쓸데없는 고집으로 소중한 관계를 놓친 후에야 땅을 치며 후회하고 싶은가? 몇 달 간 누군가에게 한마디도 건네지 않고 철저히 무시했는가? 그런 식으로 살기에는 인생이 너무 짧다. 아직 기회가 있을 때 먼저 손을 내밀어 관계를 바로잡아야 한다.

얼굴에 깊은 수심이 있는 한 남자와 이야기를 나눈 적이 있다. 그는 사업상 문제로 아버지와 다툰 후 2년이 넘도록 한마디도 하지 않았다고 했다. "목사님, 제가 먼저 다가가야 한다는 걸 알았지만 차일피일 미루기만 했어요. 그런데 이번 주 초에 아버지가 심장마비로 돌아가셨다는 청천벽력 같은 전화가 걸려온 거예요." 이 남자가 얼마나 큰 고뇌 속에서 살고 있을지 생각해보라.

소원해진 관계를 하루라도 더 이어가면 결국 후회할 일이 벌어질지도 모른다. 우리 잘못이 아니더라도 당장 자존심을 접고 찾아가 사과하고 평화를 되찾아야 한다. 누가 옳은가가 중요한 게 아니다. 갈등을 해결하는 일이 우선이다. 말싸움에서 매번 이겨도 그로 인해 분란과 분열의 문이 열린다면 이겨도 이긴 게 아니다. 득보다 실이 큰 전투를 벌인 것이다. 반면에 먼저 평화의 씨앗을 뿌리면 하나님이 반드시 보상해주신다.

구약 시대의 족장 아브라함이 오랜 여행 끝에 조카 롯과 함께 새 땅에 이르렀다. 그런데 그 땅은 둘이 함께 먹고살 만큼 크지 않았다. 롯의 목자들은 아브라함의 목자들과 다투기 시작했다. 갈등이 계속되면 목자들이 문제가 아니라 삼촌과 조카 사이가 깨질 수도 있었다. 자칫 가문 전체의 문제로 번질 수도 있는 상황이었다. 사태의 심각성을 깨달은 아브라함은 서둘러서 문제를 다루었다.

아브라함은 넓은 아량으로 조카 롯에게 땅을 먼저 고르게 했다. 아름다운 모습이지 않은가? 아브라함은 갈등을 피하기 위해 롯에게 선택권을 넘겼다. 자신이 연장자의 권한으로 가장 좋은 지역을 선택할 수 있었지만, 그는 그렇게 하지 않았다. 때로 우리는 평화를 위해 상대방에게 져주어야 한다. 불필요한 갈등을 피하기 위해 큰 손해를 감수하면서까지 상대방의 뜻에 따라가야 할 때도 있다. 불공평한가? 아무리 봐도 당신이 옳은가? 그래도 져주면 하나님이 손해를 채우고도 남을 만큼 많은 복을 쏟아부어주실 것이다.

성경은 아브라함이 다툼 대신 평화를 선택했기 때문에 하나님이 그에게 온 국가를 주셨다고 분명히 말한다. 상대가 잘못했어도 우리가 평화를 지키면 하나님이 반드시 풍요의 복을 내리신다. 우리를 예전보다 더 부요하게 해주신다.

성경은 우리 잘못만 아니면 다툼을 벌여도 좋다고 말하지 않는다. 잘잘못을 떠나 다툼은 반드시 파멸과 혼란을 낳는다. 그래서 하나님은 평화를 위해 우리의 뜻을 굽히라고 말씀하신다.

몇 해 전 아내와 두 아이를 데리고 공원에 자전거를 타러 갔다. 그날 이것저것 일이 잘 풀리지 않은 데다 아내의 어떤 행동 때문에 나는 다소 화가 난 상태였다. 아내가 옳지 않았다 해도 너그럽게 용서하고 가족과 즐거운 한때를 보냈어야 했는데, 나는 그렇게 못하고 계속 기분이 상한 채로 있었다.

나는 딸 알렉산드라를 자전거 뒷자리에 태우고 아내와 조나단에게서 멀찍이 떨어졌다. 자전거 도로가 약 1미터가 조금 넘는 좁은 길이어서 겨우 몇 달 전에 자전거를 배운 조나단은 아주 조심조심 자전거를 몰았다.

그런데 갑자기 한 자전거가 내 옆을 쌩 지나갔다. 순간 100미터 정도 뒤쳐져 있는 조나단이 걱정스러웠다. '얘가 조심해야 할 텐데. 저 친구, 아예 날아가잖아!'

아니나 다를까, 이 자전거가 다가오자 놀란 조나단이 비틀거렸고 결국 두 자전거는 굉음을 내며 정면으로 부딪혔다. 가슴이 철렁했다.

나는 급하게 브레이크를 밟은 후 있는 힘껏 달려가 조나단을 일으켜세웠다. 천만다행으로 크게 다친 곳은 없었다. 팔과 다리를 조금 긁힌 게 전부였다. 하지만 자전거는 다시 탈 수 없을 만큼 엉망진창으로 망가졌다. 다행히 상대방도 무사했다. 상황이 진정되자 내면의 목소리가 들려왔다. "조엘, 다 네 책임이야. 너는 앙금을 털어내기로 선택했어야 했어."

나는 옳은 행동을 알면서도 상한 기분을 떨쳐내지 못했다. 사건이 일어난 데는 아내를 따뜻하게 대하지 않은 내 책임이 크다. 성경은 원수에게 어떤 발판도 내주지 말라고 말한다. 갈등의 발판, 말다툼의 발판, 원망의 발판 등 그 어떤 발판도 허용해서는 안 된다. 물론 모든 사건이 갈등 탓은 아니다. 하지만 이번 일은 분명 내 책임이었기에 나는 가족들에게 사과했다.

다툼의 불씨를 남겨두는 것은 하나님의 보호하심에서 벗어나는 지름길이다. 다툼은 하나님의 복과 은혜가 다가오지 못하도록 길목을 차단한다. 물론 문제를 정면으로 돌파해야 할 때도 있다. 그러나 자신이 아무리 옳아도 져줌으로써 충돌을 피해야 할 때도 있다. 분열과 불화의 원인이 되는 편협한 마음을 품어서는 안 된다. 평화로운 삶을 위해서라면 때로 상대방에게 져줄 줄도 알아야 한다.

자존심을 억누르고 다툼을 뿌리 뽑기 위해 최선을 다하면 하나님의 복과 은혜가 넘쳐흐르고 관계가 활짝 꽃을 피우기 시작한다. "화평케 하는 자는 복이 있나니." 평화로운 태도를 기르면 관계가 날마다 더 좋아진다.

> 자존심을 억누르고 다툼을 뿌리 뽑기 위해 최선을 다하면 하나님의 복과 은혜가 넘쳐흐르고 관계가 활짝 꽃을 피우기 시작한다.

03

Become A Better You

하나님 다음은 가족이다

남편 husband이라는 단어는 가족을 묶는 끈 house band을 뜻하는
라틴어에서 파생했다. 좋은 남편은 바로 이 끈과 같아야 한다.

21세기에 가장 무서운 위협은 테러나 자연 재해가 아닌 가정 파괴다. 원수는 그 어떤 관계보다도 남편과 아내, 부모와 자식관계를 깨뜨리는 데 열을 올린다. 수많은 가정이 갈등이나 무책임, 뒤바뀐 우선순위, 나쁜 습관들 때문에 무너지고 있다. 건강하고 끈끈한 관계를 쌓으려면 먼저 무시무시한 공격들로부터 가정을 지켜야 한다.

구약 성경을 보면 느헤미야가 예루살렘 성벽을 재건한 사건이 등장한다. 하나님의 백성들이 무너진 성벽을 세우는 동안 적들은 수시로 쳐들어와 그들의 아내와 자녀를 괴롭혔다. 상황이 너무 악화되자 느헤미야는 백성들에게 한 손에는 망치를, 한 손에는 검을 들고 일하라고 지시했다. "여러분의 형제와 자녀와 아내와 가정을 위해 싸우시오"(느 4:14). 느헤미야는 계속해서 말했다. "우리가 싸우면 하나님께서 우리를 위해 싸우실 것이오"(느 4:20).

하나님은 오늘 우리에게도 비슷한 말씀을 하고 계신다. 우리가 가족을 지키기 위해 최선을 다하면 하나님이 그분의 역할을 해주신다. 우리가 화목한 가정을 이루고 부모와 좋은 관계를 이루도록 하나님이 도와주신다.

누구나 결혼하는 건 아니지만 남녀가 결혼할 때는 먼저 두 가지 문제를 다루어야 한다. 첫째, 부부는 하나님께 헌신해야 한다. 하나님께 영광을 돌리는 삶을 살아야 하며 모든 일에서 뛰어나고 진실한 사람이 되어야 한다.

둘째, 부부는 서로에게 헌신해야 한다. 함께 살다보면 다툴 일도 생긴다. 해서는 안 될 말도 하고 서로에게 토라지거나 화를 내기도 한다. 하지만 결국은 이런 상황을 극복하고 용서한 다음 회복의 길로 들어서야 한다. 세상에 완벽하게 맞는 사람은 없다. 둘이 하나가 되려면 희생과 용서가 필요하다. 양보없이 좋은 관계가 이루어지는 법은 없다.

의견이 다르면 다른 대로 어울리며 살아갈 줄 알아야 한다. 자기 입장을 제시하는 것까지는 좋지만 상대방의 마음을 바꾸려고 해서는 곤란하다. 판단은 어디까지나 각자의 몫이다. 억지로 자기 의견에 따라오게 하려면 상대방을 꼭두각시로 만드는 수밖에 없다. 자기 입장과 의견을 전달한 뒤에는 하나님이 상대방이나 그의 상황을 바꾸시도록 뒤로 물러서는 방법이 옳다.

집안의 화목과 단결을 위해 최선을 다하는 편을 택하라. 해서는 안 되는 줄 알면서도 상처주는 말이나 비난하는 말을 했는가? 다음부터는 은혜를 베푸는 게 어떤가? 섣부른 말이 입 밖으로 튀어나오기 전에 한 박자 멈춰서라. 숨을 깊이 들이쉬면서 한번 더 생각하면 가려서 말할 수 있다. 말은 칼처럼 날카롭다. 한마디를 내뱉는 데는 3초도 걸리지 않지만 그 한마디가 3개월이 넘도록 상대방의 심장을 찌를 수도 있다.

결혼은 서로에게 헌신하는 것이다

한창 데이트하는 연인이나 이제 막 결혼한 신혼부부라면 누구나 서로에게 헌신한다. 하지만 달콤하고 황홀한 시절이 지나가면? 가슴 뛰는 로맨스 대신 남편의 냄새나는 양말을 줍거나 땀투성이 작업복을 빨 때는? 데이트할 때는 매끈하게 차려입은 아내가 완벽하게만 보였다. 결혼 전에는 아내의 흐트러진 머리나 화장 지운 모습을 본 적이 없다. 하지만 이제는 아침에 눈을 뜰 때마다 옆에 누운 여자를 보며 깜짝깜짝 놀란다. "저 여자, 도대체 누구야?"

하지만 결혼은 감정이 아닌 헌신이다.

한 유수한 대학 총장에 관한 이야기를 들은 적이 있다. 그는 예의 바른 신사이자 널리 존경받는 리더였는데, 그의 아내가 말년에 그만 알츠하이머병을 앓게 되었다. 날이 갈수록 아내의 병은 깊어만 갔다. 병은 아내의 정신을 갉아먹었고 몇 년 후에는 자기 남편도 못 알아볼 지경에 이르렀다. 형편이 넉넉했기에 그는 간병인을 두고 병든 아내를 보살폈다.

그러던 어느 날 총장은 재단 이사들을 불러놓고 사임을 통보했다. 이유는 아내를 돌보는 데 전념하고 싶다는 것이었다. 이사회는 어떻게든 총장의 마음을 돌리려고 했고, 그 과정에서 한 이사가 이렇게 말했다. "무슨 소용입니까? 사모님께서는 총장님을 알아보지도 못하시는데요."

그러자 총장이 그의 눈을 똑바로 쳐다보며 말했다. "저는 50년 전 이 여인과 평생을 함께하겠노라 다짐했습니다. 아내는 저를 몰라봐도 저는 아내를 똑똑히 알아봅니다."

이것이 우리 모두가 본받아야 할 헌신의 모습이다.

흥미롭게도 하나님은 가족을 하나로 묶을 책임을 남편과 아버지에게 지우셨다. '남편'husband이라는 단어는 '가족을 묶는 끈'house band을 뜻하는 라틴어에서 파생했다. 좋은 남편은 바로 이 끈과 같아야 한다.

솔로몬은 역사상 가장 지혜로운 인물이었다. 그의 지혜를 담은 책은 남편들에게 아내의 눈을 보며 이렇게 이야기하라고 말한다. "세상에 아름다운 여인도 많지만 그 중에서 당신이 최고요." 솔로몬은 언제나 아내를 칭찬하고 격려하며 하루를 시작했다.

남자들이여, 솔로몬처럼 아내를 칭찬하며 하루를 열면 관계가 얼마나 좋아질지 상상해보라. 자신이 못나서가 아니라 못난 남편 때문에 평생 칭찬 한마디 듣지 못한 채 늙어가는 아내들이 정말 많다. 그들이 종일 듣는 말은 잘잘못을 지적하는 말뿐이다. 저녁상이 시원치 않다는 둥, 애들이 너무 시끄럽다는 둥.

자신이 배우자에게 하는 말의 내용과 말투를 유심히 들어보라. 늘 잘못을 지적하며 불평만 늘어놓는가? 아니면 솔로몬처럼 아내를 축복하고 격려하고 띄워주는 말을 하는가?

배우자에게 축복의 말을 하라

아가서는 솔로몬의 사랑 노래다. 솔로몬은 겨우 여덟 장밖에 안 되는 이 책에서 아내의 힘과 아름다움, 그리고 지혜로움에 관해 40번이나 칭찬한다.

"에이, 제 아내를 몰라서 하시는 말씀이에요. 이 여자는 최악이에요. 잔소리는 왜 그리도 많은지. 아무튼 같이 살기 힘든 여자예요."

나는 척이라는 남자의 말에 이렇게 대답했다. "어쩌면 그럴지도 모르죠. 하지만 한번 아내를 칭찬해보세요. 정말 예쁘다고, 함께해서 너무 행복하다고 말해보세요. 좋은 점을 말하면 좋은 요소를 끌어들입니다. 반대로 부정적인 말을 하면 부정적인 요소를 끌어들이죠. 모든 건 당신에게 달렸습니다."

남편들이여, 아내에게 축복의 말을 해보라. 아내가 더 현숙한 여인으로 성장할 테니. 남편이 칭찬과 격려를 해주면 아내는 그에 걸맞은 행동으로 보답한다. 꼭 시적이거나 휘황찬란하거나 심오한 표현을 쓰지 않아도 된다. 중요한 건 진심이다. "당신은 애들에게는 정말 훌륭한 엄마고 내게는 최고의 아내예요. 늘 당신에게 기댈 수 있어 나는 너무 행복해요."

아내를 여왕으로 대접해주면 아내도 우리를 왕처럼 대접할 것이다. 남편들은 아내에게 축복이 필요하다는 사실을 알아야 한다. 아내에게는 남편의 인정이 가장 큰 힘이다.

잠언 31장을 보면 솔로몬이 아내를 칭찬하자 자녀가 일어나 어머니를 찬양했다. 남편이 아내를 칭찬하고 축복하면 자녀도 똑같이 한다. 아내를 대하는 남편의 태도는 어머니를 대하는 자녀의 태도에 막대한 영향을 미친다. 부모의 말투며 몸짓, 행동거지는 자녀의 무의식 속에 깊이 각인된다.

> 남편이 아내를 칭찬하고 축복하면 자녀도 똑같이 한다. 아내를 대하는 남편의 태도는 어머니를 대하는 자녀의 태도에 막대한 영향을 미친다.

아버지들이여, 딸이 당신과 비슷한 사람과 결혼하게 된다는 사실을 명심하라. 아버지가 어머니에게 함부로 대하고 수시로 상처를 주면 딸은 보나마나 폭력적인 사람에게 끌린다. 나는 딸이 만날 남자를 떠올리며 내 아내를 최대한 예의로 대한다. 어머니들 또한 나중에 아들이 만날 여자를 떠올리며 남편을 대해야 한다.

남편들이여, 아내를 위해 차 문을 열어주고 아침에는 커피를 끓여 대접하라. 아내에게 조금 더 많은 사랑과 존경을 보내라. "남편이 아내에게 차 문을 열어준다면 그건 필시 차를 새로 샀거나 신혼 초이기 때문이에요." 누군가 내게 그렇게 말했다. 요즘 세태를 그대로 반영하는 것 같아서 마음이 씁쓸했다. 남자가 여자를 존중하는 사회로 돌아가야 할 텐데.

"아내한테 그렇게 해주면 친구들한테 남자답지 못하다는 조롱을 받을 게 뻔해."

그렇다면 어서 친구를 바꿔야 옳다. 아내에게 차 문을 열어주는 일과 남성미는 아무런 상관이 없다. 거칠고 무뚝뚝하다고 남자가 아니다. 사람들을 존중과 예의로 대하는 남자가 진짜 남자다. 가족을 잘 돌보는 남자, 아내와 자녀에게 축복의 말을 해주는 남자가 진짜 멋있는 남자다.

자녀를 인정해주는 아버지가 되라

생식 과정에서 아버지는 자녀의 정체성을 결정한다. 여자는 X염색체만 제공하지만, 남자는 X염색체 혹은 Y염색체를 제공한다. 아버지가 X염색체를 주면 여자아이가 태어나고, Y염색체를 주면 남자아이가 태어난다. 엄마는 자녀의 성별을 결정할 수 없다. 아이의 정체성은 아버지에게서 나온다.

따라서 특별히 아버지가 자녀를 인정해줘야 한다. 아버지의 영향력은 막대하다. 아버지는 아내를 축복하듯 자녀를 축복해야 한다. "네가 정말 자랑스럽구나. 누가 뭐래도 너는 훌륭해. 네가 못할 일은 없단다." 자녀에게는 이런 칭찬이 꼭 필요하다. 아버지의 말 한마디 한마디는 자녀의 정체성을 형성한다. 아버지가 너무 바빠서 자녀와 함께하지 못하거나 늘 혼내기만 한다면 자녀는 자신감 있는 어른으로 자라지 못한다.

물론 가족을 먹여살려야 하는 아버지가 종일 집에서 아이들과 놀아줄 수만은 없는 노릇이다. 그래도 올바른 우선순위를 유지하기 위해 최선을 다해야 한다. 직장에서 아무리 성공해도 가정에서의 실패를 보상받을 수는 없다. 나는 자녀를 희생해서 엄청난 성공을 거둔 기업가들을 적잖이 봤다. 그들의 자녀는 아버지 없이 자란 고아나 다름없었다.

아버지들이여, 자녀를 그저 교회에 보내지만 말고 손을 잡고 함께 가라. 자녀가 참여하는 행사에 최대한 빠지지 말고, 자녀의 친구들에게 관해 묻고, 자녀의 노래를 들어보라. 아이들에게는 지도하고 인도해줄 아버지가 꼭 필요하다.

우리는 아버지나 어머니 없이 자란 아이들에게 다가갈 책임 또한 있다. 그들에게 부모와 같은 심정으로 조언해주어야 한다. 외로운 아이에게 다가가 정체성을 찾아줘야 한다. 정말로 복을 받고 싶다면 자기 가족만 챙길 게 아니라 다른 가족을 위해서도 싸워야 한다.

맨디는 문제 가정에서 자랐다. 아버지는 허구한 날 집에 들어오지 않았고 엄마는 엄마대로 문제가 많았다. 덕분에 맨디는 자기 한 몸도 챙기기 힘든 어린 나이에 동생까지 업어 키워야 했다. 겉으로는 어려운 상황을 잘 헤쳐가는 것처럼 보였지만 속으로는 피눈물을 흘리고 있었다.

하루는 친구가 맨디에게 자기 아버지의 패스트푸드 가게 이야기를 꺼냈다. "우리 아버지한테 가보자. 너한테 일거리를 주실지도 몰라." 놀랍게도 친구의 아버지는 일거리를 줄 뿐 아니라 맨디를 품으로 거둬들였다. 그는 맨디가 할 일을 친절하게 일러주기도 하고 학교생활에 관해 묻는 등 맨디의 인생에 깊고 세심한 관심을 가져주었다. 자신도 모르게 그는 어느새 맨디에게 아버지와 같은 존재로 자리를 잡아갔다. 세월이 흘러 맨디가 결혼할 나이가 될 때까지도 생부는 어디서 사는지 코빼기도 보이지 않았다. 맨디가 누구의 손을 잡고 결혼식장에 들어갔을까?

바로 패스트푸드 가게 아저씨다. 그는 귀한 시간을 내서 맨디를 돌봐주었다. 그는 자기 가족뿐 아니라 다른 가족의 아이를 위해서도 열심히 싸웠다. 지금 맨디가 누구보다도 건강하고 행

> 당신이 남들을 위해 시간을 내면 하나님이 당신의 모든 것을 채워주실 것이다.

복하게 사는 데는 아버지를 대신해준 한 남자의 은혜가 크다. 자기 가족을 위해 싸운 후에는 아버지나 어머니, 누나, 형이 필요한 누군가의 '가족'이 되어주라. 당신이 남들을 위해 시간을 내면 하나님이 당신의 모든 것을 채워주실 것이다.

04
Become A Better You
좋은 감정은 평소에 쌓아두라

단순한 실수는 최대한 보듬어주어야 한다. 잘못 하나를
지적하기 전에 먼저 칭찬할 거리 다섯 가지를 말해야 한다.

"애들아, 잠깐만." 테리가 은행 자동 현금 입출금기 쪽으로 차를 붙이면서 말했다. "돈 좀 뽑고 가자. 아까 말한 대로 오늘 경기는 내가 쏠게." 기계 앞에 선 테리는 카드를 넣고 비밀번호를 입력한 뒤 '200달러'를 쳤다. 기계는 윙윙 소리를 내더니 곧 종이 한 장을 토해냈다. 하지만 정작 돈은 나올 생각을 하지 않았다. 테리는 종이를 꺼내 읽고는 재빨리 호주머니에 넣으며 말했다. "고물 기계 같으니라고! 항상 이런다니까. 누구 돈 좀 있니?"

뒤쪽에 서 있던 친구 한 명이 대답했다. "응, 나한테 좀 있어. 월요일까지 빌려줄게." 그런데 다른 친구들은 그저 무표정할 뿐이었다. 그들은 테리가 돈을 뽑지 못한 이유를 뻔히 알고 있었다. 단순히 계좌에 돈이 없었던 것이다. 테리는 후히 베푸는 사람인 척했지만 사실 받기만 하는 이기적인 사람이었다.

관계의 꽃을 피우려면 받는 삶이 아니라 베푸는 삶으로 관계에 투자해야 한다. 어디를 가나 격려하고 세워주고 자신감을 심어주면서 '관계 은행'에 예금을 해야 한다.

물론 쉬운 일은 아니다. 진을 빠지게 만드는 사람들과 어울리는 건 보통 힘들지 않다. 그들이 나쁜 사람이라는 뜻은 아니다. 단지 우리를 지치게 만들 뿐이다. 그들에게는 우리 도움이 필요한 문제나 위기가 끊이지 않는다. 별 내용도 없는 이야기를 하루 종일 늘어놓는 그들과 대화를 나누다보면 우리의 감정 에너지는 완전히 바닥나고 만다. 그들은 예금은 하지 않고 인출만 해가느라 바쁘다.

혹시 당신도 주변 사람들에게 늘 당신 인생의 문젯거리만 토로하고 있지는 않은가? 당신이 다뤄야 하는 까다로운 사람들이나 상황에 대해 하소연만 늘어놓지 않는가? 그렇다면 당신은 지독한 이기주의자다. 어서 자신에게서 눈을 떼지 않으면 모든 관계가 망가진다. "너는 나를 위해 뭘 해줄 수 있어?"라는 태도를 버리고 올바른 질문을 던져야 한다. "내가 남을 어떻게 도울 수 있을까? 네가 잘살기 위해 내가 어떤 식으로 도울 수 있을까? 저 사람을 어떻게 격려해줄까?" 남들의 감정 에너지를 갉아먹지 말고 투자하는 사람이 되어야 한다.

> 관계의 꽃을 피우려면 받는 삶이 아니라 베푸는 삶으로 관계에 투자해야 한다.

먼저 다가가 감정의 필요를 채워주라

우리가 관계 맺고 있는 모든 사람들 사이에는 일종의 '감정 은행 계좌'가 존재한다. 가족과 사업 파트너, 친구, 심지어 지나치는 사람들까지 내 관계 속에 있는 모든 사람과 나 사이에는 계좌 거래가 이루어진다. 경비원이나 주유소 직원, 식당 웨이터에 대해서도 각각의 계좌가 존재한다. 그들을 만날 때마다 나는 그들의 계좌에 예금을 하거나 거기서 인출을 한다.

예금은 어떤 식으로 이루어질까? 다가가 악수를 하는 간단한 행위도 예금이 된다. "오늘 하루는 어땠나요? 안녕하세요? 반가워요."

자기 일을 내려놓고 누군가에게 다가가 기분을 띄워주는 단순한 행위가 바로 예금이다. 친절한 행동 하나마다 신뢰가 쌓인다. 일상 속에서 웃어주고, 인정해주고, 친절하고 유쾌하게 사람들을 대할 때마다 예금이 척척 쌓인다.

동료를 칭찬하면 예금이 쌓인다. "완벽한 프레젠테이션이야. 정말 잘했어." 남편도 칭찬해주라. "가족을 위해 애쓰는 당신은 정말 일등 남편이에요." 아내에게도 말하라. "당신이 있어서 정말 살맛이 나요." 이것은 단순한 칭찬이 아니라 그 사람과 공유하는 계좌에 예금을 하는 것이다.

집에서는 아내를 꼭 안고 뽀뽀해주며 사랑한다고 속삭이면 감정 은행 계좌에 예금이 들어간다. 시간을 내서 딸의 피아노 솜씨를 들어주고, 공원에 나가 아들이 자랑하는 스케이트보드 묘기를 봐주면 계좌 잔고가 올라간다.

눈에 잘 띄지는 않지만, 더없이 효과적인 예금 수단 중 하나는 상대방의 흠을 모른 체 넘어가주는 것이다. 동료가 쓸데없는 문제로 버럭 화를 냈는가? 앙갚음하지 말고 훌훌 털고 잊어버리라. 그리고 이튿날 동료가 사과해오거든 웃으며 받아주라. "괜찮아. 금세 잊어버렸어. 누구나 그럴 수 있는 걸, 뭐."

이런 행동은 상대방과의 계좌에 막대한 예금을 쌓는다. 우리에 대한 호감 지수가 급격히 상승한다. 혹시 나중에 그에게 다소 실례를 범해도 이미 쌓은 예금으로 얼마든지 충당할 수 있을 것이다.

그러면 무엇이 관계 계좌의 예금을 인출하는 행동일까? 가장 흔한 인출 방식은 이기적인 행동이다. 자기 일만 생각하면 관계 계좌에서 여지없이 예금이 빠져나간다. 사람들에게 시간을 내주지 않을 때. 회사에 출근하면서 경비원을 그냥 지나칠 때. 웃어주기는커녕 본체만체하지도 않을 때. 일부러 그런 게 아니라 딴 데 정신이 팔려서 그랬어도 여지없이 예금은 인출된다. 호감 지수가 뚝 떨어진다.

또 다른 인출 방식에는 용서하지 않는 태도, 약속을 지키지 않는 행동, 누군가에게 마땅한 대우를 해주지 않는 행위 등이 있다. 분에 넘치는 친절을 당연하게 받아들일 때. 너무 바빠서, 더 심하게는 너무 교만해서 고맙다는 인사를 건네지 않을 때. 누군가의 친절에 감사를 표시하지 않으면 그 사람의 계좌에서 여지없이 예금이 빠져나간다.

안타깝게도 우리의 관계 계좌는 대부분 마이너스 상태다. 우리가 실수를 했을 때, 상대방과의 관계 계좌가 텅 비어 있으면 용서와 이해를 인출할 수 없다. 이런 상태에서는 그를 만날 때마다 불안하기 짝이 없다. 더 이상 인출할 은혜 잔고가 없기 때문에 작은 말 한마디도 지극히 조심스럽다. 잔고가 바닥나면 작은 문제가 엄청난 문제로 돌변한다.

사춘기를 겪는 아들이 있다고 하자. 어떤 문제를 두고 훈계하는 말을 꺼내려고 하자 뜻밖에도 아들이 마구 대든다. "왜 저한테 이래라저래라 해요? 한마디도 더 듣고 싶지 않아요."

이런 말은 곧 관계 계좌에 잔액이 하나도 없다는 뜻이다. "최근에 제게 신뢰감을 주지 못했잖아요. 관심도 보여주지 않았잖아요. 저를 소중한 아들로 여기지 않았잖아요."

관계 계좌 방식으로 해석하자면 이렇다. "최근에 예금도 하지 않고서 왜 인출을 하려고 하세요? 잔고는 진작 텅텅 비었다구요."

이런 상황은 하루아침에 발생하지 않는다. 어느 날 아침 뜬금없이 아들이 부모를 존경하지 않기로 마음을 먹는 게 아니다. 이는 아들이 수년 간 애정과 관심을 받지 못한 결과다. 아들과 부모 사이의 계좌에서 잔액이 다 빠져나간 탓이다.

훈계나 건설적인 비판을 하려면 상대방과의 계좌에 잔액이 충분히 쌓여 있어야 한다. 그의 존경심을 미리부터 충분히 얻어두어야 한다.

자녀를 훈계하기에 앞서 자신에게 물어보라. "내가 이 아이를 격려해주었나? 최근에 칭찬을 해주었나? 이 녀석의 관심사에 충분히 관심을 보였는가?" 지난 몇 달 동안 자녀에게 해준 말이라고는 잔소리뿐이었는가? "방 청소 좀 해라. 숙제는 다 했니? 쓰레기통 좀 비우라니까. 셔츠 좀 바지 안으로 넣고 다녀. 열 시까지 집에 오지 않으면 어떻게 되는지 알지?" 그렇다면 당신은 인출만 한 것이다. 여태껏 자녀의 계좌에서 인출만 했다면 지금부터라도 충분히 예금을 해야 한다. 그래야 훈계가 먹혀든다. 관계에 투자하여 신뢰를 쌓는 일이 언제나 우선이다.

격려는 사람의 마음을 연다

우리가 응원하고 격려한다는 사실을 알면 사람들은 마음을 활짝 연다. 비난하거나 깔아뭉개거나 모욕하려는 게 아니라는 사실을 알면 대개 사람들은 잘못된 점을 알아서 고친다. 이처럼 사람들에게 잘하려는 의지를 불어넣는 훈계가 진짜 훈계다.

우리 교회에서 드리는 예배나 각 도시에서 열리는 특별 행사가 끝나면 아내와 나는 잘된 점과 잘못된 점에 관해 스스럼없이 의견을 나눈다. 하지만 아무리 좋은 제안이나 건설적인 비판이 생각나도 나는 차 안에서 퉁명스럽게 말하지 않는다. "여보, 이런 식으로 말했으면 훨씬 좋았을 거예요. 나처럼 했으면 좋았을 텐데." 아니다. 나는 도움이 될 만한 제안을 할 때는 항상 잘한 점부터 칭찬해준다. "여보, 정말 대단했어요. 당신 덕분에 사람들의 인생이 크게 변할 거예요. 이 점은 잘했어요. 이 이야기는 정말 명쾌하고 유익했어요. 하지만 다음 번에는 이 점을 보완하면 더 효과적일 것 같은데."

이처럼 긍정적인 말로 시작하면 아내는 방어자세를 풀고 내 제안을 흔쾌히 받아들인다. 마찬가지로 아내도 내게서 부족한 점을 보면 일단 칭찬부터 해준다. 우리는 서로의 흠을 꼬집기보다는 서로를 격려하려고 애쓴다.

우리가 관계에서 감정 은행 계좌부터 채우면 사람들은 우리 제안과 지적을 기꺼이 받아들인다. 어떤 전문가는 대화에서 처음 3초가 나머지 시간의 분위기를 결정한다고 말한다. 자칫 갈등이나 문제를 일으킬 수 있는 민감한 이야기를 꺼낼 때는 언제나 긍정적인 이야기로 시작해야 한다. 까다로운 문제를 다루어야 할 때는 때를 잘 택해야 한다.

어떤 식으로 대화를 열지 충분히 고민하고 목소리 톤에도 신경을 써야 한다. 적절한 몸짓과

> 민감한 이야기를 꺼낼 때는 언제나 긍정적인 이야기로 시작해야 한다.

유쾌한 표정으로, 그리고 무엇보다도 상대를 사랑하는 마음으로 문제점을 지적해야 한다.

기분 나쁜 말이나 행동으로 잘못을 지적하면 상대방이 받아들이기는커녕 그나마 유지하던 관계마저 무너진다. 상대방은 상처를 입고, 심하면 공격으로 맞대응할 수도 있다. "네가 뭔데 이래라 저래라 하는 거야? 네가 나보다 나은 게 뭔데? 네가 완벽하다는 거야, 뭐야?" 이런 상황을 피하려면 올바른 방식으로 문제에 접근해야 한다.

연구에 따르면, 음전하를 상쇄하려면 다섯 배의 양전하가 필요하다. 다시 말해 잘못 하나를 지적하기 전에 먼저 칭찬할 거리 다섯 가지를 말해야 한다. 하지만 안타깝게도 오늘날에는 지적과 칭찬의 비율이 완전히 거꾸로다. 잘못한 점 다섯 가지를 지적받고 나서야 겨우 잘한 점 한 가지를 들을 수 있다. 그러니 현대인들의 관계가 엉망인 것도 무리는 아니다. 우리의 계좌는 마이너스 상태다.

단순한 실수는 최대한 보듬어주라

기억나는가? 진정한 사랑은 허물을 덮는다. 사랑은 실수를 용인해주며, 모든 사람에게서 장점을 봐준다. 누군가의 삶에 막대한 예금을 하고 싶은가? 그렇다면 그가 실수를 하더라도 스스로 잘못을 알고 있다면 지나치게 추궁하지 마라. 다른 가족이나 친구들 앞에서 자녀를 나무라면 오히려 반감만 산다. 동료들 앞에서 직원을 심하게 몰아

친다면 회사가 어찌 제대로 돌아가겠는가. 누군가의 문제점을 고쳐주고 싶다면 가능한 사적으로 만나 그의 자존심을 보호해줘야 한다. 남들 앞에서 치부를 들춰 굴욕감을 주면 결코 긍정적인 결과를 얻을 수 없다.

로널드 레이건 정부 당시 콜린 파월과 몇몇 장관들은 새로운 정책을 계획했다. 새 정책에 대해 절대적인 자신감이 있었던 파월 장군은 대통령을 찾아가 세부사항을 설명한 후 최선을 다해 설득했지만, 레이건 대통령은 조용히 고개를 내저었다. 거기에 큰 허점들이 보였기 때문이다. 대통령은 한동안 파월과 입씨름을 벌였다. 하지만 결국에는 파월을 믿고 새 정책을 추진하는 데 동의했다.

불행히도 결과는 레이건의 예상대로였다. 정책이 완전히 실패하자 엄청난 혼란이 찾아왔다. 결국 레이건은 기자회견 자리에서 정책 실패에 관한 여러 질문을 받게 되었다. 그리고 마지막에 한 기자가 핵심을 찌르는 질문을 던졌다. "이번 새 정책은 대통령께서 직접 제안하신 것입니까?" 콜린 파월은 속이 바짝 타들어갔다. 이 질문만은 나오지 않기를 그토록 바랐건만.

그러나 레이건은 조금도 지체없이 대답했다. "모든 게 저의 책임입니다." 숨죽이고 곁에서 지켜보던 파월의 눈에는 순간 눈물이 가득 고였다. 방금 파월과의 계좌에 막대한 예금이 들어갔다는 증거다. 레이건은 파월의 평판이 추락하지 않도록 그의 실수를 감춰주었다. 파월은 기자회견실을 나서면서 한 장관에게 말했다. "저 분을 위해서라면 무슨 일이라도 할 거요."

평생 가는 끈끈한 우정을 쌓고 싶은가? 신뢰를 쌓기 원하는가? 가족과 친구의 실수를 감싸주고 자비를 베풀면 된다. 자신의 잘못이 아니라도 비난의 화살을 대신 맞아주면 잔액이 쭉쭉 올라간다. 상대방의 평판을 최대한 보호해줘야 한다. 상대방을 무안하게 하지 말고 오히려 높여주는 것이 신뢰를 쌓는 지름길이다.

물론 악을 묵과하거나 고의적인 잘못을 뒤덮어서는 안 된다. 그러나 단순한 실수는 최대한 보듬어주어야 한다.

종일 자기 자신만 생각하며 사는 인생은 정말 불쌍하다. 사람들에게 시간을 내주고, 자존감을 높여주고, 인정해주는 삶이 아름답다. 우편함에 편지를 넣는 집배원에게 한마디만 던져도 서로의 관계는 완전히 달라진다. "아저씨, 정말 고마워요." 식품점에서 계산대 직원에게 정중하게 돈을 건네고 격려의 한마디를 잊지 마라. 은행 창구 직원, 미용실 직원, 주유소 직원에게도 긍정적인 씨앗을 뿌리라. 우리는 다른 사람들의 삶 속을 지날 때마다 긍정적인 예금을 해야 한다.

"왜 굳이 그래야 해? 잠깐 보고 말 사람들인데."

그럴지도 모른다. 하지만 하나님과 좋은 관계를 맺은 사람이라면 만나는 모든 사람을 친절하게 대하고 인정해주어야 마땅하다. 성경은 이렇게 말한다. "그날그날에 서로를 격려하십시오." 매일 세워줄 사람을 찾아야 한다는 뜻이다. 매일 격려의 예금을 할 대상을 찾아야 한다. 간단한 칭찬 한마디에 상대방의 하루가 완전히 달라진다. "오늘 정말 멋져 보여요. 이 색깔 정말 잘 어울리네요." "네가 내 친구라서 정말 기쁘고 자랑스러워."

아내와 함께 즐겨찾는 식당이 한 군데 있다. 맛은 물론이고 분위기도 끝내주는 데다가 주차까지 대신 해준다. 그런데 이런 훌륭한 서비스를 받으면서도 주차 요원을 무례하게 대하는 손님들이 많다. 차를 맡기며 키를 홱 던지는 사람들도 있었다. 마치 주인이 하인을 부리는 듯한 모습이다. 그 모습을 보며 나만큼은 그러지 않겠노라 다짐했다.

> 식품점에서 계산대 직원에게 정중하게 돈을 건네고 격려의 한마디를 잊지 마라. 은행 창구 직원, 미용실 직원, 주유소 직원에게도 긍정적인 씨앗을 뿌리라. 우리는 다른 사람들의 삶 속을 지날 때마다 긍정적인 예금을 해야 한다.

그리고 늘 그들에게 친절하게 대하려고 애쓴다. "안녕하세요? 정말 몸 둘 바를 모르게 고맙습니다." 단 몇 초의 시간과 약간의 관심이 젊은이들의 삶 속에 예금으로 남는 것을 보면 놀랍기 그지없다.

식사를 마치고 나오면 으레 열댓 명 정도 되는 사람이 자기 차를 기다리고 있다. 그런데 희한하게도 늘 우리 차가 가장 먼저 도착한다. 특별대우를 요청한 적도 기대한 적도 없다. 하지만 늘 우리 차가 일등이다.

사람들의 삶 속에 선한 씨앗을 뿌리면 그들은 반드시 우리를 선대한다. 내가 여태껏 이 주차 요원들과 이야기한 시간을 다 합쳐봐야 5분이 채 넘지 않는다. 하지만 그들은 내가 감정 계좌에 적잖은 예금을 했다는 것을 안다.

남이 나를 위해 무엇을 해줄까 기대하지 말고, 남을 위해 해줄 수 있는 일을 찾아야 한다. 가는 곳마다 관계 계좌에 예금을 하라. 받는 사람이 아니라 주는 사람이 돼라. 그럴 때 관계만 좋아지는 게 아니라 하나님의 은혜와 복이 차고 넘쳐난다.

05
Become A Better You
매일 선을 베풀라

예수님은 언제나 사람들에게 시간을 내어주셨다. 일상에서도 누군가에게 선을 베풀기 위해서라면 기꺼이 계획을 바꾸셨다.

다른 사람들의 필요를 채워주면 하나님이 내 필요를 채우신다는 진리를 발견했다. 내가 누군가를 행복하게 해주면 하나님이 반드시 내게 행복을 주신다. 매일 우리는 선을 베풀 기회를 찾아야 한다. 친구에게 찾아가 점심을 사줘도 좋고, 야근으로 지친 직장 동료를 집까지 차를 태워줘도 좋다. 급한 볼일이 생긴 이웃의 아이를 돌봐주는 것도 선행이다. 이렇게 매일 선을 베푸는 습관을 길러야 한다. 이기주의는 인간이 갇힐 수 있는 최악의 감옥이다. 우리는 자기만 챙기며 살도록 창조된 존재가 아니다. 전능하신 하나님은 우리를 베푸는 자로 지으셨다. 온전한 삶의 비결은 자신에게서 눈을 떼고 남에게 손을 내미는 것이다.

오늘날에는 선한 모습이 별로 보이지 않는 듯하다. 다들 성공에 관해서만 떠들어댄다. 입만 열면 하나님이 우리에게 부어주시려는 복에 관해 이야기한다. 하지만 이미 받은 복을 잊지 말아야 한다. 이렇게 많은 복을 받았으니 이제는 어디를 가나 하나님의 선하심을 나누며 살아야 한다. 꼭 설교로만 누군가의 삶에 영향을 미칠 수 있는 게 아니다. 선행에서 진정한 영향력이 생긴다. 행동은 말보다 더 큰 힘이 있다.

선행의 씨앗을 뿌리라

한번은 아내와 함께 자주 가던 식당에 들렀다. 그곳의 메뉴를 훤히 꿰뚫고 있었기 때문에 앉자마자 미리 생각해두었던 메뉴를 시켰다. 꽤 시장해서 그랬는지 음식을 준비하는 시간이 한없이 길게 느껴졌다. 우리는 기다리고 또 기다렸다. 식당이 붐비지도 않는 터라 도저히 이해할 수가 없었다. 한참 만에 드디어 웨이트리스가 음식을 내왔는데 저런, 내가 주문한 음식이 아니었다. 웨이트리스가 음식을 다시 가져간 후로 또다시 영원과도 같은 시간이 흘러갔다. 결국 기다리다 못한 나는 아내의 음식에 손을 대기 시작했다. 이 식당에서 받아본 서비스 중에 최악이었다.

음식값을 치르고 팁을 남길 때가 되자 나는 속으로 말했다. '하나님, 다 보셨죠? 하나님은 공평하신 분이니까 많은 팁을 남기라고는 하지 않으시겠죠?'

그러나 그 즉시 내가 틀렸다는 걸 알고 다시 말했다. '좋습니다, 하나님. 5센트, 어때요?'

내가 비밀 하나를 말해주겠다. 하나님과 협상할 생각은 하지도 마라. 절대 이길 수 없으니까.

'좋습니다, 하나님. 10센트쯤은 어때요? 아니면 15센트? 이 정도면 충분해요. 아니, 더 쳐준 거라구요. 더는 저도 힘들어요.' 하지만 여전히 마음이 편하지 않았다. 하나님이 뭐라고 말씀하고 계신지 분명히 알 수 있었다. "이번 기회를 놓치지 마라. 선을 베풀 수 있는 절호의 기회다. 내 자비를 드러낼 기회를 놓치지 마라."

선하게 대해주는 사람에게 선을 베풀기는 쉽다. 하지만 하나님은 악하게 구는 사람에게도 선을 베풀라고 말씀하신다. 우리는 선으로 악을 이겨야 한다.

결국 나는 마음을 바꿔먹었다. '나는 이 직원에게 팁을 주는 게 아니라 그 삶 속에 씨앗을 뿌리는 거야. 자격이 없는 사람이라도 선하게 대해주겠어.' 우리는 30달러어치 식사에 20달러를 팁으로 남겼다. 그것은 씨앗이었다.

몇 주 후 이 웨이트리스에게서 편지 한 통이 왔다. 어떻게 주소를 알았는지 궁금했다. 그녀가 나와 아내를 알아보는 기색이 전혀 없었기 때문이다.

편지는 물음으로 시작되었다. "저를 기억하세요? 최악의 서비스를 받으실 때 음식을 나른 여자랍니다."

나도 모르게 입가에 미소가 흘렀다. '알다마다.'

그녀는 독실한 기독교 집안에서 자랐다고 했다. 가족 모두 주일마다 빠지지 않고 교회에 나갔다. 하지만 그녀가 십대 후반 무렵이었을 때 그녀의 가족은 교회 리더로부터 돌이킬 수 없는 상처를 입었고, 그때부터 온 가족이 하나님과 교회를 완전히 떠나 살았다. 그리고 지난 몇 년 동안 텔레비전에서 나를 보고 있었다. "부모님께 목사님은 진실한 분이라고 말씀드렸어요. 왠지 모르게 목사님은 진실하다는 확신이 들었죠. 다시 교회에 나가야 한다는 생각도 들었고요."

편지 내용은 계속되었다. "목사님이 사모님과 함께 저희 식당에 오셨을 때 주문이 뒤죽박죽이었어요. 그런 상황에서 대개는 화를 내며 나가버리기 마련인데, 두 분은 정말 짜증 한번 내지 않으셨어요. 게다가 그렇게 많은 팁까지 주시고요. 덕분에 목사님에 대한 확신이 더 강해졌어요. 집에 가자마자 부모님께 자초지종을 말씀드렸죠. 이제 저희 가족의 삶은 제자리로 돌아왔어요. 주일 아침마다 레이크우드교회에서 주님을 예배하고 있답니다." 사람들에게 선을 베풀면 이런 놀라운 일이 벌어진다. 선행이 가장 강력한 전도법이다.

그렇다고 해서 선을 베풀면서 칭찬을 기대해서는 안 된다. 이 웨이트리스가 아내와 내게 편지를 써주지 않았다 해도 상관없다. 그랬더라도 옳은 일을 했다는 내 자부심은 그대로일 것이다.

> 사람들에게 선을 베풀면 놀라운 일이 벌어진다. 선행이 가장 강력한 전도법이다.

앞 차에 끼어들기를 허락해도 그 운전자를 다시 볼 일은 거의 없다. 안타까운 마음에 누군가에게 20달러를 건네도 고맙다는 말 한마디 듣지 못할 수 있다. 그래도 괜찮다. 하나님이 일일이 기록하고 계신다. 하나님이 우리의 선행 하나하나를 보고 계신다. 우리가 누군가에게 선을 베푸는 자리에 바로 하나님이 계신다. 하나님의 귀는 격려의 말 한마디조차 놓치지 않는다. 어떤 선행도 전능하신 하나님의 이목을 피해 갈 수 없다.

도움이 필요한 사람들을 찾아나서라

성경은 말한다. "기회가 닿는 대로 모든 사람에게 선한 일을 하되." 기회를 적극적으로 찾아나서야 한다는 말이다. 오늘 누구에게 복을 전해줄까? 누구에게 호의를 베풀까? 누군가 도움을 요청할 때까지 앉아서 기다리지 말고, 도와줄 사람을 적극 찾아나서야 한다. 눈과 귀를 활짝 열어 주위 사람들에게 관심을 기울여야 한다.

좋은 역할 모델 없이 자란 젊은 남녀에게 스승 노릇을 해줄 수도 있다. 많은 돈이 드는 일도 아니다. 그저 한 생명을 바꾸겠다는 열정과 사랑만 있으면 된다.

우리 교회 청소년 성가대의 한 대원은 철저히 망가진 가정에서 자랐다. 아버지는 감옥에 있었고 어머니는 심각한 약물 중독자였다. 따뜻한 관심과 보살핌은 전혀 받을 수 없었다. 이 아이를 눈여겨 본 우리 교회 한 부부는 같은 또래 아들을 둔 부모로서 그냥 지나칠 수가 없었다. 아이의 손을 잡고 함께 교회에 나와 그에게 사랑과 관심을 쏟기 시작했다. 그러자 아이는 점차 가족의 의미를 깨닫고 부부의 사랑을 받아들였다. 전에는 한번도 교회에 가본 적이 없었지만 어느새 교회 생활에 재미를 붙였다. 이제 교회에 가는 시간이야말로 그가 가장 고대하는 시간이 되었다.

나중에 이 아이는 청소년 성가대에 들어와 누구보다도 열심히 찬양했다. 이제 이 부부는 성가대 연습을 위해 주일뿐 아니라 주중에도 아이를 데려와야 했다. 시간과 노력과 에너지가 배로 들었으나 부부는 조금도 불평하지 않고 기꺼이 씨앗을 뿌렸다.

그후 아이는 집안에서 일어난 끔찍한 비극으로 엄마를 잃는 엄청난 일을 겪게 되었다. 바로 앞에서 엄마가 죽는 모습을 지켜봐야 했다. 그 상심이 얼마나 컸을까? 장례식을 마치고 이틀 후 가족과 친지들이 모여 앞으로의 계획을 의논했다. 그런데 아이가 보이지 않았다. 가족들이 그의 방에 가 문을 열어보니 아이는 성가 테이프를 들으며 다음 주일 찬양을 연습하고 있었다.

누군가 관심을 쏟아주지 않았다면 이 아이는 어떻게 되었을까? 마음씨 좋은 부부가 시간을 내서 돌봐주지 않았다면 이 상황을 감당할 수 있었을까? 부부가 너무 바빴다면? "주일 예배에는 데려다줄 수 있지만 성가대 연습까지 챙겨줄 수는 없어. 그것까지는 우리가 알 바 아냐." 부부가 이런 태도를 품었다면?

하지만 부부는 불편함을 기꺼이 감수했다. 소년의 필요를 채워주기 위해 자신들의 시간과 자원을 희생했다. 진짜 삶이란 바로 이런 것이다. 하나님의 마음에 가장 가까운 것은 상처입은 사람들을 돕는 마음이다. 마음은 굴뚝같지만 시간이 없는가? 친구와 이웃과 가난한 사람을 위해 시간을 낼 수 없을 정도로 바쁘다면 그건 너무 바쁜 것이다. 우선순위가 바뀌었다.

> 하나님의 마음에 가장 가까운 것은 상처입은 사람들을 돕는 마음이다.

성경은 말세에 많은 사람들의 사랑이 식을 거라고 말한다. 사람들이 너무 바쁘고 성공에만 눈이 멀어 자기 필요를 채우는 데만 급급할 뿐 남들을 돕지 않을 것이다.

우리만큼은 그래서는 안 된다. 주위에는 우리의 사랑과 격려를 애타게 기다리는 상한 마음들이 가득하다. 순간의 기적을 놓쳐서는 안 된다. 우리의 시간과 노력이 급히 필요한 사람들이 주위에 있을지도 모른다. 이웃에게 마음을 열어놓고 있는가?

받는 사람이 아니라 주는 사람이 돼라

남에게 선을 베푸는 행위, 이것이야말로 인생의 궁극적인 목적이다. "보답할 능력이 없는 누군가에게 뭔가를 해주기 전까지는 오늘을 다 살았다고 말할 수 없다." 고전『천로역정』을 쓴 존 번연의 말이다.

"하지만 조엘 목사님, 나는 복을 받으려고 이 책을 샀어요. 딴소리는 그만하고 어서 내 필요를 채울 묘책이나 알려주세요."

무슨 말인가? 내가 지금 복 받는 비결을 말하고 있지 않은가? 우리가 남들의 필요를 채워주면 하나님이 우리의 필요를 넘치도록 채워주신다. 우리가 남들이 성공하도록 도우면 하나님이 우리에게 성공을 안겨주신다. 온 세상의 짐을 나 홀로 진 것처럼 마음이 무거울 때면 나는 병원을 찾아가 환자들을 위해 기도해준다. 누군가를 격려하고 소망을 나눠주면 기쁨이 곧바로 돌아오는 걸 느꼈기 때문이다. 덕분에 내 초점은 완전히 바뀌었다. 나 자신에게서 남들에게로.

이 세상에는 두 가지 종류의 사람들이 있다. 주는 사람과 받는 사람. 우리는 받는 사람이 아니라 주는 사람이 되어야 한다. 이왕이면 누군가의 삶에 긍정적인 변화를 일으키며 살아야 하지 않겠는가.

빈민가에 사는 한 꼬마에 관한 이야기를 들은 적이 있다. 여덟 살쯤 되었을까. 꼬마의 집은 찢어지게 가난했다. 어느 쌀쌀한 가을날, 꼬마는 동네 상점 쇼윈도 안에 진열되어 있는 테니스화 한 켤레를 넋놓고 쳐다봤다. 그때 한 부인이 맨발로 서 있는 이 꼬마에게 다가왔다. "애야, 뭘 그렇게 뚫어져라 보고 있니?"

꼬마가 창피한 듯 기어들어가는 목소리로 대답했다. "새 테니스화 한 켤레를 달라고 하나님께 기도하는 중이었어요."

그러자 부인은 꼬마의 손을 꼭 잡고 가게 안으로 데려가 부르튼 발을 정성스레 닦아주었다. 그리고 새 양말을 신기고 나서 테니스화 세 켤레를 고르라고 했다. 꼬마는 하늘을 나는 기분이었다. 여태껏 새 신발을 신어본 적은 한번도 없었다. 늘 낡아빠진 싸구려 신발만 신었을 뿐이다.

부인이 물건값을 치르고 가게를 나온 후까지도 꼬마는 여전히 믿을 수 없다는 표정이었다. 누구도 자신한테 이런 관심을 보여준 적이 없었다. 눈물이 꼬마의 뺨을 타고 흘러내렸다. "아줌마, 하나 물어봐도 돼요? 혹시 하나님의 아내예요?"

우리가 나눠줄 때만큼 하나님을 닮아 있을 때도 없다. 사람들을 위해 시간을 내주고 갚을 능력이 없는 누군가에게 선을 베풀라. "세상에서 내가 가장 중요해!" 요즘 세상에 판치는 자아도취에 우리만큼은 빠지지 말아야 한다. 자기 자신만 위해 살면 결코 행복을 경험할 수 없다. 자기 삶을 아낌없이 나눠줄 때 진정한 기쁨이 샘솟는다.

정말로 더 나은 사람이 되고 싶은가? 그렇다면 오늘부터 선을 베풀기로 결심하라. 친구와 동료, 친척, 심지어 낯선 나그네에게까지 관심을 쏟으라. 그들의 말에 귀를 기울이라. 선을 행할 기회를 하나라도 놓치지 않도록 신경을 곤두세우라. 명심하라. 진짜 사랑이라면 반드시 행동이 따른다.

관계의 키를 잡으라

나는 사랑할 줄 아는 사람이다

잘되는 관계 1
나는 가족과 친구, 동료의 성공을 돕는다
아침에 눈뜨면 어떻게 복을 받을까만 고민하지 말고 누군가에게 복의 통로가 될 방법을 찾으라. "하나님, 복을 나누어주는 삶을 살기 원합니다. 그 속에서 당신의 사랑과 은혜를 경험하게 하소서."

잘되는 관계 2
나는 칭찬의 달인이다
오늘 만나는 사람마다 한 가지씩 칭찬을 해주라.
"당신은 일등 남편이에요." "옷 색깔이 참 잘 어울리시네요." "지난 번에 뵐 때보다 더 젊어지신 것 같아요." 상대방의 기분을 좋게 하면 누구보다 자신이 즐거워진다.

잘되는 관계 3
나는 갈등은 바로 해결한다
잠자리에 들기 전에 오해나 갈등으로 연락이 끊긴 사람이 있는지 떠올려보라. 지금 바로 문자나 이메일로 "다 내 책임이야. 빨리 털어버렸어야 했는데. 미안해. 이번 주말에 보고 싶어"라고 전하라.

BECOME

A

BETTER

YOU

5부

다섯 번째 키 　잘되는 태도

나는 최선을 다하는 사람이다

1 지금 있는 자리에 감사하라
2 상황에 흔들리지 마라
3 문제에서 답을 찾으라
4 받은 복을 적어보라
5 하나님께 주도권을 드리라
　태도의 키를 잡으라

01

Become A Better You

지금 있는 자리에 감사하라

우리가 현재의 자리에 있는 데는 반드시 하나님의 뜻이 있다.
힘들어도 최선의 태도를 유지하면 전보다 강하고 뛰어난 사람이 된다

현재의 삶에 만족하지 않는 사람들이 주위에 있는가? 결혼하지 못한 자기 처지가 처량해 속으로 병들어가는 여인. 직장에서 부당한 대우를 받고 분노하고 있는 남자. 이들은 자신이 왜 그런 상황에 놓이게 됐는지 이유를 알아내려고 끊임없이 고민한다. 그러나 오직 하나님만 바꾸실 수 있는 일을 스스로 바꾸려고 애쓰면 뭐하는가?

인생의 상황들을 거부하고 벗어나려고 몸부림치는 것만큼 극심한 절망과 불행을 낳는 일도 없다. 왜 기도가 응답되지 않지? 왜 상황이 빨리 풀리지 않지? 왜 이런 일이 내게 생기지? 우리는 초조하고 절박한 심정으로 살아간다.

마음을 가라앉히고 현재의 자리를 받아들일 줄 알아야 한다. 물론 지금 있는 자리가 시원치 않을 수도 있다. 완벽한 삶이란 없다. 누구에

게나 바꾸고 싶은 부분이 있기 마련이다. 하지만 하나님이 누구신가? 우주를 다스리고 우리의 발걸음 하나까지도 인도하시는 분이다. 그분을 진심으로 믿는다면 지금 우리가 꼭 있어야 할 그 자리에 있다고 믿어야 한다. 인생의 물줄기를 자기 뜻대로 바꾸려고 해서는 안 된다.

> 그분을 진심으로 믿는다면 지금 우리가 꼭 있어야 할 그 자리에 있다고 믿어야 한다.

성경은 이렇게 기록한다. "믿는 우리들은 그 안식에 들어갑니다." 하나님의 안식에 거하는 사람은 삶이 순탄치 않아도 그분의 돌보심을 굳게 믿는다. 상황을 이해할 수 없어도 끝까지 알아내려고 애쓰지 않는다. 아직 원하는 열매가 나타나지 않았다고 해서 쉽사리 좌절하지도 않는다. 자신이 하나님의 손바닥 안에 있다는 사실을 알기 때문이다. 그래서 어떤 경우에도 현재의 삶을 하나님이 주신 삶으로 받아들인다.

고난 속에서도 최선의 태도를 유지하라

하나님은 인생의 모든 상황을 선하게 사용하시겠다고 약속하셨다. 우리는 이 말씀을 굳게 붙잡아야 한다. 하나님은 시련을 오히려 인생의 약으로 사용하신다. 현재 상황이 그리 좋지 않아도 올바른 태도를 잃지 않으면 하나님이 악을 선으로 바꾸신다. 현재의 자리를 받아들이면 무한한 자유가 찾아온다.

"에이, 내 상황을 몰라서 하는 말이야. 착하게 사는데 늘 나쁜 일만 일어나." "결혼생활이 악몽 자체야." "다들 나를 이용하려고만 해."

아무리 힘들어도 좌절이나 푸념은 옳지 않다. 구약의 인물 요셉을 보라. 그는 무고한 죄로 감옥에서 13년이나 보내야 했다. 그가 인생의 흐름을 거스르려고 했을까? 하루 종일 앉아서 끔찍한 일이 벌어지는 이유에 대해서만 고민했을까? 원망과 분노를 삭이며 인생을 허비했을까? 아니다. 요셉은 현재 상황을 그대로 받아들이고 그 안에서 최선을 다했다. "하나님이 저를 이 상황에 놓으신 줄로 믿습니다. 억울하고 힘들기는 합니다. 이해할 수는 없습니다. 하지만 부정적인 생각에 머물지는 않겠습니다. 하나님이 결국 이 상황을 선하게 쓰실 줄 알기에 최선을 다하겠습니다." 이것이 요셉의 태도였다.

그리고 하나님은 요셉이 믿는 그대로 이루셨다. 우리가 긍정적인 태도를 잃지 않으면 하나님은 우리에게도 똑같은 은혜를 베푸신다.

고난을 반길 사람은 세상에 아무도 없다. 하지만 하나님은 고난 속에서 선을 뽑아내시는 분이다. 이 사실 알면 풍랑을 뚫고 나가기가 한결 쉬워질 것이다. 시련을 통과하면 우리는 훨씬 더 강해진다. 게다가 고난이 끝나는 곳에는 하나님이 놀라운 복을 한아름 안고 기다리고 계신다.

하지만 그 복을 받기에 앞서 시험을 통과해야 한다. 근심하고 이유를 일일이 알아내려고 하고, 저항할수록 시험 기간만 길어질 뿐이다. 물론 모든 상황에는 표면적인 이유가 있다. 우리의 선택 때문일 수도, 단순히 원수의 공격일 수도 있다. 하지만 우리가 현재의 자리에 있는 데는 반드시 하나님의 특별한 뜻이 있다. 아무리 힘들어도 하나님이 허락하신 이상 어쩔 수 없다. 그러나 최선의 태도를 유지하면 결국 우리는 전보다 더 강하고 뛰어난 사람으로 성장한다.

혹시 오해하지는 마라. 믿는 즉시 인생의 모든 문제가 사라지지는 않는다. 오히려 믿음은 우리를 문제 속으로 이끈다. 당장 뭔가를 없애달라고 하나님께 기도하는 중인가? 하지만 하나님이 그렇게 하시면 우리는 그분이 예비하신 복을 받을 만한 그릇으로 성장할 수 없다. 하나님은 시련을 통해 우리를 복에 합당한 그릇으로 빚고 계신다. 우리 뜻대로 풀리지 않는다고 해서 하나님이 우리를 사랑하시지 않는 게 아니다. 우리가 원하는 때에 원하는 방식으로 기도가 이루어지지 않는다 하더라도 하나님이 우리에게 화가 나서 골탕을 먹이시려는 게 전혀 아니다.

하나님은 그런 옹졸한 분이 아니시다. 하나님이 더 좋은 복을 예비하셨는지도 모른다. 우리를 다가올 위험에서 보호하시려는 뜻일 수도 있다. 우리를 새로운 차원으로 이끄시려고 모난 부분을 깎아내고 계신 건 아닐까? 그러므로 일이 풀리지 않을 때마다 저항하고 몸부림쳐서는 곤란하다.

"하나님이 내 기도에 응답해주시지 않으시나 봐. 도무지 내 뜻대로 해주지 않으셔."

그렇지 않다. 하나님은 지금 당신의 기도에 응답하고 계시는지도 모른다. 그것은 안 된다는 응답일 수도, 아직 때가 무르익지 않았다는 응답일 수도 있다. 어쩌면 이렇게 말씀하고 계신지도 모른다. "네가 그만 투덜대고 태도를 바꾸기 전까지는 이 장애물을 없애지 않겠다." 이런 경우 자신을 조금만 바꾸면 상황이 곧바로 좋아진다.

응답없는 기도에도 숨은 뜻이 있다

하나님이 내 기도 제목 몇 가지를 들어주지 않으셔서 얼마나 감사한지 모른다. 때로 내가 최선이라고 생각했던 것이 알고보니 전혀 최선이 아니었다. 그래도 우리가 고집을 부리며 얕은 수를 쓰려고 하면 하나님은 그냥 놔두신다. 그러면 우리만 손해다. 우리 마음대로 하면 기껏해야 차선을 얻을 뿐이다.

"내 뜻대로 하지 마시고 아버지의 뜻대로 하십시오." 이보다 더 좋은 기도는 없으리라. 나는 매일 이와 비슷한 기도를 드린다. "하나님, 옳은 문은 여시고 옳지 않은 문은 닫아주세요." 하나님의 인도하심을 구하고 자신의 마음을 따르면 그분이 보호해주신다. "네가 하는 모든 일에서 그분을 인정하여라. 그러면 그분이 네 갈 길을 알려줄 것이다." 잠언의 이 말씀을 한 역본은 이렇게 표현한다. "그분이 노력하는 자에게 성공을 주신다."

얼마 전 교회 직원 몇 명과 함께 경비행기를 타고 다른 도시로 이동한 적이 있었다. 비행기가 이륙하자 나는 테이블을 꺼내 뭐라도 끼적거리고 싶었다. 테이블은 측면 창문 밑에서 잡아빼게 되어 있었다. '잡아당기시오'라고 쓰인 작은 글씨를 발견하고 잡아당겨봤지만 꼼짝달싹하지 않았다. 한편 반대편에 앉은 자니는 이미 손쉽게 테이블을 꺼낸 후였다. 자니의 자리 쪽을 살펴보니 창문의 위치나 구조는 모두 똑같아 보였다. 나는 다시 내 테이블을 꺼내려고 애를 쓰기 시작했다. '무슨 일이 있어도 요놈의 테이블을 꺼내고야 말 테다.'

흔들고 당기고 별 수를 다 써봤지만 소용이 없었다. 자니와 다른 일행이 힘을 보탰지만 마찬가지였다. 결국 나는 다른 좌석으로 옮겨앉았다. 바로 그때 선명하게 쓰인 큼지막한 글씨가 눈에 들어왔다. "이 좌석에는 테이블이 없음. 비상구만 있음." 우리가 그토록 빼내려던 쪽

창문 위에 그렇게 써 있는 게 아닌가!

가슴이 철렁했다. "아이고 하나님, 제 마음대로 하게 놔두지 않으셔서 감사합니다. 저 문을 못 열게 하셔서 감사합니다. 비행기 설계자에게 저 같은 사람이 있을 줄 미리 알게 하셔서 감사합니다." 비상구를 양손으로만 열 수 있도록 꼭대기에 빗장이 설치되어 있어서 천만다행이었다. 그렇지 않았다면 나는 테이블을 꺼내다가 정말로 죽을 뻔했다!

나는 기도가 응답되지 않거나 일이 원하는 만큼 빨리 풀리지 않으면 세 가지 경우 중 하나라는 사실을 깨달았다. 하나님이 다가올 위험에서 나를 보호하시든가, 때가 무르익지 않았든가, 하나님이 더 좋은 복을 예비하고 계시든가.

대학교 1학년 때 나는 대학 방송 스튜디오에 일자리를 지원했다. 대학의 방송 시설이 워낙 크고 유명해서 처음부터 그곳에서 일하고 싶었다. 게다가 방송 제작은 내 평생의 꿈이기도 했다. 입학하던 첫주에 나는 모든 카메라맨을 총괄하고 조수들을 고용하는 텔레비전 프로덕션 매니저를 만났다. 이미 수년 간 카메라를 다룬 경험이 있기 때문에 채용 가능성은 충분하다고 생각했다.

프로덕션 매니저는 더없이 친절한 사람이었다. 두 시간 동안 그를 따라다니며 시설을 구경했는데 그와 호흡이 참 잘 맞는다는 느낌이 들었다. 떠날 시간이 되자 그가 말했다. "조엘, 이번 주말에 전화해서 결과를 알려줄게."

하지만 그 주가 다 지나도록 소식은 없었다. 다음 주도, 그 다음 주도 감감무소식이었다. 참다못해 전화를 걸어봤지만 프로덕션 매니저는 늘 바쁘거나 출타 중이었다. 정말 이상한 노릇이었다. 나는 자격이 충분했는데도 문은 열리지 않았다. 정말 해보고 싶은 일이었지만 내가 가야 할 길은 아니었던 셈이다. 마침내 나는 현실을 받아들였다. "별 것 아냐. 깨끗이 잊어버리겠어."

> 당장 보이지 않는 것을 보는 것이 바로 믿음이다. 하나님이 도우시면 넘시 못할 장애물이 없다.

돌이켜보면 그 자리를 얻지 못한 것이 얼마나 다행인지 모른다. 그 일을 하게 되었더라면 우리 교회로 돌아와 텔레비전 사역을 시작하지 않았을지도 모른다. 내 성격상 보나마나 그 일에 푹 빠져들었을 것이 뻔하다.

하나님은 최선의 길을 알고 계신다. 당시 내 눈에는 그 일이 최선의 길로 보였지만 하나님은 더 좋은 길을 예비해놓고 계셨다. 내가 그곳에 머물렀다면 하나님이 우리 교회에서 나를 통해 하시려는 일을 놓쳤을 테고, 당신도 이 책을 읽지 못했을 것이다.

우리는 눈앞의 상황만 볼 때가 너무나 많다. 우리는 바로 코앞, 그것도 흐릿한 창문을 통해서만 겨우 본다. 하지만 하나님은 전체 구도를 보신다. 그분은 어느 길이 막다른 골목으로 이어지는지, 어떤 장애물이 나타날지 훤히 꿰뚫어보신다.

지금 당장은 실망스러울지 몰라도 10년 후에 돌아보면 우리가 원하는 문을 열어주지 않으신 하나님께 감사하게 될 것이다. 당장 보이지 않는 것을 보는 것이 바로 믿음이다. 왜 하나님을 믿지 못하는가? 우리를 손바닥 위에 두신 하나님을 믿으라. 때가 되어 하나님이 문을 여시면 이 세상 누구도 그 문을 닫을 수 없다. 하나님이 도우시면 넘지 못할 장애물이 없다. 전능하신 하나님 앞에서는 아무리 강한 적이라도 허수아비나 다름없다. 하나님이 승진할 때라고 말씀하시면 반드시 승진한다. 하나님이 정하신 완벽한 때는 단 1초도 늦어지는 법이 없다. 하나님은 '갑자기' 상황을 반전시키실 수 있다. 그분은 '순식간에' 문을 여실 수 있다. 그분이 은혜의 손길을 한번 휘두르시기만 하면 상황 끝이다.

그러므로 우리는 최선의 태도를 잃지 말아야 한다. "분노하거나 좌절하지 않겠어. 때가 되면 모든 일이 잘 풀릴 거야. 결국 내게 좋은 쪽으로 결말이 날 거야."

하나님을 믿는 태도를 보이라

믿음의 가장 중요한 측면 중 하나는 이해할 수 없어도 하나님을 신뢰하는 것이다. 내 친한 친구 한 명이 암에 걸렸다. 나는 좌절해 있을 그를 걱정하며 위로의 전화를 했다가 오히려 도전을 받았다. "조엘, 나는 평안해. 이 상황이 마음에 들지는 않지만 여전히 하나님이 다스리시고 계셔. 하나님이 내 손을 잡고 이 시련을 통과하실 거야. 나는 그렇게 믿어."

눈앞이 깜깜할 정도로 어두운 순간에도 우리는 낙심하고 분노할 필요가 전혀 없다. 물론 열심히 기도하고 노력하고 틈만 나면 성경 말씀을 선포해야 한다. 하지만 마음을 가라앉히고 늘 얼굴에 평온한 미소를 띠는 것도 믿음의 선한 싸움에서 중요한 한 가지다.

풍랑의 한가운데서도 여전히 인생을 다스리시는 하나님을 바라보면 새로운 힘이 솟는다. 하나님은 우리 몸을 만드셨다. 우리 상황도 잘 아신다. 그러므로 낙심하고 의기소침해할 필요가 전혀 없다. "하나님, 당신을 믿습니다. 인간이 할 수 없는 일도 당신은 하실 수 있습니다. 제 삶을 당신의 손에 온전히 맡깁니다." 하나님은 이런 믿음의 태도를 기뻐하신다. "제 뜻대로 풀리든 풀리지 않든 상관없이 하나님을 믿겠습니다. 화창한 날이나 궂은 날이나 늘 하나님을 바라보겠습니다." 이렇게 말하는 사람을 하나님이 어찌 그냥 놔두시겠는가.

기도가 뜻한 대로 응답되지 않더라도 좌절은 금물이다. 직장생활이나 결혼생활 혹은 돈 문제가 뜻대로 풀리지 않아도 낙심하지 마라. 우리는 기쁨과 열정으로 계속 전진해야 한다. 현재가 마음에 들지 않아도 여전히 다스리시는 하나님을 기억하면 힘이 솟는다. 우리가 믿음으로 시험을 통과하면 그 어떤 어둠의 힘도 하나님이 주신 길로 전진하는 우리의 발걸음을 가로막을 수 없다.

무거운 짐을 떨쳐내라. 우리가 아무리 발버둥쳐도 모든 사람과 상황을 바꿀 수는 없다. 그러므로 현재의 자리를 받아들이고, 다스리시는 하나님을 믿어야 한다. 하나님은 여전히 우리 안에서 일하고 계신다. 그분이 늘 우리의 발걸음을 인도하신다.

인생의 폭풍우가 몰아치고 있는가? 극심한 시련의 불구덩이를 통과하고 있는가? 정신을 차리고 귀를 기울이면 하나님의 음성이 들려온다. "초월하라. 저항하지 마라. 나만 바꿀 수 있는 것을 바꾸려고 애쓰지 마라."

하나님은 우리를 위해 놀라운 계획을 세워놓고 계신다. 우리가 현재의 자리를 받아들이면 더 높이 비상할 수 있다. 결국 모든 장애물을 뛰어넘고 하나님이 예비하신 승리의 삶을 누리게 되리라.

02

Become A Better You

상황에 흔들리지 마라

마음을 고요히 유지하면 인생이 훨씬 편해진다.
평안한 사람은 일이 계획대로 풀리지 않아도 화내지 않는다.

그 어느 때보다도 시련의 순간에 강해진다는 것을 아는가? 우리는 시련을 통해 성장한다. 시련 속에서 하나님은 우리를 복 받을 만한 그릇으로 빚으신다. 그 시험을 잘 통과하기 위해서는 늘 평안한 마음을 유지해야 한다. 이것이 비결이다. 평정심을 유지하면 어떤 힘에도 쓰러지지 않는다. 마음을 편히 가지면 하나님이 대신 싸워주신다.

골로새서 3장에서 바울은 어떤 시련이 닥쳐도 끝까지 견뎌낼 힘을 달라고 기도했다. 생각해보라. 위대한 바울은 모든 고난을 거둬달라고 기도하지 않았다. 당장 구해달라는 기도도 하지 않았다. 바울이 구한 것은 고난을 이겨낼 힘이었다.

때로 우리는 어리석은 기도를 드린다. "하나님, 오늘 당장 이 고통에서 저를 빼내주세요. 하루도 더 견딜 수 없습니다. 일주일만 더 이런 식으로 지속되면 미쳐버릴지도 모릅니다." 아니다. 우리는 지혜로운 기도를 드려야 한다. "아버지, 최선의 태도로 이 시련을 통과하도록 제게 힘을 주세요. 기쁨을 잃지 않고 늘 평안 가운데 거하도록 도와주세요." 먼저 우리가 바뀌어야 상황이 바뀐다.

"하지만 너무 힘들어. 건강이 최악이야. 직장에서도 일이 꼬이기만 해." 그렇지 않다. 우리 안에는 지극히 높으신 하나님의 힘이 요동치고 있다. 우리는 그 어떤 풍랑도 헤쳐나갈 수 있다. 넉넉히 이길 수 있다. 우리는 패자가 아니라 승자다. 물론 누구나 하나님이 당장 구해주시기를 바란다. 하지만 하나님은 좀처럼 그렇게 역사하시는 법이 없다. 상황을 하나님께 맡기고 더는 걱정하지 마라. 근심걱정으로 말과 생각을 오염시키지 말고 평안한 마음을 유지해야 한다.

참 믿음은 흔들림이 없다

모든 일에는 하나님의 특별한 계획과 목적이 스며 있다. 당장 이해할 수 없어도 하나님은 궁극적으로 우리에게 유익한 상황이 아니면 결코 허락하지 않겠노라 약속하셨다. 이 약속을 믿는다면 마음의 짐을 떨어내야 한다. 기도가 우리의 뜻대로 응답되지 않아도 실망할 필요는 없다. 하나님은 더 좋은 계획을 세워놓고 계신다. 하나님은 최선의 길을 아신다. 우리는 모든 것이 합력하여 선을 이룰 줄로 믿기만 하면 된다. 고난이 닥쳐도 전혀 걱정할 게 없다.

속상한 나머지 위장병과 두통과 궤양에 시달리고 있는가? 뜻대로 풀리지 않는 일을 하염없이 되새기며 밤새 잠을 이루지 못하는가? 하나님만 바꾸실 수 있는 것을 스스로 바꾸려는 태도가 원인이다. 하나님이 상황을 움직이시지 않는 것은 아직 때가 아니거나 우리를 변화시키시는 중이기 때문이다. 마음을 편히 가라앉히고 믿음으로 말하라. "아버지, 제 뜻이 아니라 당신 뜻대로 하십시오."

> 하나님이 상황을 움직이시지 않는 것은 아직 때가 아니거나 우리를 변화시키시는 중이기 때문이다.

마음을 고요히 유지하면 인생이 훨씬 편해진다. 평안한 사람은 계획대로 일이 풀리지 않아도 화내지 않는다. 승진에서 밀려났다고 한 달이 넘도록 찌푸린 얼굴로 돌아다니는 법이 없다. 억울한 일을 겪고도 얼굴색 하나 변하지 않는다. 여전히 하나님이 다스리시며 계획대로 이루어가고 계심을 알기 때문이다. 우리가 믿음을 잃지 않는 한, 하나님이 대신 싸워주신다. 출애굽기 14장이 바로 그런 내용이다. "두려워하지 마라. 여호와께서 너희를 위해 싸우실 것이니 너희는 그저 가만히 있기만 하면 된다."

소싯적에 나는 일주일에도 몇 번씩 친구들과 야구를 즐겼다. 하루는 경기를 끝내고 그냥 집에 돌아가기가 아쉬웠다. 그래서 한 친구에게 간단히 요기나 좀 하면서 쉬었다 가자고 했더니 그가 무심코 대답했다. "미안하지만 병원에 가야 해. 화학요법을 받고 있거든."

"농담이지? 뭘 하러 간다고?"

"암이 발병한 게 이번이 두 번째야. 그래서 일주일에 세 번씩 화학요법을 받아야 해."

황당했다. 여태껏 함께 야구를 하면서도 그런 사실을 전혀 몰랐다니! 그는 늘 행복한 웃음을 짓고 다녔으며 믿음도 대단했다. 나는 그가 남부러울 게 없는 친구인 줄로만 알았다.

여느 사람 같았으면 그런 상황에서 신세를 한탄하고 하나님을 원망하며 살았을 것이다. 하지만 그는 그러지 않았다. 하나님이 여전히 다스리신다고 믿었다. 무시무시한 질병과 고통스러운 치료 과정도 그의 정신을 무너뜨리지는 못했다. 그의 태도는 이랬다. "한탄만 하며 돌아다닐 수는 없어. 이 질병에 지지 않을 거야. 암을 이기고 더 행복한 삶을 살겠어." 몇 년이 지난 지금, 그의 몸에서 암은 흔적조차 없이 사라졌다. 얼마 전에 만난 그는 건강을 완전히 되찾은 모습이었다.

치열한 전투를 벌이고 있는가? 좋은 소식이 있다. 하나님은 당신이 싸우고 있는 그 무엇보다도 크고 강하시다. 하나님은 길이 없는 곳에 길을 만드시는 분이다. 이런 분이 우리 편이신데 왜 혼자 싸우려 하는가? 우리에겐 어떤 장애물도 전혀 걱정거리가 아니다. 하나님을 믿는 자에게 불가능이란 없다. 우리는 그저 그분을 믿고 계속 전진하기만 하면 된다. 당장은 칠흑같이 어두워 보여도 성경은 소망이 있다고 말한다. "밤새 울었더라도 아침이면 기쁨이 찾아옵니다." 상황이 아무리 힘들어 보여도 상관없다. 하나님은 상황을 초월하시는 분이기 때문이다. 하나님을 믿으면 평안이 찾아온다. 결국은 다 잘 풀릴 것이니 근심하거나 스트레스에 시달릴 필요가 없다. 모든 일이 하나님의 손아귀에 있는데 걱정이 다 웬 말인가. 우리가 평안을 잃지 않으면 하나님은 우리를 향하신 계획을 차근차근 이루어가신다.

상황에 따라 믿음이 오락가락하는 사람들이 있다. 상황이 좋을 때는 믿음이 부쩍 올라갔다가 상황이 바뀌면 다시 곤두박질친다. 과연 이런 믿음을 믿음이라고 말할 수 있을까? 하나님이 발걸음을 인도하신다는 것을 알면 어떤 경우에도 흔들리지 않는다. 하나님은 그 어떤 시련도 우리에게 유익하게 사용하신다.

다른 사람을 위한 고난을 감수하라

때로 하나님은 누군가를 돕기 위해 우리를 불편한 곳으로 이끄신다. 우리가 누군가의 기도에 대한 응답이 될 수도 있다.

"이 직장에서 더는 버틸 수 없어. 사람들이 하나같이 내 신경을 건드려. 한번도 짜증이 나지 않고 지나간 날이 없을 정도야. 도저히 어울릴 만한 사람들이 아냐."

하나님이 그들을 변화시키기 위해 당신을 그곳에 두셨다는 생각은 안 해봤는가? 누군가에게 희망의 말을 전해주라는 하나님의 뜻이 계신지도 모른다. 혹시 주위에 환한 빛을 비추라는 하나님의 말씀이 들리지는 않는가? 하나님이 그들의 심령을 바꾸시기 위해 당신에게 믿음의 씨앗을 심으라고 말씀하시는지도 모른다.

우리는 더 나은 사람이 되려고 노력해야 한다. 하지만 자신의 삶만 챙겨서는 안 된다. 때로 하나님은 우리에게 다른 사람을 위해 고난을 감수하라고 요구하신다. 힘든 상황은 하나님이 남들을 도우라고 주신 것일 수도 있다. 그때 우리는 이렇게 말해야 한다. "하나님, 당신을 믿습니다. 하나님이 다스리시는 줄 압니다. 사실 제 머리로는 이 상황을 이해할 수 없습니다. 제가 원한 상황이 전혀 아닙니다. 그래도 뚫고 나가겠습니다. 최선의 태도를 잃지 않게 도와주세요."

때로 우리는 희생하기 싫어도 하나님을 사랑하고 믿는 마음으로 그렇게 해야 한다. 하나님은 이런 태도를 결코 모른 체 하지 않으신다. 하나님을 위해 희생하는 자에게는 반드시 복이 임한다. 남편이나 아내나 자식을 그냥 포기하는 것은 답이 아니다. 이기적인 동료들을 그냥 떠나는 것만이 능사는 아니다. 힘이 닿는 데까지 그들을 사랑하고 격려하며 그들을 위해 기도해주어야 한다. 하나님은 우리의 선행을 빠짐없이 기록하고 계신다. 우리가 도움의 씨앗을 뿌리면 반드시 하나님이 보시고 보상해주실 것이다.

언제라도 평정심을 잃지 마라

우리는 상황이 뜻대로 풀리지 않으면 당장 죽을 것처럼 굴 때가 많다. 결혼하거나 사업이 번창하기 전까지는 웃을 수 없다고 말하는 사람들이 많다. 안 될 말이다. 모든 상황을 하나님께 맡기고 현재에 만족하는 것은 선택사항이 아니라 필수사항이다. 우리가 고집을 꺾을 때 비로소 하나님이 기적을 행하신다.

여동생 리사와 처남 케빈은 아이를 갖고 싶었지만 뜻대로 되지 않았다. 몇 년 간 막대한 돈을 들여 온갖 치료를 해봤지만 돌아온 건 절망적인 의사 소견뿐이었다. "죄송합니다. 최선을 다했지만 저희로서도 더는 방법이 없네요. 아이는 힘들겠습니다."

청천벽력과도 같은 말이었다. 밤낮으로 기도하며 시간과 정력과 돈을 온통 쏟아부었건만 이제 와서 포기해야 한다니! 아이를 갖고 싶은 열망에 동생의 온몸은 타들어갈 것만 같았다. 정신적으로나 육체적으로나 지칠 대로 지쳤다. 그러던 어느 날 몸부림쳐봐야 자신만 손해라는 것을 깨달았다. "하나님, 이제는 아이를 달라고 그만 떼쓰겠습니다. 이미 제 소원을 아시니 모든 것을 당신께 맡기겠습니다." 그날부터 동생은 근심을 떨쳐내려고 애썼다. 그리고 아이를 달라는 기도를 그만두었다. 대신 아이 생각이 날 때마다 여전히 다스리시는 하나님을 기억하며 감사를 드렸다. "하나님, 제 뜻이 아니라 당신 뜻대로 하시옵소서."

그로부터 여러 달 후 동생 부부는 친구에게서 전화 한 통을 받았다. 쌍둥이 여자 아이들을 입양하는 게 어떻겠느냐는 것이었다. 우여곡절이 많았지만 결국 동생 부부는 친구의 권유를 받아들였다. 현재 동생 집에는 사랑스러운 아이들이 셋이나 뛰어놀고 있다. 변화는 동생이 아이에 대한 집착을 떨쳐낸 순간부터 일어났다.

종일 자신의 꿈이나 극복해야 할 시련에 관해서만 말하고, 생각하고, 기도하는 것은 바람직하지 않다. 그러면 자신이 원하는 그대로 되기 전까지는 행복을 느낄 수 없다. 오히려 좌절감, 나아가 분노까지 느끼기 십상이다. 어서 모든 일을 하나님께 맡김으로 마음의 평안을 되찾아야 한다. "하나님, 당신을 믿습니다. 당신이 최선의 길로 이끄실 줄 믿습니다. 제 뜻대로 이루어지지 않아도 평정심을 잃지 않겠습니다. 눈앞의 시련 때문에 제 남은 삶을 망치고 싶지는 않습니다. 주님이 주신 현재에 만족하기로 결심합니다."

나는 교회사 중에서도 1800년대를 살았던 부유한 사업가 호레시오 스패포드Horatio G. Spafford의 이야기를 특히 좋아한다. 스패포드 이야기는 요즘 세상에서 열광하는 성공 스토리가 아니다. 오히려 그는 비참한 비극의 주인공에 가깝다. 어느 날 아내와 네 딸을 태우고 대서양을 횡단하던 배가 다른 배와 충돌하는 바람에 2백 명이 넘게 목숨을 잃는 사고를 당한 것이다. 바다는 그의 네 딸을 모두 삼켜버렸고, 겨우 살아남은 아내는 전보로 남편에게 이 끔찍한 소식을 전했다.

스패포드는 비통에 잠긴 아내 곁을 지키기 위해 서둘러 배에 몸을 싣고 대서양을 건너갔다. 짙은 바다 한가운데 어느 지점에 이르자 선장이 무거운 입을 떼며 말했다. 지금 그의 딸들이 익사한 곳을 지나고 있다고. 굽이치는 파도를 엄숙하게 응시하던 그는 그날 밤 지금까지도 널리 애창되는 찬송가의 가사를 써내려갔다. "내 평생에 가는 길 순탄하여 늘 잔잔한 강 같든지 큰 풍파로 무섭고 어렵든지 나의 영혼은 늘 편하다."

어떤 일이 닥쳐도 우리는 스패포드처럼 말할 수 있어야 한다. "나의 영혼은 늘 편하다. 삶이 나를 험한 파도 속으로 내던져도 나의 영혼은 늘 편하다. 꿈이 아직 이루어지지 않았어도 괜찮다. 하나님의 완벽한 때에 이루어질 테니 조급해하지 않으리라. 계획대로 풀리지 않았지만 나의 영혼은 늘 편하다. 의사에게 나쁜 소견을 들었다. 상황이 그리 좋아 보이지 않는다. 하지만 하나님의 소견은 다르다. 인간이 할 수 없는 일도 그분은 너끈히 해내신다. 어떤 일이 일어나도 내 영혼 평안하다!" 모두 이런 태도를 품어야 한다.

가지지 않은 것, 할 수 없는 것, 인생의 풀리지 않는 면만 바라보며 살아왔는가? 언제 어떻게 해주셔야 한다며 5분마다 하나님을 닦달해 왔는가? 원하는 그대로 해주시지 않으면 만족하지 않겠다며 하나님께 떼를 쓰고 있는가? 그렇다면 어서 시각을 바꿔야 한다.

인생 전체를 하나님께 맡기기로 결단하라. 시편 55편 22절은 이렇게 말한다. "네 짐을 여호와께 맡겨라. 그러면 그분이 너를 붙드시고." 눈앞이 아무리 암울해 보여도 짐을 벗어버리면 더 높이 올라 인생의 찬란한 해를 보게 되리라.

> 03
> Become A Better You
> # 문제에서 답을 찾으라
>
>
>
> 하나님이 마음에 심어주신 꿈을 왜 포기하려 하는가?
> 하나님은 우리 편이시며 그분에게는 어려운 일이 전혀 없다.

문제가 없어야만 평안을 느낄 수 있는 게 아니다. 적이 사방을 둘러싸고 있어도 얼마든지 평안할 수 있다. 밖이 아무리 요동을 쳐도 상관없다. 진짜 평안은 우리 안에 있다.

인생이 너무 힘겨워 살맛이 나지 않는가? 돈 걱정으로 잠이 오지 않는가? 부당하거나 불공평한 상황 때문에 내면에서 풍랑이 일고 있는가? 그대로 두면 점점 풍랑이 거세져 기쁨과 에너지와 열정이 모조리 떠내려가고 만다. 어서 내면의 풍랑을 잠재워야 한다.

"이 일만 풀리면 속이 후련해질 텐데."

그렇지 않다. 눈앞의 도전이 사라져도 또 다른 도전이 찾아와 평안을 앗아간다. 태도를 바꾸지 않으면 답답한 속은 언제까지나 풀리지 않는다. 상황을 하나님께 맡기고 평안을 얻어야 한다. 마음을 평안하게 가라앉히지 않으면 하나님이 우리 삶 속에서 제대로 역사하실 수 없다. 하나님은 불신과 근심, 절망과 낙심이 아니라 믿음과 기대가 있는 곳에서만 역사하신다.

평안을 뒤흔들 수 있는 사건들은 날마다 끊이지 않는다. 누군가 전화를 무례하게 받으면 욕이 목구멍까지 올라온다. 이때 우리는 얼른 욕을 도로 삼켜야 한다. "안 돼. 평안을 잃지 않겠어. 쓸데없이 화내지 않을 거야." 우리가 하나님을 신뢰한다는 결정적인 증거 중 하나는 마음의 평안이다.

> 우리가 하나님을 신뢰한다는 결정적 증거 중 하나는 마음의 평안이다.

상사가 공을 인정해주지 않는가? 중요한 승진에서 떨어졌는가? 그래도 평정심을 잃지 마라. "하나님이 다스리시니까 괜찮아. 하나님이 더 좋은 복을 예비해놓고 계셔."

"속상해 죽겠어요. 그 남자가 이제 나랑 얘기하기도 싫다면서 떠나버렸어요. 정말 억울해요. 당장 전화해서 따져야겠어요."

흥분한 수잔에게 나는 이렇게 조언했다. "안 될 말이에요. 마음을 가라앉히세요. 그러면 하나님이 더 좋은 사람을 보내주실 거예요. 하나님은 원수가 악의로 벌인 일을 오히려 선으로 바꾸신답니다. 하지만 먼저 당신이 변해야 해요. 평안을 잃지 마세요. 근심과 좌절 속에서 살기에는 인생이 너무 짧답니다."

때로 우리는 바꿀 수 없는 일 때문에 평정심을 잃는다. 이를테면 출근길의 교통지옥은 우리가 어찌할 수 없는 부분이다. 그러므로 느긋하게 가는 편이 낫다. 우리가 강요한다고 해서 배우자나 상사나 동료가 옳은 일을 하지는 않는다. 오직 하나님만 그렇게 만드실 수 있다.

하나님이 주위 사람들을 바꾸고 계시니 우리는 그에 상관없이 기쁘게 살아야 한다.

파도가 잡아삼킬 듯 몰려오는가? 사람들이 교활한 수작을 부리는가? 의사에게서 나쁜 소견을 들었는가? 직장에서 쫓겨났는가? 조심하지 않으면 낙심하고 분노하기 십상이다. 이런 상황에서도 우리는 얼굴 가득 미소를 띠고 발걸음을 경쾌하게 해야 한다. 한마디로, 평안해야 한다. "하나님, 당신을 믿습니다. 당신은 이 질병이나 흔들리는 부부관계보다 크십니다. 원수보다 크십니다."

풍랑이 몰아치는 바다에서도 호수처럼 고요한 사람이 돼야 한다. 비판의 말이 들려올 때는 자신에게 이렇게 말하라.

"하나님이 다스리시니까 상관없어. 하나님이 내 싸움을 대신 싸워주실 거야."

"정말 가만둘 거야? 오해는 바로잡아야 하지 않아?"

"아니야. 하나님이 나를 변호해주실 거야. 내가 잘못했다면 나를 바로잡아주실 테고."

"저번에 의사한테 나쁜 소견을 들었지? 어때? 너무 걱정되지?"

"아니, 아무렇지도 않아. 나는 평안해. 내 삶은 하나님의 손 안에 있거든."

"음, 무서운 적들과 싸우고 있다며?"

"응, 맞아. 하지만 전혀 두렵지 않아. 하나님이 더 크시거든. 누구도 하나님의 상대는 되지 않아. 사람의 힘으로는 불가능해도 하나님 안에서는 모든 것이 가능해."

더 높은 수준으로 날아오르라

일전에 어느 주차장에서 빈 자리를 찾아 한참 헤맨 끝에 막 빠져나오려는 차 앞에 서게 되었다. 그 차에 사람이 탈 때부터 방향 지시등을 켜고 서 있었기 때문에 누가 봐도 그 자리는 내가 들어갈 자리였다. 그런데 차가 빠져나오면서 내 앞을 가로막은 2초 사이에 다른 차가 그 자리로 쏙 들어가는 게 아닌가! 순간, 속에서 뭔가가 울컥 올라왔다. 내가 기다리고 있었다는 사실을 그 얌체 운전자가 모를 리는 없었다. 나는 선택을 해야 했다. 평안을 빼앗길 것인가, 아니면 마음을 가라앉히고 모른 체 넘어가줄 것인가? 화를 낼 것인가, 아니면 씨앗을 뿌리고 나서 하나님이 보상해주실 줄 믿을 것인가?

마음 같아서는 경적을 울려 무안하게 해주고 싶었다. '저 녀석이 갈 때까지 기다렸다가 바퀴 네 개에 전부 구멍을 뚫어줄 테다!' 머릿속에서 나쁜 생각이 슬슬 피어올랐다.

하지만 나는 결국 옳은 길을 선택했다. "이런 사소한 일에 내 평안을 잃을 수는 없지. 그냥 축복해주고 다른 데로 가자." 나는 뻔뻔한 그 운전자를 위해 짧은 기도를 하고 나서 차를 이동했다.

성경에서는 하나님을 진심으로 믿는 사람을 독수리에 자주 비유한다. 독수리에게는 골치 아픈 상대가 몇몇 있는데 그 중에 하나가 까마귀다. 까마귀는 까악까악 음산하게 울면서 끊임없이 독수리를 괴롭힌다. 독수리가 날아오르면 으레 까마귀가 그 뒤를 쫓아가며 성가시게 굴기 시작한다.

독수리는 몸집은 까마귀보다 훨씬 크지만 기동력은 떨어진다. 독수리가 골치 아픈 까마귀를 떼내기 위해 쓰는 방법은 간단하다. 2미터가 넓는 날개를 쫙 편 채 온난기류를 타고 높이높이 날아오르는 것이다. 그렇게 독수리는 어떤 새도 살 수 없는 고도까지 이른다. 그 높이에서 까마귀는 숨조차 쉴 수 없다. 드문 일이기는 하지만 제트기가 다니는 6,000미터 상공에서 독수리가 발견된 적도 있다고 한다.

같은 이치로 우리도 골칫거리들에게서 벗어나려면 더 높이 올라가야 한다. 상대방과 같은 수준으로 낮아지는 것은 해결책이 아니다. 말다툼을 벌이지 말고, 되갚아주려고 하지도 말아야 한다. 쌀쌀맞은 태도로 받아쳐서는 안 된다. 오히려 넓은 마음과 사랑으로 눈감아주고 심지어 원수까지도 축복해줘야 한다. 어차피 까마귀는 독수리를 이길 수 없다.

우리는 바로 독수리다. 지극히 높으신 하나님의 형상을 따라 창조된 사람이다. 따라서 눈앞의 상황보다 더 높은 곳에서 살아가는 법을 배워야 한다. 이를테면 직장의 유치한 알력 다툼보다 더 높은 곳으로 올라가야 한다. 분쟁과 분열에 휘말려 똑같이 화를 내거나 험담하는 것은 독수리다운 행동이 아니다.

우리는 칠면조와 닭과 까마귀가 살 수 없는 높이까지 날아올라야 한다. 하나님은 우리의 삶을 온전히 다스리신다. 우리가 평정심만 유지하면 하나님이 우리의 상황을 바로잡아 주신다. 억울함도 반드시 풀어주신다. 그러므로 걱정할 필요도, 상황에 끌려갈 필요도 없다. 우리는 독수리처럼 훨훨 날아올라야 한다.

독수리가 닭들과 어울려 모이를 쪼아먹는 것을 본 적 있는가? 아니다. 독수리는 끝없이 높은 곳, 그러니까 하나님과 가까운 곳에 산다.

게다가 독수리는 폭풍 가운데 머물지도 않는다. 폭풍이 몰려오면 독수리는 날개를 조금 더 펴 폭풍 위로 날아오른다. 바람 한 점 불지 않는 곳까지 날아오른다. 그래서 독수리는 폭풍을 걱정하지 않는다. 그냥 더 높이 올라가면 그만이다.

물론 독수리가 억지로 폭풍을 뚫고 갈 수는 있다. 하지만 만신창이가 될 각오를 해야 한다. 하나님이 거대한 날개를 주셨는데도 날아오르지 않는다면 얼마나 어리석은 독수리인가.

하지만 어리석은 독수리처럼 구는 사람이 얼마나 많은지 모른다. 하나님은 우리에게 그분의 평안을 주셨다. 하나님은 근심의 짐을 얼마든지 대신 맡아주겠다고 하셨다. 그분은 믿는 우리를 위해 대신 싸워주신다. 그런데도 우리는 근심과 낙심에 빠질 때가 많다. 틈만 나면 사람들에게 기쁨을 빼앗기고, 일이 계획대로 풀리지 않을 때마다 짜증을 부린다. 상사나 배우자가 원하는 대로 행동하지 않는다며 불평하기도 한다.

인생의 모든 상황을 바꿀 수는 없지만 그 위로 날아오를 수는 있다. 어쩔 수 없는 상황은 하나님께 맡기면 된다. 그런 상황에서 더 이상은 분노하거나 걱정하지 않겠다고 결단하라.

재미있는 사실 하나는, 까마귀는 쉴 새 없이 날개를 퍼덕여야 겨우 날 수 있다는 것이다. 닭은 더 비참하다. 아무리 날개를 흔들어도 땅바닥 신세를 벗어날 수 없다. 그러나 독수리는 편하게 바람에 몸을 싣고 유유히 날아오른다.

인생의 모든 문제를 바로잡으려고 발버둥치고 있는가? 험담을 퍼뜨린 사람을 찾아가 따질 참인가? 건강 때문에 걱정인가? 돈 문제로 고민인가? 그렇다면 당신은 쉴 새 없이 날개를 퍼덕이는 까마귀다. 그런 식으로 살기에는 인생이 너무 아깝다. 긴장을 푸는 게 어떤가? 우리의 삶은 하나님이 온전히 다스리신다. 하나님은 우리를 절대 내버려두지 않겠다고 약속하셨다. 우리가 마음 문을 열면 하나님은 형제보다도 더 가까운 친구가 돼주신다.

당장 오늘부터 하나님의 안식 안에 거하기로 결심하라. 걱정에 찌든 삶을 하루도 더 이어갈 까닭이 없다. 사람들에게 기쁨을 빼앗길 필요가 무엇인가? 하나님이 마음에 심어주신 꿈을 왜 포기하려 하는가? 어서 시각을 바꿔야 한다. 오랫동안 힘든 세월을 살아왔는가? 도저히 나아질 기미가 보이지 않는가? 무서운 폭풍이 몰아치고 있어 심히 걱정스러운가? 미래가 암담하기만 한가? 하나님이 뜻하신 삶보다 훨씬 못하게 살아왔는가? 이제는 독수리처럼 그런 상황 위로 날아오를 때다.

높은 곳을 바라보라. 하나님이 우리 편이시며 그분에게는 어려운 일이 전혀 없다. 하나님이 온전히 다스리시니 근심과 좌절과 낙심의 짐을 내려놓고 해방감을 맛보라. 삶이 힘겨워지고 일이 뜻대로 풀리지 않아도 까마귀나 닭처럼 굴지 마라. 하나님이 우리를 독수리로 창조하셨으니 그에 걸맞게 살자. 날개를 쫙 펴고 하나님이 원하시는 삶의 수준까지 날아오르라.

우리는 높이 비상해야 할 존재다. 더 나은 사람이 되라.

04
Become A Better You
받은 복을 적어보라

하나님이 주신 복을 세어보면 믿음이 쑥쑥 자라고
감사가 절로 나온다. 복을 기록하는 일기나 노트를 장만하면 좋다.

시편 기자는 이렇게 말했다. "여호와께서 하신 일들을 내가 기억하겠습니다. 내가 정말 오래 전에 주께서 하신 기적들을 기억해내겠습니다." 자나깨나 하나님의 복을 떠올리겠다니, 이 얼마나 멋진 삶인가!

하지만 우리는 실망과 상처, 실패처럼 정작 잊어버려야 할 것은 기억하고, 승리와 성공, 복된 시절처럼 기억해야 할 것은 잊어버릴 때가 많다.

구약에서 하나님은 백성들에게 정해진 축제들을 열어 자신이 행하신 놀라운 역사를 기억하고 후대에도 전하라고 명령하셨다. 그래서 이스라엘 온 백성은 일 년에 몇 차례씩 하던 일을 멈추고 복된 사건들을 기억하며 축하했다. 이를테면 하나님이 노예 신분에서 벗어나게 해주시거나 적을 물리치시거나 재앙에서 보호해주신 사건들 말이다. 이런 축제는 하고 싶을 때 하는 선택사항이 아니라 하나님의 명령이었다. 한 명도 빠짐없이 축제에 참여해 하나님의 선하심을 기억해야 했다.

성경의 다른 곳에서는 하나님의 백성이 '기념비'를 세웠다고 기록한다. 이 거대한 기념비들은 백성들에게 하나님이 허락하신 위대한 승리들을 상기시켜주었다. 후대에까지 이르는 모든 이스라엘 백성은 기념비를 지날 때마다 하나님이 행하신 굉장한 일들을 떠올렸다.

우리도 그래야 한다. 틈틈이 과거의 승리들을 기억하고 하나님이 우리 삶에 행하신 일들을 기념해야 한다.

믿음을 키우고 힘을 얻는 데 기념비만큼 효과적인 방법도 드물다. 하나님이 길이 없는 곳에 길을 만들어주셨는가? 뼈에 사무치게 외로울 때 특별한 사람을 보내주셨는가? 당신이나 주위의 누군가를 치유해주셨는가? 풍랑 한가운데서 보호하고 인도하고 복을 주셨는가? 우리는 이런 사건 하나하나를 잊지 말아야 한다. "과연 이 혼란에서 빠져나올 수 있을까? 하나님이 내 인생 속에서 역사하고 계시기는 한 걸까?" 하나님의 선하심을 떠올리면 이런 어리석은 생각은 순식간에 물러간다.

우리는 복을 기억하며 자신 있게 말해야 한다. "하나님이 예전에도 해주셨으니 이번에도 반드시 해주실 거야!"

하나님의 은혜를 끊임없이 돌아보면 인생이 즐거워진다. 하나님의 개입하심으로 얻은 빛나는 승리나 예기치 못한 성공을 생각하면 말할 수 없는 힘이 솟는다. 자녀가 태어난 날. 하나님이 좋은 일자리를 주신 과정. 특별한 사람을 보내주신 날. 사랑에 빠져 결혼에까지 이르게 한 순간순간들. 돌이켜보면 생각만 해도 즐거운 일이 얼마나 많은가. 하나님이 우리를 위해 행하신 일을 일일이 꼽아보면 끝이 없을 정도다. 지금 곁에 있는 배우자와 가족을 주신 것에 대한 감사도 잊지 말아야 한다.

나는 자주 의식적으로 그렇게 한다. 20대 초반 젊은 나이에 텍사스 주 휴스턴의 한 보석점에 들어갔던 기억이 지금도 생생하다. 단순히 시계 배터리를 사러 들어갔다가 내 평생에 가장 아름다운 여인을 만났다. 빅토리아를 보는 순간 심장이 멎는 듯했다. '하나님, 드디어 제 기도에 응답해주셨군요!' 우리는 1년 반 동안 알콩달콩 사랑을 꽃피웠고 도저히 떨어져 살 수가 없어 아예 결혼을 해버렸다! 물론 따지고보면 흔한 사랑 이야기다. 하지만 나는 아내와 만나고 결혼한 과정을 당연하게 받아들이지 않는다. 그것은 우연도 행운도 아니었다. 하나님이 내 발걸음을 인도해 바로 그때 그 자리로 이끄신 것이다. 우리의 오묘한 만남을 생각할 때마다 하나님의 다스리심이 새삼 실감이 난다. 그때 내 발걸음을 인도하신 하나님이 오늘도 내 일거수일투족을 이끄신다는 확신이 솟아난다.

일상에서 하나님의 복을 발견하라

때로 우리는 복을 너무도 당연하게 받아들인다. 아니, 복의 근원이 하나님이시라는 사실조차 모르고 사는 사람들도 적지 않다.

'행운'을 만들어내는 분은 바로 하나님이시다. 우리가 절묘한 타이밍에 그 자리에 있었던 것은 바로 하나님 덕분이다. "휴! 하마터면 충돌할 뻔했어. 백만 분의 일 초만 빨랐어도 목숨이 날아갔을 거야." 바람처럼 내달리는 고속도로를 달리다보면 이런 순

> 좋은 일이 생길 때는 즉시 하나님의 손길을 느끼고 틈만 나면 그 일을 기억해야 한다.

간이 정말 많다. 이것이 하나님의 보호하시는 손길이다. 우리 삶은 하나님이 인도하실 뿐 우연 따위는 애초에 없다. 좋은 일이 생길 때는 즉시 하나님의 손길을 느끼고 틈만 나면 그 일을 기억해야 한다.

아내와 결혼한 직후 혼자 휴스턴 간선도로를 달리다가 일어난 일이다. 월요일 아침이었고 거의 20분 간 폭우가 쏟아졌다. 2차선을 달리다가 차선을 바꾸자마자 차가 큼지막한 물웅덩이를 지나면서 주르륵 미끄러졌다. 차는 내 통제에서 벗어나 도로 중앙의 콘크리트 벽으로 곧장 돌진했다. 그리고 시속 80킬로미터 정도로 중앙 분리대를 받은 후 튕겨나와 정신없이 돌면서 도로를 가로질렀다.

기도할 틈도 없었다. 시편 91편을 선포할 시간도 없었다. 겨우 "오, 하나님!" 하고 짧게 외쳤을 뿐이다. 도로를 가로지르는 와중에 대형 트럭의 헤드라이트 불빛이 정면으로 쏘아 들어왔다. 2미터가 채 못 되었을까. 아무튼 손만 뻗으면 트럭의 앞 범퍼가 닿을 것처럼 가까운 거리였다. 질끈 눈을 감고는 묵직한 금속성 굉음이 터지기만 속수무책으로 기다렸다.

그런데 정신이 들고보니 어찌된 일인지 내 차가 도로 반대편 도랑에 빠져 있었다. 러시아워에 텍사스 주 휴스턴의 6차선 도로를 가로지르고도 충돌 한번 없었다니, 그야말로 기적이었다.

온몸을 더듬어 사지가 멀쩡한지 확인한 후 차에서 기어나왔다. 저

앞에 내가 받을 뻔한 대형 트럭이 도로 가에 붙은 채 후진하고 있었다. 트럭이 내 앞에 무사히 당도하기까지는 10분 정도 걸렸다.

트럭 운전자는 부리나케 차에서 내리자마자 내 쪽으로 달려왔다. 그리고 그가 던진 첫 마디는 이랬다. "착하게 사는 분이 분명하군요."

나는 지친 미소를 지으며 물었다. "무슨 뜻이에요?"

트럭 운전자는 도저히 알 수 없다는 듯 말을 이었다. "어떻게 피해갔는지 모르겠어요. 당신 차 바로 앞에서 급히 핸들을 돌리려고 했지만 짐이 꽉 차 있어서 소용이 없었거든요. 꼼짝없이 충돌하겠다 싶었죠."

남자의 얼굴에 기묘한 표정이 퍼졌다. "이상하게 들릴지 모르겠지만, 마지막 순간에 한 줄기 바람이 내 차를 다른 차선으로 밀어내는 것을 느꼈어요."

나는 즉시 속으로 생각했다. '한 줄기 바람이 아니라 하나님의 천사였어. 하나님의 보호하시는 손길이었어.'

이 사건은 내가 틈틈이 떠올리는 기념비 중 하나다. 하나님의 은혜가 아니었다면 십중팔구 나는 이미 이 세상 사람이 아니다. 잘해야 불구로 살고 있을 것이다. 하나님은 길이 없어 보이는 곳에 나타나 길을 만들어주셨다. 나는 이런 사건을 당연하게 받아들이지 않는다. 하나님이 내 인생 속에서 행하신 놀라운 일들을 떠올리며 늘 감사를 드린다.

복을 기록하는 일기나 노트를 장만하는 것은 큰 도움이 된다. 하나님이 개입하셨다는 확신이 들 때마다 상황을 기록하는 것이다. 하나님이 문을 열어주신 일. 하나님이 생명을 건져주시거나 인생의 방향을 알려주신 사건. 낙심하여 막 포기하려고 할 때 적절한 성경 말씀으로 용기를 북돋아주신 일. 하나님이 주신 복과 은혜를 모조리 기록하라.

꼭 일생일대의 사건일 필요는 없다. 남들에게는 하찮아 보이는 일일 수도 있다. 하나님은 작은 사건 속에서도 우리의 발걸음을 인도하신다. 뜻밖에 누구를 만나 그를 통해 새로운 고객을 얻었는가? 고속도로를 달리다가 새 광고판을 보고 아이디어가 번뜩했는가? 그리고 그 아이디어로 사장의 인정을 받고 승진까지 했는가? 다름 아닌 하나님의 역사하심이다. 작은 사건이라도 빼놓지 말고 기록하라.

> 복을 기록하는 일기나 노트를 장만하는 것은 큰 도움이 된다. 하나님이 개입하셨다는 확신이 들 때마다 상황을 기록하는 것이다.

이런 감사 노트를 꺼내 읽으면 바닥까지 떨어졌던 사기가 다시 하늘을 찌른다! 하나님이 문을 열고 보호하고 회복하고 치유해주신 사건 하나하나를 되새길 때마다 믿음이 쑥쑥 자라난다. 특히 길이 보이지 않아 절망이 밀려올 때는 꼭 감사 노트를 꺼내 읽고 또 읽으라. 낙심과 패배감이 순식간에 물러갈 것이다. 하나님의 다스리심을 다시금 절감하게 될 것이다. 하나님이 우리를 손 안에 붙드시고 우리를 보호해주시리라.

05
Become A Better You
하나님께 주도권을 드리라

관심을 집중하면 아주 작은 일상 속에서도 하나님의 손길이 보인다.
그분은 우리의 믿음을 키워주시기 위해 삶의 기적들을 일으키신다.

열심히 기도하거나 믿어도 원하는 대로 이루어지지 않을 때 우리는 쉽게 평안을 잃고 근심에 빠진다. 평범한 눈으로 보면 몇 달, 아니 몇 년이 지나도 상황은 똑같아 보인다. 하지만 믿음의 눈으로 보면 하나님이 우리 삶의 이면에서 일하고 계신다. 그분이 밝은 미래를 미리 계획해놓으셨다. 커튼을 걷고 보이지 않는 영역을 들여다보면 우리를 위해 분투하시는 하나님이 보인다. 하늘 아버지가 모든 일을 우리에게 유리한 쪽으로 몰아가고 계신다. 막 보물 창고를 열어 최상의 기회를 꺼내시려는 하나님의 손이 보인다. 무대 뒤에서 인생을 지휘하시는 하나님을 믿으면 걱정할 일이 전혀 없다. 스트레스 가득한 삶과는 이제 안녕이다.

혼자 모든 일을 알아내거나 모든 문제를 풀려고 하고 있는가? 그래서는 인생의 극심한 무게를 견뎌낼 수가 없다. 하지만 하나님께 주도권을 넘기면 인생이 훨씬 즐거워진다.

"내 눈에는 보이지 않지만 하나님이 일하고 계신 게 확실해."

"우리 아이가 자꾸 곁길로 가긴 하지만 옳은 길로 돌아오는 건 시간문제야. 나와 내 집은 주님만을 섬기겠어."

"살림이 빠듯하기는 마찬가지지만 전혀 걱정되지는 않아. 나는 하나님의 복을 받았거든. 때가 무르익으면 형편이 좋아지기 시작할 거야."

믿음의 태도를 잃지 않으면 하나님이 우리 인생을 책임져주신다.

우리는 하나님의 역사하심을 무심코 지나칠 때가 많다. 눈을 크게 뜨지 않으면 하나님의 복을 포착하기가 쉽지 않다. 행운이 따르거나 상황이 유리해지거나 때마침 적재적소에 이르는 것은 단순한 우연이 아니다. 그것은 우리의 발걸음을 인도하시는 하나님의 손길이다. 하나님의 역사하심에 눈과 귀를 열면 힘이 솟고 믿음이 자라난다.

인생길을 되돌아보면 하나님의 손길이 지나갔다고 생각할 수밖에 없는 중요한 순간들이 눈에 들어온다. 그리고 이 사건들은 하나의 완전한 그림으로 맞춰진다. 누군가를 만나 우연히 어떤 직업을 얻고 그 덕분에 아내를 만난 과정이 내 머릿속에 선명하게 그려진다. '그때 그곳에 가지 않았다면 그 기회는 잡을 수 없었을 텐데' 하는 생각에 이르면 낱낱의 조각들이 드디어 완전한 그림이 된다.

이것은 행운이 아니라 하나님의 은혜로운 손길이다. 하나님은 무대 뒤에서 쉼없이 일하고 계신다.

성경은 "하나님이 믿는 자들 속에서 실제로 일하신다"라고 말한다. 우리가 믿어야만 하나님의 능력이 발동한다는 말이다. 하나님이 우리를 위해 아무리 오래 일해서도 우리가 믿지 못하면 온전한 열매를 맛볼 수 없다. 물론 믿지 않아도 가끔 이런저런 행운을 얻을 수 있을지는 모르겠다. 그러나 진심으로 믿고 매일 복을 기대하며 눈을 뜨면 단순한 행운과는 비교할 수 없는 하나님의 은혜가 와르르 쏟아진다. 하나님이 이면에서 이루신 결과에 입이 떡 벌어질 것이다.

하나님의 타이밍을 믿으라

문제가 끊이지 않고 매번 우리의 뜻과는 정반대 상황이 펼쳐져도 꿋꿋이 하나님을 믿어야 한다. 하나님의 손 안에는 이미 답이 있다. 하나님께 뜻밖의 문제란 없다. 하나님은 처음부터 끝까지 모든 것을 아신다. 우리가 앞으로 당할 모든 시련, 우리가 견뎌야 할 모든 고난을 훤히 꿰뚫고 계신다. 그리고 각 상황에 맞는 해법을 이미 예비해놓으셨다. 미리 탈출구를 만들어두셨다. 그러므로 전혀 걱정하며 살 필요가 없다. 하나님이 만물을 통치하시는데 스트레스가 웬 말인가.

우리가 컴팩센터를 얻기 위해서는 시의회 의원 열 명의 찬성표가 필요했다. 우리는 2년 간 부지런히 발품을 판 끝에 몇 표를 얻어낼 수 있었고, 최종 투표 즈음

> 하나님께 뜻밖의 문제란 없다.
> 하나님의 손 안에는 이미 답이 있다.

에는 더도 아닌 딱 열 표를 확보해놓은 상태였다. 그런데 투표일을 불과 며칠 앞두고 한 시의원이 그만 마음을 바꾸고 말았다. 그는 아예 투표에 참여하지 않기로 했기 때문에 결과는 반대표나 다름없었다. 그렇게 우리는 귀중한 표 하나를 잃었다.

보통 실망스러운 일이 아니었다. 그 오랜 노력과 기도가 수포로 돌

아가기 직전이었다. 하지만 우리는 포기하지 않고 다른 시의원을 만나 의사를 타진해보기로 했다. 그는 젊고 멋진 유태인 신사였는데 우리의 컴팩센터 인수를 2년 넘게 끈덕지게 반대해왔다. 하지만 한번 물어본다고 해서 손해볼 건 없었다.

그런데 뜻밖에도 마지막 순간에 그 유태인 시의원이 우리 쪽으로 마음을 돌렸다. 컴팩센터 이전에 필요한 열 표를 마지막으로 채워준 것이 바로 그의 표였다.

나는 나중에 그를 찾아가 물었다. "마음을 바꾸신 이유가 뭡니까?"

"얼마 전 오랜 지인에게서 전화가 왔습니다. 나이가 지긋한 유태인 부인이시죠. 몇 년 동안 연락은 못했지만 제가 정말 존경하는 분입니다. 그런데 별다른 설명 없이 찬성표를 던지라고 하시더군요. 그 전까지 목사님과 교회의 수많은 교인들이 전화를 걸어와 부탁했지만 제 마음을 움직이진 못했어요. 제 마음을 바꾼 건 그 부인이랍니다."

생각해보라. 나는 그 부인을 만난 적도 없다. 시의원에게 전화를 해달라고 부탁하지도 않았다. 지금까지도 그 부인이 누구인지 모른다. 우리는 최선을 다했고 우리가 스스로 할 수 없는 부분은 하나님이 이면에서 해주신 것이다. 우리 힘으로 할 수 없는 일을 하나님이 다른 사람을 통해 해주셨다.

하나님은 누가 우리 인생에 좋은 영향을 미치고 우리에게 좋은 말을 해줄지 다 알고 계신다. 왜 저 사람이 나한테 잘해주지? 왜 내게 행운이 찾아왔지? 이유는 뻔하다. 하나님이 우리의 발걸음을 인도하고 계셨기 때문이다. 하나님이 수년 간 이면에서 이루신 열매가 때가 되어 모습을 드러낸 것이다.

일전에 한 신사와 이야기를 나눌 기회가 있었다. 그는 35년 전에 컴팩센터 근처 휴스턴 시내의 몇몇 간선도로 진입로와 진출로를 설계한 사람이었다. 그는 진출로가 주차장으로 쉽게 연결되도록 설계했다고 했다. 그리고 많은 인파가 도심으로 들어올 것으로 예상하여 도시 당국과 함께 신호등의 시간 간격을 최적으로 맞추었다. 덕분에 컴팩센터로 진입하는 시간이 현격히 줄어들었다.

문득 한 가지 생각이 뇌리를 스치고 지나갔다. '하나님의 선하심을 보여주는 또 다른 증거군. 지난 35년 간 하나님은 사람들이 편하게 우리 교회로 찾아와 희망과 용기를 얻도록 이면에서 역사하고 계셨어.' 나는 설계자와 이야기하던 중 너털웃음을 터뜨리며 말했다. "제가 겨우 세 살만 아니었다면 그때 감사를 드렸을 텐데요!"

물론 컴팩센터는 오랫동안 농구 경기와 콘서트 같은 행사 용도로 사용되었다. 하지만 나는 컴팩센터가 사실상 그런 용도로 지어진 게 아니라고 믿는다. 하나님은 처음부터 우리 교회를 위해 컴팩센터를 계획하신 것이다.

마찬가지로 하나님은 당신 삶의 이면에서도 움직이고 계신다. 하나님이 미리 길을 닦아놓으신 덕분에 언젠가 당신은 전혀 새로운 차원에 접어들 것이다. 오랜 시간이 걸리더라도 우리는 끝까지 믿음을 잃지 말아야 한다. 꿈이 원하는 만큼 빨리 이루어지지 않는다고 해서 걱정하고 좌절할 까닭은 전혀 없다. 완벽한 타이밍에 우리를 향하신 하나님의 계획이 결실을 맺을 테니.

관심을 집중하면 하나님의 손길이 보인다

부모님이 예전에 사셨던 집 서재에는 안뜰이 훤히 보이는 큼지막한 창문이 있었다. 뜰에는 나무들 사이로 새들이 이리저리 날아다녔는데, 어머니는 그 가운데 한 마리 새를 특히 사랑하셨다. 작고 아름다운 이 홍관조는 아침마다 창문 바로 옆 나뭇가지 위에 앉았다. 어느새 어머니는 이 새가 날아오기를 고대하기 시작했고, 이 작은 새는 매일 시계처럼 정확히 나타나 앞뜰에서 오후를 보냈다. 그렇게 5~6개월이 지났을까. 이 새의 모습은 더 이상 보이지 않았다. 나는 애완용 햄스터로 어머니를 위로하려고 했지만 어머니는 하염없이 그 홍관조만 기다리셨다!

그로부터 약 1년 후 아버지가 주님 곁으로 떠나셨다. 이제 큰 집에 덩그러니 홀로 남으신 어머니는 힘겨운 적응 세월을 견뎌내셔야 했다. 때로 외로움과 절망감이 거세게 밀려왔을 것이다. 물론 결국은 믿음으로 이겨내시기는 했지만.

그러던 어느 날 작은 홍관조가 돌아왔다. 우연이라거나 설명할 수 없는 자연의 섭리라고 말하는 사람도 있을지 모르겠다. 하지만 어머니와 우리 가족에게 그 사건은 하나님의 음성이나 다름없었다. "내게 좋은 계획이 있단다. 아직도 내가 다스리고 있단다."

관심을 집중하면 아주 작은 일상 속에서도 하나님의 손길이 보인다. 작은 기적들은 여전히 이면에서 역사하고 계신다는 그분의 나지막한 속삭임이다.

친구 한 명이 말기 암에 걸렸다. 의사들 말로는 전혀 가망이 없다고 했다. 하루는 네 살배기 아들이 다가와 성경책을 펴며 말했다. "아빠,

여기 좀 읽어줘." 글을 모르는 이 아이는 자기가 무슨 구절을 가리키는 줄도 몰랐다. 그런데 그 구절이 친구의 심장을 관통했다. 그것은 요한복음 11장 4절에 나오는 예수님의 말씀이었다. "이 병은 죽을 병이 아니다. 이것은 하나님의 영광을 위한 것이요."

내 친구는 이 말씀을 마음에 새기면서 하나님의 음성을 느꼈다. "네가 어떤 일을 겪고 있는지 잘 안단다. 네가 흘린 눈물 한 방울까지도 다 보았다. 네 눈에는 불가능해 보일지 몰라도 내가 누구냐? 나는 바로 불가능을 가능하게 하는 네 하나님이다. 끝까지 믿어라. 내가 여전히 다스리고 있단다."

하나님은 우리의 믿음을 키워주시기 위해 이런 작은 기적들을 일으키신다. 우리는 이런 일상의 기적을 통해 막후에서 일하시는 하나님을 발견한다. 눈과 귀를 열어 평범한 일상 속에 나타나는 하나님의 특별한 손길을 열심히 찾아야 한다. 하나님께 시선을 고정하는 순간, 우리가 우연히 누군가를 마주치는 게 아니라는 사실을 깨닫는다. 그냥 행운이 아니다. 어쩌다보니 바로 그때, 그 자리에 간 게 아니다. 하나님이 우리의 발걸음 하나하나를 인도하셨던 것이다.

레이크우드교회가 북서 휴스턴 성전에서 마지막으로 모인 주일은 참으로 감동스러운 시간이었다. 그 성전은 내가 어릴 적부터 가족과 함께 예배를 드리고 뛰놀기도 했던 곳이다. 그곳으로 마지막 예배를 드리러 가는 길에 수많은 아름다운 기억들이 새록새록 피어올랐다. 하나님이 행하신 놀라운 일을 묵상하며 하늘을 올려다보니 그림 같은 무지개가 떠 있었다. 한 쪽 끝은 북서 성전에, 다른 쪽 끝은 휴스턴 도심에 닿아 있는 듯한 착각이 일었다. 문득 우리의 행보에 승인 도장을 꽝 찍으며 웃으시는 하나님의 얼굴이 떠올랐다. "기쁘구나. 이곳에서 네 일은 끝났다. 이제 새로운 출발을 할 때다."

"에이, 무지개를 자주 봤지만 아무런 느낌도 없던 걸."

그럴 수밖에. 믿는 자만이 무지개의 약속을 볼 수 있다. 우리는 하나님이 우리 삶 속에서 역사하심을 믿고 나서 사건들을 조성하시는 그분의 손길을 유심히 찾아야 한다. 어느 날 갑자기 심장을 관통하는 성경 구절. 뒤뜰의 작은 새 한 마리. 하늘에 걸려 있는 일곱 색깔 무지개. 이런 작은 기적이 새로운 시작을 알리는 종소리일 수 있다. 하나님이 여전히 다스리시고 이면에서 역사하신다는 사실을 일깨워주는 작은 사건들. 이것들은 우리의 믿음을 키우기 위해 주시는 그분의 작은 선물들이다.

하나님을 굳게 믿으면 좋은 날이 온다

칠흑 같은 어둠 속에서도 하나님은 여전히 일하고 계신다. 언젠가 한 젊은 부부가 지금은 천국에 가 있는 딸 이야기를 꺼냈다. 이 부부의 딸은 세 살 때 심하게 앓은 후로 종일 침대에 누워 죽을 날만 기다렸다. 이런 모습을 지켜보는 부모의 가슴이 오죽했겠는가. 부모는 병상에 누운 딸 곁을 한시도 떠나지 않았다.

소녀의 의식이 오락가락하기 시작하자 부모는 영원한 이별이 멀지 않았다는 것을 직감했다. 하지만 소녀는 죽기 직전에 세상에서 가장 평온한 미소를 지으며 말했다. "엄마 아빠, 보여요? 예수님이 와도 좋다고 손짓하고 있어요." 그 말을 끝으로 소녀는 마지막 숨을 내쉬면서 스르르 눈을 감았다.

다시는 웃을 날이 오지 않을 것만 같은 순간에도 하나님이 우리 곁에 계신다. 하나님은 우리의 형제자매보다도 더 가까이 계신 친구시며 늘 새로운 출발을 주는 분이시다. 성경은 이렇게 말한다. "밤새 울었더라도 아침이면 기쁨이 찾아옵니다."

하나님을 굳게 믿으면 좋은 날이 온다. 절망과 비통과 고통의 순간에도 하나님이 우리 곁에 계심을 믿으면 기쁜 날이 온다. 하나님은 결코 우리를 떠나지도 버리지도 않겠노라 약속하셨다.

모든 것을 알려고 할 필요가 없다. 미래가 어떨지 감조차 잡지 못하겠는가? 괜찮다. 미래가 누구의 손에 달려 있는지만 알면 된다. 하나님이 오래 전부터 우리 삶의 막후에서 역사하고 계신다.

하나님이 나를 위해 어떤 미래를 예비해놓으셨는지는 알 수 없어도 좋은 미래라는 것만은 확실하다. 천지를 펼치시고 하늘에 별을 다신 하나님이 우주에서 가장 귀한 당신과 나를 고아처럼 내버려두시겠는가? 아니다. 하나님은 우리를 위해 부단히 일하고 계신다. 이 사실을 떠올리면 어찌 발걸음이 가벼워지지 않겠는가. 현재와 미래의 어떤 장애물보다도 크신 하나님이 우리 평생의 모든 문제에 대한 답을 이미 손에 쥐고 계신다. 그분을 믿는다면 인생을 당당하고 기쁘게 살아가야 마땅하다.

다시는 웃을 날이 오지 않을 것만 같은 순간에도 하나님이 우리 곁에 계신다.

태도의 키를 잡으라

나는 최선을 다하는 사람이다

잘되는 태도 1
나는 오늘도 열심히 산다

하루의 일과를 점검하기 전에 지금의 자리로 인도해주신 하나님께 감사를 드린다.
"하나님의 선한 뜻을 알기 원합니다. 처음 품은 열정과 열심을 잃지 않게 하옵소서. 일할 수 있는 시간과 자리를 허락해주셔서 감사합니다."

잘되는 태도 2
나는 문제에서 답을 찾는다

걱정과 고민이 밀려올 때 "나는 독수리다!"라고 외치라. 독수리는 폭풍을 걱정하지 않고 더 높이 날아오른다. 문제를 두려워하지 말고 전체적인 상황을 현명하게 바라보자. 명심하라, 당신은 지극히 높으신 하나님의 창조물이다!

잘되는 태도 3
나는 하나님의 계획을 믿는다

'감사 노트'를 만들어 자기 전에 기록하라. 하나님이 내 삶에 개입하셨다는 확신이 들 때마다 그 일들을 노트에 적어보자. 힘들고 지친 날에 나만의 감사 노트를 읽고 흐뭇한 기분으로 잠들라.

BECOME

A

BETTER

YOU

6부

여섯 번째 키 잘되는 결단

나는 비전이 있는 사람이다

1 목표를 크게 잡으라
2 민감한 양심도 경쟁력이다
3 진실하게 성공하라
   결단의 키를 잡으라

01
Become A Better You
목표를 크게 잡으라

하나님은 최선의 길이 아니면 제시하지 않으신다.
우리 인생이 얼마나 높이 오를지는 오직 순종에 달렸다.

우리가 날마다 새로운 단계로 비상하는 것이 바로 하나님의 뜻이다. 삶이 얼마나 발전하고 하나님의 복과 은혜가 얼마나 쏟아지는가는 하나님의 인도하심에 잘 따르느냐에 달렸다.

하나님은 끊임없이 우리의 모난 부분을 보여주신다. 무엇이 우리의 발목을 잡고 있는지 하나님만큼 잘 아시는 분은 없다. 그분은 우리의 약점과 실수는 물론이고 우리가 꼭꼭 숨겨둔 비밀까지도 다 아신다. 성공과 복이 계속 이어지길 바란다면 하나님이 밝혀주신 진실을 직시하고 그분이 명령하시는 대로 모난 부분을 깎아내야 한다.

우리는 가끔 어리석은 생각에 빠진다. "순종하기가 너무 어려워. 그 사람을 용서해야 한다는 건 알지만 워낙 큰 상처를 받았어야 말이지." "운동을 하긴 해야겠는데 도무지 시간이 없어. 과로를 안 하려 해도 돈이 더 필요한 걸 어떡해."

하나님의 말씀은 하나부터 열까지 우리에게 유익하다는 것을 알아야 한다. 하나님은 최선의 길이 아니면 제시하지 않으신다. 일부러 우리 삶을 힘들게 몰아가지도 않으신다. 정반대다. 하늘 아버지가 우리에게 순종을 요구하시는 것은 그분의 복과 은혜를 더 풍성히 부어주시기 위해서다.

하나님이 바로잡으라고 계속해서 말씀하시는데도 여태껏 끌어온 문제점이 있는가? 소비습관을 고치라는 하나님의 명령을 모른 체하고 있는가? 정죄하는 태도를 버리거나 집안에서 분쟁을 일으키지 말라는 하나님의 음성을 무시하고 있는가? 일터의 누군가와 화해하라는 하나님의 음성을 듣고도 계속해서 늑장을 부리고 있는가? 당장 하나님의 말씀에 귀를 기울이고 그대로 따르라.

순종할 때마다 반드시 복이 따라온다. 왜일까? 순종은 성장의 씨앗을 뿌리는 행위기 때문이다. 당장은 아니더라도 때가 되면 어떤 식으로든 하나님의 풍성한 복이 쏟아진다.

> 순종할 때마다 반드시 복이 따라온다. 순종은 성장의 씨앗을 뿌리는 행위기 때문이다.

즉시 순종하라

인격문제는 방치해둘수록 고치기가 점점 더 어려워진다. 그러므로 하나님의 음성에 재빨리 순종하는 법을 배워야 한다. "이 행동은 옳지 않아." 내면의 경고음이 울리는 즉시 그 행동을 멈춰야 한다. 마음이 편치 않은 것은 최선의 길로 이끄시려는 하나님의 음성일 수 있다.

하나님은 우리에게 자유의지를 주셨다. 우리가 마지못해 옳은 일을 하거나 좋은 선택을 내리도록 강요하지 않으신다. 하나님의 나지막한 속삭임에 귀를 기울일지는 우리 각자가 선택해야 할 몫이다. 단, 자기 일에 너무 바빠 하나님의 음성을 놓치면 하나님의 복은 기대하지 말아야 한다. 그러므로 우리는 하나님의 인도하심에 따라 행동해야 한다.

나와 아내는 1987년에 결혼한 후 처음 몇 년 간은 여느 철없는 부부들처럼 하나가 되기 위한 힘겨운 과정을 겪어야 했다. 심각한 충돌은 없었지만 지극히 사소한 일로 자주 부딪쳤다. 나는 내 방식을 밀어붙이며 조금도 굽히려 하지 않았다. 그때 하나님이 마음 깊은 곳에 주신 작은 음성이 지금도 생생하다. "조엘, 가정의 평화를 위해 네가 먼저 바뀌지 않으면 네 아리따운 아내를 바꿀 수 없단다. 이대로 가면 큰 문제가 발생할 거야." 정곡을 찌르는 경고의 말씀이었다. 감사하게도 나는 이 경고를 깊이 새겨 사소한 입씨름을 그만두고 아량을 베풀면서 나 자신을 바꿔갔다. 덕분에 이제 우리집에는 웃음이 끊일 날이 없다.

하나님이 당신에게 뭐라고 말씀하시는가? 말을 조심하라고 하시는가? 상처를 주는 말, 비꼬는 말, 비판적인 말을 그만두라고 경고하시는가? 자신의 나쁜 습관이 관계를 망치고 있는 줄 스스로도 알고 있는가? 나쁜 습관은 하루도 더 이어가지 말아야 한다. 요란한 사이렌이 울릴 때까지 기다리지 말고 당장 행동해야 현명하다. 대개 하나님은 야구 방망이로 머리를 때리며 말씀하시지는 않는다.

하나님은 고요한 음성으로 속삭이신다. 그러므로 우리는 그분의 이끄심에 신경을 집중하고 뭐든 그분이 시키시는 대로 해야 한다. 그러면 우리 인생은 자연히 높은 단계로 올라간다.

문제를 해결하면 더 높이 오를 수 있다

누구나 더 높이 오를 수 있다. 하나님이 아무리 작은 문제점을 밝혀주셔도 순종하는 마음으로 재빨리 고치면 우리는 무한히 비상할 수 있다.

얼마 전 텔레비전에 한 목사가 나왔다. 훌륭한 목회자로 정평이 난 사람이었다. 그런데 텔레비전을 보고 있노라니 내가 조금 안답시고 방송 제작의 허점이 하나 둘 눈에 들어오기 시작했다. "왜 카메라가 저 쪽을 비추는 거야. 배경이 별로잖아. 저런 옷을 입다니. 조명 배치가 엉망이군."

몇 분 뒤 문득 정신을 차리고보니 이미 해서는 안 될 말을 열두 가지도 더 한 후였다. 순간 내면에서 나지막한 음성이 느껴졌다. "조엘, 너무 비판적으로 굴지 마. 좋은 면을 찾아봐. 그들이 돕고 있는 사람들을 생각해봐."

나는 죄책감을 느끼면서도 그리 큰 문제가 아니라고 생각하고 쉽게 넘어갈 수도 있었다. 어차피 내 말을 들은 사람도 없었으니까. 그럼에도 나는 재빨리 문제를 다루었다. "아버지, 용서해주세요. 비판적인 태도에 빠지지 않게 해주세요. 더 나은 사람이 되고 싶습니다. 언제나 좋은 면만 보게 도와주세요."

그 작은 사건은 내가 더 높이 오를 수 있는 기회였다. 하나님은 내 소명을 방해할 수 있는 작은 문제점까지도 밝혀주셨다. 나는 완벽하지는 않지만 문제점을 빨리 다루는 법을 배웠다. 나는 언제나 마음을 열고 개선점을 찾으려고 애쓴다. 나는 하나님의 더 큰 복을 받기 위해 작은 문제도 그냥 넘어갈 생각이 없다.

문제점이 많아도 그냥저냥 살아갈 수는 있다. 배울 점이 없는 사람들과 어울려도 천국에 갈 수는 있다. 사람들을 함부로 대하거나 열심히 일하지 않아도 그럭저럭 편하게 살 수 있다. 하지만 그래서는 더 높이 오를 수 없다. 우리의 잠재력을 온전히 발휘할 수 없다.

"왜 나는 행복하지 않을까? 왜 나는 복을 받지 못하고 영향력을 발휘하지 못할까? 왜 나는 밤에 편히 잠을 이루지 못할까?" 많은 사람이 이런 의문을 던진다. 십중팔구 그것은 양심이 깨끗하지 못한 탓이다. 죄를 무의식 속에 묻어두고 있는가? 그렇다면 더 높이 올라 하나님의 최선을 누리겠다는 기대는 버려야 한다.

다윗 왕은 밧세바를 능욕한 후 죄를 감추려고 했다. 설상가상으로 밧세바의 남편을 아무도 모르게 죽이려고 그를 최전선으로 보낸 다음 장군에게 군대를 돌리라고 명령했다. 그리고 1년 동안 다윗은 아무렇지도 않은 듯 살아갔다. '깨끗이 잊어버리면 돼. 아무 일도 없었던 거야.'

하지만 그해는 다윗의 인생에서 가장 불행한 시절이었다. 성경은 다윗이 몸도 상하고 온갖 골칫거리에 시달렸다고 말한다. 문제를 해결하지 않으면 이처럼 하나님이 보호하심과 은혜를 거둬가신다. 죄책감을 안고 살면 마음이 편하지 않고 남들에게도 짜증을 내게 된다. 그리고 결국 다윗처럼 몸과 마음이 모두 상하고 만다. 내면의 독은 그만큼 지독하다.

그렇게 한 해가 지난 후 결국 다윗 왕은 선지자의 꾸지람 앞에서 죄와 실수를 인정했다. "하나님, 죄송합니다. 제발 용서해주세요. 제 안에 깨끗한 마음을 주시고 구원의 기쁨을 회복시켜주세요." 진심으로 뉘우치자 하나님은 다윗을 회복시키셨다. 다윗은 비록 큰 실수를 저질렀지만 회개를 통해 기쁨과 평안과 승리를 다시 얻고 위대한 일들을 이루어갔다.

문제를 해결하지 않았다면 다윗은 남은 평생 패배감에 빠져 평범하게 인생을 마쳤을 것이다. 하지만 그가 변화를 선택하자 하나님이 도와주셨다.

해결하기를 미루고 있는 문제점이 있는가? 용서를 구하면 하나님이 회복시켜주실 것이다. 회개하는 순간, 하나님은 우리를 최선의 길로 다시 부르셔서 새로운 출발을 주신다.

양심이 가리키는 방향으로 가라

하나님은 우리를 개별적으로 다루신다. 우리 모두는 수준이 다르므로 절대 자신을 남과 비교하지 말아야 한다. 비교는 변명의 주된 수단이기 때문이다. 예컨대 친구들이 다같이 어떤 영화를 보러 가자는데 리뷰를 읽어보니 좋은 내용이 아니다. 이 영화를 보는 것은 하나님이 원하시는 최선의 길이 아니다. 이때 내면의 경고음이 울리며 양심의 소리가 들린다. "친구들이 하자면 살인이라도 저지를래? 너는 더 나은 사람이야. 양심에 찔릴 일은 아예 하지도 마."

양심은 언제나 더 높이 오를 수 있는 길을 제시한다. 하지만 자칫 우리는 양심의 소리를 잠재우려고 변명할 수 있다. "그리 나쁜 내용은 아냐. 내가 어린애인 줄 알아? 게다가 친구들은 하나같이 하나님을 사랑한다고. 교회에도 열심히 나가고. 좋은 애들이야. 걔들도 보는데 나라고 보지 못할 이유가 뭐야?"

그렇지 않다. 친구들의 영적 수준은 우리와 다르다. 아니면 하나님의 음성을 무시하고 있는 건지도 모른다. 그들이 하나님의 복을 더 받으려면 낮은 수준의 삶에서 벗어나야 한다. 우리는 양심이 가리키는 방향으로 가야 한다. 그러면 친구 몇 명을 잃을지도 모른다. 얼마 동안 외롭게 지내야 할지 모른다. 축구 시합이 끝난 후 벌어지는 술판에도 더 이상 낄 수 없다.

하지만 하나님이 시키시는 대로만 하면 결코 손해보는 법은 없다. 손해는커녕 오히려 하나님의 복과 은혜를 더욱 풍성히 누리게 된다.

게다가 하나님은 무작정 시키기만 하시는 게 아니라 할 수 있는 능력까지 함께 주신다. 하나님이 누군가를 용서하라고 하시는데 도저히 그러지 못하겠는가? 믿음으로 한 발만 내딛으면 하나님이 필요한 자비심을 주신다. 하지만 어디까지나 믿음의 도약이 우선이다. 우리가 믿음으로 나아가면 하나님은 옳은 길에 서 있는 어떤 장애물도 극복할 수 있는 초자연적인 힘을 주신다.

하나님이 우리를 위해 놀라운 복을 예비하고 계신다. 나쁜 습관과 나쁜 태도에 묶여 이 복을 놓치면 얼마나 안타까운 일인가. 내면의 나지막한 음성에 귀를 기울이고, 하나님이 문제를 밝혀주시거든 즉시 순종하라. 명심하라. 우리 인생이 얼마나 높이 오를지는 오직 순종에 달렸다.

02
Become A Better You
민감한 양심도 경쟁력이다

양심이 시키는 대로 해야 한다.
늘 내면의 느낌을 살피고 양심을 속이지 말아야 한다.

양심은 영혼의 나침반인 동시에 내면의 경보장치다. 우리가 옳지 않은 일을 하려고 할 때, 양심은 마음을 찌른다. 이 경고음을 무시해서는 안 된다. 양심은 옳고 그름을 알려주는 인생 최고의 친구다.

대화를 나누다가 분위기가 가열됐다고 하자. 슬슬 열이 받아 한마디 쏘아붙이려는데 갑자기 내면에서 경고음이 울린다. "화를 눌러. 입술을 꽉 깨물고 일단 밖으로 나가 마음을 가라앉혀. 가정의 평화를 깨뜨리면 안 돼."

이것은 가정을 지키려는 양심의 소리요 하나님의 경고 메시지다. 우리는 이 소리를 무시한 채 멋대로 행동할 때가 너무도 많다. 결국 대판 싸우고 나서 각방을 쓰고야 만다. 하지만 양심의 소리에 따라 아내에게 져주면 아침식탁부터 달라진다.

민감한 양심을 길러야 한다. 양심이 그만두라고 할 때 그만두면 후회할 일을 만들지 않는다. 그러므로 양심이 시키는 대로 해야 한다. 늘 내면의 느낌을 살피고 양심을 속이지 말아야 한다.

내면의 소리에 귀기울이라

우리 교회에서 잠시 계약직으로 일했던 피터라는 젊은이를 최근에 다시 만났는데 하마터면 얼굴을 못 알아볼 뻔했다. 눈 주위에서 시작하여 얼굴 전체에 검붉은 멍이 가득했고 팔은 욱신거리는 기색이 역력했다.

"피터, 도대체 어찌된 일이에요? 무슨 일이 있었던 거예요?"

"이틀 전 밤에 차량 강도를 만났어요."

"뭐라고요?"

"일을 마치고 집에 가던 중에 신호등 앞에서 멈췄거든요. 그때 강도들이 들이닥쳐 저를 차에서 끌어내렸어요. 지갑이 없다는 이유로 흠씬 두들겨맞고 거기에 버려졌죠."

"많이 놀라셨겠어요."

"예. 그런데 희한한 사실은 그날 밤 왠지 그리로 가기 싫었다는 거예요." 그러면서 피터는 자신의 가슴을 가리켰다. "이 안에서 뭔가가 다른 길로 가라고 말했어요. 심지어 논쟁까지 벌어졌죠. '늘 이 길로 갔어. 가장 빠른 길이야. 왜 다른 길로 가야 해?' 저는 그렇게 반박했어요."

이 남자는 종교를 믿지 않으면서도 하나님 이야기를 꺼냈다. "하나님이 저한테 경고하신 거예요. 저를 보호하시려는 거였어요." 그는 잠시 나를 바라보다가 다시 입을 열었다. "목사님, 그분이 시키시는 대로만 했더라면 이런 꼴은 당하지 않았을 텐데요."

곤란한 상황에 빠지거나 어리석은 결정을 내리기 전에 하나님은 반드시 우리 내면으로 경고음을 보내신다. 피터의 경우처럼 극적인 경고음은 아니더라도 귀를 기울이면 하나님이 안전한 길로 우리를 이끄신다.

우리는 내심 무엇을 해야 할지 알면서도 다른 행동을 선택할 때가 많다. 하지만 그렇게 무시할 때마다 양심의 소리는 점점 기어들어간다. 급기야 양심의 소리가 아예 들리지 않는 지경에 이를 수도 있다.

> 우리는 무엇을 해야 할지 알면서도 다른 행동을 선택할 때가 많다. 하나님의 음성이 희미하게 들린다면 경각심을 가져야 한다.

누군가에게 막 무례한 말을 던지려는데 갑자기 내면에서 뭔가가 입을 막는다고 하자. 왠지 이 말을 해서는 안 될 것만 같다. 하지만 양심의 소리를 무시한 채 결국 무례한 말을 입 밖으로 내뱉었다면 곧 죄책감을 느끼게 된다. 그래도 다시 돌아가 사과하지 않으면 다음 번에는 경고음이 처음만큼 크고 강하게 들리지 않는다. 이런 과정이 반복되면 양심이 완전히 마비될 수도 있다.

하나님의 음성이 희미하게 들린다면 경각심을 가져야 한다. 양심이 썩을 대로 썩어 가책조차 느껴지지 않을 정도라면 정말 큰일이다. 우리는 양심을 위해 기도해야 한다. "하나님, 당신의 음성에 민감하게 반응하도록 도와주세요. 제 양심이 마비될 때까지 놔두지 마세요. 차갑게 굳은 가슴으로 살고 싶지 않습니다. 멋대로 말하고 행동하는 양심 불량자가 되고 싶지 않습니다. 민감한 양심을 주세요."

순종하면 양심이 민감해진다

하나님은 순종하는 자에게 복을 주신다. 하나님의 나지막한 음성 곧 양심의 소리를 따라가는 것이 최선의 길이다. 자신을 솔직히 돌아보고 변화하겠다는 의지를 품으면 하나님이 반드시 도와주신다. 몇십 년 간 평범함의 굴레에 갇혀 사느니 잠깐 변화의 고통을 감내하는 편이 훨씬 낫다.

순종은 하면 할수록 쉬워진다. 순종이 순종을 낳는다. 반대로 불순종은 다시 불순종을 낳는다. 이렇게 우리 양심은 매일 민감해지거나 무뎌진다. 순종할 때마다 양심이 민감해진다. 순종하면 조금 더 빛으로 나아간다. 마음이 조금 더 부드러워지고 반응 속도가 조금 더 빨라진다. 나중에는 찜찜한 기분이 들자마자 곧바로 잘못을 바로잡는 경지에 이른다. 이것이 하나님이 원하시는 경지다. 내면에서 나지막한 음성이 들리자마자 우리는 곧바로 행동을 취해야 한다.

대학 시절을 함께 보낸 친구 중 쌀쌀맞기 짝이 없던 녀석이 한 명 있었다. 상대방을 사정없이 깔아뭉갠 적도 한두 번이 아니었다. 하루는 친구들끼리 식사를 하러 갔는데 웨이터가 그만 이 친구의 음식을 잘못 주문해버렸다. 그러자 친구는 많은 사람 앞에서 웨이터에게 심한 면박을 주었다.

기숙사로 돌아온 지 1시간쯤 지났을까. 이 친구가 내 방으로 찾아와 차를 빌려달라고 했다. 나는 키를 내주며 이유를 물었다.

"이 늦은 시간에 어딜 가려고?"

"응, 견딜 수가 없어서. 아까 내가 웨이터한테 심하게 굴었잖아. 도저히 잠이 오질 않아. 다시 가서 사과해야겠어."

그때부터 이 친구는 눈에 띄게 바뀌기 시작했다. 냉담하고 무례한 사람에서 친절한 사람으로 변해갔다. 지금은 세상에 그렇게 사려 깊은 사람을 찾기 힘들 정도다. 우리도 하나님과 협력하면 얼마든지 변할 수 있다.

누구도 완벽하지 않다. 우리 모두는 실수를 저지른다. 문제는 실수한 다음이다. "무례하게 해서 죄송합니다. 앞으로는 그러지 않겠습니다." 이렇게 말할 때 우리의 양심은 더욱 민감해진다. 깨끗하고 민감한 양심으로 살면 하나님이 끝없는 복을 부어주신다. 그러나 썩은 양심으로 살면 결국 자신만 손해다. 죄책감에 빠져 행복을 느끼지 못하고, 떳떳하게 기도할 수도 없다. 복을 기대하지 않게 되며, 기대해도 얻을 수 없다.

이때는 어서 올바른 길로 돌아오는 게 상책이다. 내 친구처럼 자존심을 접고 즉시 순종해야 한다. 상처를 준 사람에게 사과하고 나면 마음이 얼마나 가벼워지는지 모른다.

"하나님, 잘못했습니다. 저 사람에게 못되게 군 저를 용서해주세요."

회개하면 굳었던 양심이 풀어진다. 무거운 짐이 떨어져나가고 단잠을 이룰 수 있다. 게다가 하나님이 다음 번에는 더 잘하게 도와주신다.

오래 전 어느 날 아버지가 예배를 마친 후 텔레비전 방송 제작 현장에 찾아오셨다. 마침 그때 나는 함께 일하는 직원 대여섯 명과 모여 뭔가 우스운 이야기를 하며 키득거리고 있었다. 그런데 어떤 이유에서

였는지 아버지는 우리가 예배 담당자 중 한 사람을 놀린다고 오해하셨다.

원래 아버지는 더없이 친절하고 다정다감한 분이셨지만, 이번에는 많이 화가 나셨는지 남을 놀리면 안 된다며 우리를 호되게 꾸중하셨다. "아버지, 그런 게 아니에요." 내가 아무리 말해도 아버지는 막무가내셨다. 아버지가 그러고 나가시자 우리는 기분이 꽤 언짢았다.

그리고 그날 밤 집에 들어간 지 두어 시간쯤 지난 후 아버지가 내 방에 들어오셨다. "애야, 할 얘기가 있단다. 아까 내가 너무 심했지? 미안하다. 오해였어. 애비를 용서해다오." 아버지는 내가 집에 돌아오기 전에 이미 다른 직원들에게 일일이 전화해 사과하신 후였다. 자정이 가까운 시간이었지만 아버지는 마음의 짐을 안고 잠자리에 들 수 없으셨던 것이다.

나는 깊은 감명을 받았다! 다른 직원들도 그랬으리라. 아버지는 우리의 대장이셨지만 겸손하게 잘못을 시인하고 사과하셨다. 양심이 민감하다는 결정적인 증거였다. 그러니 하나님의 복을 받은 것도 무리는 아니다. 하나님이 그런 분을 어찌 귀하게 쓰시지 않을 수 있겠는가.

양심이 깨끗하면 행복해진다

우리는 민감한 양심으로 살아야 한다. 그래야 하나님이 밝혀주시는 최선의 길로 갈 수 있다. 마태복음 6장 22절에서는 눈이 몸의 등불이라고 말한다. 양심은 바로 우리의 '영적 눈'이다. 계속해서 예수님은 눈이 밝으면 온몸이 밝을 것이라고 말씀하신다. 양심이 깨끗하면 인생이 밝고 행복해진다. 긍정적인 비전을 얻고 하나님의 복을 풍성히 누리게 된다.

하지만 그 다음 구절은 오늘날의 세태를 말해준다. 한 역본은 이 구절을 이렇게 번역하고 있다. "양심이 어둠으로 가득 차 있으면 그 어둠이 얼마나 지독하겠느냐." 많은 사람들이 무거운 마음으로 살아가고 있다. 가슴 한구석에 답답한 채로 행복을 느끼지 못하며 산다. 그것은 양심이 깨끗하지 않기 때문이다. 경고음을 너무 오래 무시해온 탓이다. 그들의 양심은 차갑고 딱딱하게 굳어 있다.

옳은 방향으로 돌아서지 않으면 굳은 양심은 녹아내리지 않는다. 해서는 안 될 일을 하고 있는가? 즉시 옳은 방향으로 돌아서야 한다. 꼭 해야 하는 일을 하지 않고 있는가? 잠시도 미루지 말고 어서 그 일을 해야 한다. 작은 문제라도 그냥 둬서는 안 된다. 어떤 문제든 양심의 소리에 귀를 기울이고 즉시 순종하는 자세를 갖춰야 한다. 그래야 무거운 짐이 떨어져나간다. 나는 사도행전 23장에 실린 사도 바울의 고백을 참 좋아한다. "나는 오늘까지 모든 선한 양심으로 하나님을 위해 살아왔습니다."

가끔 사람들이 내게 말한다. "목사님은 이 부분이 부족해요. 저 부분이 문제예요."

나도 내가 완벽하지 않은 줄 잘 안다. 하지만 한 가지는 분명하다. 내 양심이 하나님 앞에서 깨끗하다는 사실! 나는 그분을 기쁘시게 하려고 최선을 다하고 있다. 이것이 내가 밤에 두 다리를 쭉 뻗고 잘 수 있는 이유다. 이것이 내가 늘 웃음을 달고 사는 이유다. 민감한 양심으로 살면 날이 갈수록 더 좋은 인생이 펼쳐진다.

03
Become A Better You
진실하게 성공하라

우리는 더 행복해질 수 있다. 더 좋은 관계도 얼마든지 가능하다.
그러려면 자신을 솔직히 돌아보고 진실을 직시해야 한다.

어느 목장에서 있었던 일이다. 하루는 말 한 마리가 나무 울타리를 걷어차다가 한 쪽 다리를 심하게 긁혔다. 주인은 말을 마구간으로 데려가 상처를 닦고 붕대를 감아주었다. 그런데 몇 주 후에 보니 말이 여전히 끙끙대며 앓고 있었다. 주인은 안 되겠다 싶어 수의사를 불렀고, 수의사는 말의 상태를 살펴보더니 항생제를 투여했다. 그러자 병세는 곧 호전돼 보였다. 하지만 얼마 지나지 않아 말의 고통은 다시 시작됐다. 상처는 오히려 전보다 더 악화된 것 같았다. 수의사는 이번에도 항생제를 투여했다.

말은 금세 원기를 회복해 활발하게 뛰어다녔지만 몇 주 후 다시 시름시름 앓기 시작했다. 마침내 주인은 상처가 낫지 않는 원인을 알아내야겠다 싶어 말을 차에 싣고 동물병원에 직접 찾아갔다. 수의사는 말을 마취한 후 검사를 시작했다. 상처 부위를 어느 정도 파고들어가자 몇 달 전 울타리에 부딪히면서 피부를 파고든 큼지막한 나뭇조각이 드러났다. 감염의 원인이 제거되지 않았기 때문에 항생제를 투여해도 그때뿐이었던 것이다. 수의사는 여태껏 고통의 근본 원인은 해결하지 않은 채 겉으로 보이는 증상에만 신경을 썼다.

우리도 이 수의사 같을 때가 많다. 표면적인 문제만 다루는 선에서 그만둔다. "행동을 고쳐야겠어. 생활 패턴을 바꿔야 해. 좀더 친절하고 다정다감해지려고 노력할 거야. 돈을 너무 많이 쓰지 말아야겠어. 신용카드 사용을 줄여야지. 이제는 남을 속이지 않을래. 성질 좀 죽여야지." 개선하려는 노력은 좋다. 그러나 우리는 문제의 진짜 원인을 지나칠 때가 많다. 그래서는 아무리 나아지려고 애써도 똑같은 문제의 굴레에서 벗어나지 못한다.

문제의 뿌리를 찾아야 변화가 가능하다

근본적인 변화를 위해서는 단순히 행동만 고치는 데 그쳐서는 안 된다. 더 깊이 들어가야 한다. "이 문제의 뿌리가 뭐지?" "내가 왜 이런 식으로 행동할까?" "왜 이 부분에서는 자제가 되지 않을까?" "왜 나는 늘 폭발하고 마는 걸까?" "왜 나는 자꾸 변명만 늘어놓을까?"

뿌리로 들어가 문제의 근원을 해결해야만 긍정적인 변화가 가능하다.

끊임없이 되풀이되는 문제를 철저히 조사해야 한다. 정말 아내의 잘못일까? 자라온 환경 탓일까? 아니면 내면 깊은 곳에 '감염'의 원인이 도사리고 있는 건 아닐까? 관계 측면에서 이런 물음이 특히 중요하다. 관계가 흔들리는 근본 원인을 파헤쳐보면 대개 과거의 상처가 드러난다.

우리는 관계가 흔들리면 무조건 상대방의 문제라고 단정짓는 경향이 있다. 배우자나 동료에게 비난의 화살을 돌린다. 하지만 잠깐, 혹시 자신이 문제는 아닐까? 교만이라는 근본 원인 탓에 용서하지 못하거나 그들의 의견을 무시하는 건 아닐까? 겉으로 드러난 문제만 고치려는 것은 말의 상처난 다리에 달랑 반창고만 하나 붙이는 것과 같다. 진짜 원인을 제거하지 않으면 문제는 끊임없이 재발한다.

샤나와 앤디의 결혼생활은 바람 잘 날이 없었다. 특히 둘은 정말 말이 통하지 않았다. 앤디가 조금만 반박하면 샤나가 길길이 날뛰는 바람에 대화는 노골적인 말싸움으로 돌변하기 일쑤였다. "왜 내 말을 무시하는 거야?" 그러면 앤디도 지지 않고 맞받아쳤다. "왜 내가 무슨 말만하면 불같이 화를 내는 거야?"

샤나는 딱히 대답할 말도 없으면서 남편의 반대 의견을 고집스레 받아들이지 않았다. 이런 상황이 몇 년이나 지속되다보니 둘 사이에는 어느덧 거대한 틈이 벌어졌다.

어느 날 샤나는 자신을 솔직히 돌아보기로 결심했다. 자기 내면을 깊이 들여다보니 잦은 분노의 이면에 극도의 불안감이 숨어 있었다. 샤나는 어릴 적부터 많은 상처와 고통을 겪었으며 사람들 사이에서 심한 무시를 당했다. 그래서 앤디가 반대 의견을 내놓을 때마다 자신을 무시한다고 생각한 것이다. 아무리 가까운 사이라도 때로 의견이 다를 수 있건만 샤나는 그것을 개인적인 공격으로 받아들였다.

이제 샤나는 갈등의 근본 원인이 대화법의 문제가 아니라는 것을 깨달았다. 진짜 원인은 자신의 불안감이었다. 하루아침에 모든 것이 바뀌지는 않았지만 샤나가 하나님께 도움을 구하면서 자신의 감정을 다루어가자 차츰 부부관계가 회복되기 시작했다. 문제 해결의 열쇠는 근본 원인에 있었다. 샤나가 나쁜 뿌리를 뽑아내자 자연스레 좋은 열매가 생겼다.

문제의 대부분이 깊은 뿌리에서 비롯된다는 것을 알아야 한다. 열매만 다루려고 하는 한, 끊임없이 돌아가는 문제의 쳇바퀴에서 영원히 벗어날 수 없다.

이스라엘 백성도 인생의 쳇바퀴를 끊임없이 돌았다. 이집트에서 약속의 땅 가나안까지 기껏해야 11일이면 갈 거리를 무려 40년 동안 헤맨 것이다. 근본 원인은 자유를 얻은 후까지 떨쳐내지 못한 피해자 근성이었다. 이스라엘 백성은 이집트를 나오기 전까지 노예로 살면서 고통스럽고 억울한 일을 많이 겪었다. 그리고 그 내면의 고통은 하나님이 노예 신세에서 기적적으로 구해주신 후에도 계속해서 그들을 따라다녔다. 광야에서는 음식과 물이 부족하다며 모세에게 불평을 하고, 적 앞에서는 무서워 벌벌 떨었다. 자신들에게 문제가 있다는 생각은 꿈에도 하지 못했다. 믿음이 부족한 탓에 그들은 40년 동안이나 같은 산 주위를 빙빙 돌며 조금도 전진하지 못했다.

당신도 인생의 같은 자리에 너무 오래 묶여 있지는 않았는가? 가정 불화나 희망 없는 직장에 묶여 있는가? 빚이나 부정적인 태도의 수렁에 빠져 허우적거리고 있는가? 다혈질이거나 비판적인 태도로 사람들과 담을 쌓고 있는가?

이제 일어나서 전진할 때다. "하나님, 제 자신에 관한 진실을 밝혀주세요. 내년까지 이 자리에 그대로 묶여 있긴 싫습니다. 그러니 제 발목을 잡고 있는 문제의 정체를 밝혀주세요. 아버지, 바뀔 수 있도록 도와주세요. 문제의 뿌리를 뽑아주세요." 이런 기도가 필요하다.

자신을 솔직히 돌아보고 진실을 직시하라

지금 하나님은 우리가 여태껏 열지 않았던 마음의 문을 두드리고 계신다. 그분이 들어오시는 유일한 방법은 우리가 초대하는 것이다. 손잡이는 안쪽에 있다. 마음의 문을 다 열지 않은 사람들이 많은데, 열지 않은 문들 안쪽에는 대개 과거의 고통과 상처가 숨어 있다. 우리는 약점과 단점을 그 문들 안에 숨겨놓는다. 문을 꽁꽁 걸어잠근 채 어두운 구석에 쌓여 있는 오물을 청소하지 않는다. 그러면서 자기 행동에 대해 변명하거나 다른 사람들, 심지어 하나님까지 탓한다.

"나는 원래 그래."

하나님은 쉬지 않고 문을 두드리신다. 근본 원인을 해결하려면 마음의 모든 문을 활짝 열어 하나님 말씀의 빛으로 구석구석을 비추어야 한다. 문제를 문 뒤에 숨기지 말고 솔직한 질문을 던지는 게 상책이다. "하나님, 저는 왜 이럴까요?" "왜 배우자와 늘 티격태격할까요?" "왜 자꾸 남을 속일까요?" "하나님, 왜 저는 항상 고집을 부리는 걸까요?" "왜 그렇게 쉽게 분노를 터뜨릴까요?" 문제를 변명 뒤에 숨기는 대신 자신을 솔직히 돌아보고 진실을 직시하면 하나님이 그런 물음에 대한 답을 보여주신다. 그리고 그 답에 따라 행동하면 더 높이 오를 수 있다.

물론 뿌리를 파내려면 여간 고통스럽지 않다. 그냥 표면만 다룬 채 현재 상태에 머무는 게 당장은 편할 수도 있다. 하지만 더 높이 오르려면 고통이 따르기 마련이다. 진짜 문제를 인정하고 다루려면 웬만한 용기로는 어림도 없다. "내 성격에 문제가 있어서 원망을 품고 화를 낸 거야." "내가 과거의 짐을 질질 끌고다니기 때문에 사람들이 다가오지 않는 거야." 이처럼 문제를 내 탓으로 돌리며 상대방을 용서하기는 정말이지 쉽지 않다. 게다가 껍데기를 벗기고 내면을 뒤집어보면 어떤 충격마저 받을 수 있다. 하지만 괜찮다. 그런 불편함은 잠시뿐이다. 그것은 성장의 고통일 뿐이다. 그 순간만 잘 견뎌내면 새로운 차원에 접어든다. 평범함의 쳇바퀴를 도는 고통에 비하면 변화의 고통 정도는 아무것도 아니다.

> 평범함의 쳇바퀴를 도는 고통에 비하면 변화의 고통 정도는 아무것도 아니다.

변명을 멈추고 변화를 시작하라

변명부터 그만두어야 변화가 가능하다. 과거 탓은 그만둬야 한다. 인생의 쓴맛이란 쓴맛은 다 보았는가? 그것이 나쁜 습관을 버리지 못하거나 관계가 흔들리는 이유인가? 아니면 낮은 자아상이 문제일 수도 있다. 그렇더라도 그것을 현재에 머무는 구실로 삼아서는 안 된다. 스스로 책임을 지는 사람이 현명하다. 억울한 일을 겪고 나서 평생을 원망에 오염된 채로 살아가는 사람들이 얼마나 많은가. 그들은 쉽게 분노하고 사사건건 시비조로 나온다. 도저히 어울리기 힘든 사람들이다. 그들은 으레 변명으로 자신을 합리화한다. "당신도 나 같은 일을 겪어봐. 똑같이 굴 수밖에 없을 테니."

힘든 세월을 겪었다는 건 인정한다. 하지만 부정적인 태도에 머물 필요는 없다. 얼마든지 더 높이 오를 수 있다. 그러려면 먼저 책임을 받아들여야 한다. 진실을 받아들일 용기가 있어야 한다. "옳지 않아. 더는 분노와 원망의 늪에서 허덕이지 않을래. 다들 싫어하는 사람으로 살고 싶지는 않아. 하나님, 제가 변할 수 있게 도와주세요." 이런 태도를 품으면 하나님이 반드시 도와주신다.

하나님의 자녀인 우리 안에는 우주에서 가장 강한 힘이 용솟음치고 있다. 우리는 어떤 중독도 깨뜨리고 과거의 어떤 망령도 물리칠 수 있다. 마음만 먹으면 어떤 속박의 사슬도 끊어낼 수 있다. 성경은 이렇게 말한다. "여러분 안에 계신 분이 세상에 있는 사람보다 더 크십니다." 이 세상에 우리가 극복할 수 없는 장애물은 없다는 말이다. 우리는 하나님이 주신 뜻을 이룰 수 있다. 얼마든지 꿈을 이룰 수 있다. 부정적인 길을 지나왔는가? 그렇다고 미래까지 부정적일 필요는 없다. 중요한 것은 지나온 과거가 아니라 앞으로 펼쳐질 미래다.

하나님께 영광을 돌리는 좋은 방법 가운데 하나는 과거나 환경을 탓하지 않고 자기 행동에 대한 책임을 받아들이는 것이다. 매번 나쁜 열매만 맺지 말고 나쁜 뿌리를 들어내야 한다. 책임을 받아들이고 일어나 행동을 해야 옳다. 우리는 하나님의 복을 차고 넘치도록 누려야 하는 존재다. 자신에 관한 진실을 받아들이고 문제의 뿌리로 들어가 하나님이 시키시는 대로 자신을 바꿔보라. 장담컨대, 내적인 삶과 외적 관계가 끊임없이 좋아지고 더없는 행복과 만족감이 밀려올 것이다.

결단의 키를 잡으라
나는 비전이 있는 사람이다

잘되는 결단 1
나는 즉시 순종한다
아침에 일어나 조용히 눈을 감고 마음속으로 다짐한다. '아무리 작은 문제라도 순종하는 마음으로 곧장 고칠 거야. 완벽하지는 않지만 최대한 하나님의 뜻대로 살려고 노력해야지.'

잘되는 결단 2
나는 내면의 소리에 집중한다
"하나님, 당신의 음성에 민감하게 반응하도록 도와주세요. 깨끗하고 순결한 예수님의 마음을 닮길 원합니다. 아침에 즉시 순종한다고 고백했으니 남은 하루도 행하는 삶을 살게 하소서."

잘되는 결단 3
나는 진실하게 성공한다
변명을 멈추고 변화를 시작하라. 변명은 새로운 결단을 방해하고, 진실을 받아들일 용기를 거부한다. 내일부터 자신의 행동과 환경을 온전히 책임지라. 꼭 실천할 한 가지를 떠올리며 잠자리에 들라.

BECOME

A

BETTER

YOU

7부

일곱 번째 키 잘되는 실천

나는 믿음으로 산다

1 복을 계획하라
2 웃으면서 일하라
3 믿음을 기대로 바꾸라
4 열정을 품고 살라
　실천의 키를 잡으라

01

Become A Better You

복을 계획하라

어마어마한 꿈을 꾸어야 한다. 풍성한 복을 담을 만큼
큰 그릇을 준비해야 한다. 복을 기대하고 계획하라.

더 나은 사람이 되려면 반드시 옳은 행동으로 믿음을 뒷받침해야 한다. 믿음도 중요하지만 그것만으로는 부족하다. 한 걸음 더 나아가 기대해야 한다. 하나님의 복을 기대하면서 계획을 세워야 한다. 기도한 대로 정말 이루어질 것처럼 행동하는 것이다. 믿음으로 과감히 발걸음을 떼야 실제로 이루어진다.

하나님은 우리 각자의 마음에 꿈을 심어주셨다. 건강을 되찾았으면, 빚에서 벗어났으면, 오랜 꿈을 이루었으면 하는 누구나 믿고 바라는 일이 있다. 문제는 믿는 데서 그치는 사람들이 많다는 것이다. 그래서는 안 된다. 믿음을 넘어 행동으로 나아가야 한다. 행함이 없는 믿음은 진짜 믿음이 아니다. 몸이 아프면 낫기 위한 계획을 세워야 한다. 살림이 쪼들리는 사람은 번영을 계획해야 마땅하다. 가정이 언제 깨질지 모르게 위태위태한가? 그렇다면 관계 회복을 계획하는 것이 답이다. 정말 믿는다면 자신의 전부를 걸 수 있어야 한다.

우리는 하나님의 복을 믿는다고 하면서도 행동은 정반대로 할 때가 많다. 명심하라. 믿음은 좋은 쪽뿐 아니라 나쁜 쪽으로도 그대로 이루어진다. 나는 감기를 계획하는 사람들을 많이 봤다. 마트에 가면 자기 미래를 예언하는 말이 심심치 않게 들린다. "벌써 감기철이군. 감기약을 미리 사두는 게 좋겠어. 작년에 감기가 극성을 부렸잖아. 그때는 운 좋게 넘어갔지만 올해는 어떨지 모르지." 마치 반드시 감기에 걸릴 사람들같다. 그들은 부정적인 믿음을 넘어 실제로 감기약을 산다. 그리고 며칠 후 정말로 감기에 걸린다. 비록 부정적인 믿음이지만 그대로 이루어진 것이다. 그들은 감기를 기대하고 계획한 탓에 정말로 감기를 불러들였다. 바로 그렇다. 좋은 믿음이든 나쁜 믿음이든 그대로 이루어진다.

내 말을 오해하지는 마라. 경고를 귀담아듣는 것은 현명한 행동이다. 누구나 집에 비상약을 비치해두어야 한다. 그러나 감기철이 돌아왔다는 텔레비전 광고가 방송될 때마다 두려움을 안고 약국으로 달려가서는 곤란하다.

회복의 비전을 품으라

신문이나 연구 보고서를 가만히 읽다보면 우리도 머지않아 심장병이나 동맥경화증, 당뇨병에 걸릴 것만 같다. "봐, 네 명에 한 명꼴로 암에 걸린대." 비관적인 사람은 그렇게 말하며 암을 계획한다.

통계가 틀릴 리야 없겠지만 우리는 암에 걸리지 않는 세 명 중 하나라고 믿자. 한 명이 암에 걸린다는 사실보다 세 명이 암에 걸리지 않는다는 사실을 기억하며 사는 편이 훨씬 낫다. 무병장수를 계획하라. 누구나 몸이 아플 때가 있다. 하지만 그냥 포기하고 살아가면 곤란하다. "관절염에 적응하며 살래. 고혈압을 안고 살아가는 법을 배워야 해."

그렇지 않다. 고혈압이니 관절염은 우리가 달고 살아야 할 고질병이 아니라 곧 지나갈 병이다. 그러므로 믿음의 말을 해야 한다. "하나님이 내게 장수하는 복을 주셨어. 내 몸 구석구석이 날마다 새로워지고 있어."

단순한 몽상이 아니라 회복의 비전을 품어야 한다. 내 친구 한 명은 사고로 양 무릎을 심하게 다쳤다. 의사는 운 좋으면 걸을 수는 있겠지만 달리기나 스포츠는 포기해야 한다고 말했다. 당연히 친구의 실망감은 이루 말할 수가 없었다. 하지만 3개월 남짓 후 그는 퇴원하자마자 헬스클럽부터 등록했다. 대단한 믿음의 도약이 아닌가! 물론 친구는 1년이 넘도록 헬스클럽에 나갈 수 없었다. 그러나 그는 가만히 앉아서 휠체어 신세를 계획하지 않기로 마음을 다잡아먹었다. 그는 다시 일어나 걷기로 계획했다. 그게 벌써 5년 전 일이다. 지금은 내가 아무리 빨리 달려도 이 친구를 따라잡을 수 없다. 그는 모두의 예상을 깨고 일어나 달렸다. 비결이 뭐였을까? 상처를 딛고 일어서기로 계획한 덕분이었다. 보통 사람 같았으면 의사의 부정적인 말을 되새겨 포기하고 평범한 삶에 머물렀을 것이다. 하지만 친구는 하나님을 믿는 믿음으로 회복을 계획했다.

부정적인 일을 겪었는가? 누군가에게서 부정적인 말을 들었는가? 그런 부정적인 요소가 뿌리를 내리지 못하도록 계속해서 복을 믿어야 한다. 아침에 눈을 뜨자마자 긍정의 말을 하면 부정은 이내 물러간다. "아버지, 지금 제 삶 속에서 역사하고 계시니 감사합니다. 지금 저를 회복시키고 계신 줄로 믿습니다. 지금 상황이 좋아지고 있습니다."

'언젠가'가 아니라 '지금'이라고 말하는 것이 진짜 믿음이다.

> '언젠가'가 아니라 '지금'이라고 말하는 것이 진짜 믿음이다.

새로운 승리를 계획하라

우리는 틈만 나면 나쁜 일을 계획한다. 일전에 누군가 내게 말했다. "목사님, 제가 예순을 막 넘겼는데 이제 귀가 전만큼 잘 들리지 않아요. 때가 된 것 같아요. 다들 앞으로 청력이 눈에 띄게 떨어질 거라고 하더군요."

나는 그에게 이런 말을 해주었다. "부정적인 목소리에 고개를 끄덕이고 계시군요. 엉뚱한 데 믿음을 두지 마시고 하나님의 말씀에 귀를 기울이세요. 신명기 34장 7절을 보면 모세는 백이십 세가 넘어서도 눈이 침침하거나 근력이 약해지지 않았어요. 여전히 시력과 청력이 또렷하고 몸이 강건했죠. 어르신은 어떨지 몰라도 저는 평생 모세처럼 살 거예요. 부정적인 보고서는 그만 읽으세요. 제가 다른 보고서를 추천해드릴게요. 성경 안에 들어 있는 보고서랍니다. 예순이 넘어도 잘 들을 수 있어요. 일흔이 돼도 정신이 스물다섯 때처럼 또렷할 거예요. 여든이 돼도 기쁨과 활력이 넘쳐야 해요. 이제부터 무병장수와 행복을 계획하시는 게 어때요?"

허리가 90도로 굽은 무기력한 말년을 계획하지 마라. 우리는 그 너머에 믿음을 두고, 자신을 향해 건강의 말을 선포해야 한다. 하나님이 주실 장수에 관해 말하고 그에 따라 행동해야 한다.

구약 성경에서 갈렙은 나이 여든에 엄청난 말을 했다. "하나님, 다른 산을 주세요." 다른 일거리를 달라는 말이다. 갈렙은 승리의 삶을 계획하고 있었다. "하나님, 이젠 은퇴할게요. 허리가 쑤시고 눈도 침침해요. 더 이상 일할 수 있는 몸 상태가 아니에요." 여느 사람들 같았으면 이렇게 말했을 것이다.

하지만 갈렙은 여든의 나이에도 새로운 도전을 준비할 정도로 강건하고 왕성했다. 하나님의 일을 하기에 너무 늦은 나이는 없다. 나이에 상관없이 하나님은 중요한 일거리를 맡겨주신다. 밥만 먹으면서 천국에 갈 날만 기다려서야 되겠는가. 기쁨과 열정을 되살리라. 말라비틀어진 자두처럼 쪼그라들지 말고, 매일 기쁘고 활기차고 건강하고 왕성하게 살기로 계획하라.

어마어마한 꿈을 꾸라

부정적인 말과 생각이 뿌리를 내리지 않도록 해야 하지만, 드높은 인생 목표를 세우는 일도 그에 못지않게 중요하다.

함께 농구를 즐기던 사람들 중에 칠십 대 노신사가 한 분 계셨다. 그가 코트를 종횡무진하면 오히려 이십 대 젊은이들이 따라오지 못할 정도였다. 하루는 그가 말했다. "정말 우습지 뭐야. 마흔 살 때 의사는 농구 같은 격렬한 운동을 하면 무릎이 버텨내지 못할 거라고 했어. 하지만 나는 계속 뛰어다녔지. 쉰 살이 되자 의사는 이런 식으로 달리고 뛰면 등이 망가질 거라고 했어. 하지만 나는 멈추지 않았지. 예순 살이 되자 몸이 따라가지 못할 거라고 하지 뭐야. 하지만 나는 젊은이 못지않게 뛰어다녔어. 일흔 살이 되니까 결국 마음대로 운동하라고 하더군."

내가 한바탕 웃고 나서 물었다. "언제까지 농구를 하실 거예요?"

그러자 그가 빙긋 웃으며 대답했다. "늙을 때까지 하려네."

우스우면서도 한편으론 결코 가볍게 흘려들을 말이 아니었다. 늙는 것은 몸이 아니라 마음이다. 생각만 젊다면 나이를 먹어도 몸 좋은 상태를 유지할 수 있다. 이 노신사는 스물다섯 살의 심장을 지녔다. 그의 온몸에서는 늘 감사와 행복과 기쁨이 넘쳐흘렀다. 그는 늙고 병든 말년을 계획하지 않았다. 그는 즐겁고 왕성하고 건강하게 살기로 계획했고, 실제로 그렇게 살고 있다.

당신은 오늘을 위해 무엇을 계획하고 있는가? 질병, 아니면 건강? 근근이 버텨가는 삶, 아니면 복된 삶? 현재에 머물까, 아니면 더 높이 올라 꿈을 이룰까? 우리는 어떤 행동을 하거나 혹은 하지 않음으로써 뭔가를 계획한다.

성경에 한 과부에 관한 놀라운 이야기가 등장한다. 남편이 일찍 세상을 뜨는 바람에 과부는 지독한 가난과 씨름하며 살아야 했다. 빚쟁이들이 빚 대신 두 아들을 데려가기 위해 오고 있었지만 집 안에 돈이 될 만한 거라곤 작은 기름통 하나밖에 없었다. 이때 선지자 엘리사가 그녀의 집에 찾아와 황당한 일을 시켰다. "동네방네 돌면서 빈 단지를 최대한 많이 빌려오세요. 큰 단지로요. 최대한 많이 가져와야 합니다."

상식적으로만 생각하면 시간 낭비에 불과하다. 하지만 엘리사는 오랫동안 패배를 준비하며 살아온 과부의 믿음을 바로잡아주려고 했다.

나는 믿음으로 산다 299

그는 과부에게 승리를 준비하는 태도를 심어주고 싶었다. 과부가 온갖 빈 단지를 모아오자 엘리사는 기존의 통에 있던 기름을 새로 가져온 단지에 부으라고 시켰다. 얼핏보면 쓸데없이 기름을 담는 용기만 바꾸는 것처럼 보였다. 하지만 성경은 아무리 부어도 기름이 바닥나지 않았다고 말한다. 과부는 끊임없이 붓고 또 부었다. 하나님은 빈 단지들이 남김없이 찰 때까지 초자연적인 능력으로 기름을 불리셨다. 중요한 것은 이 과부가 가져온 단지 수만큼만, 딱 그만큼만 찼다는 것이다. 단지를 좀더 많이 가져왔더라면 더 많은 기름을 얻을 수 있었겠지만, 과부가 준비한 것은 그게 전부였다. 바로 그렇다. 우리는 하나님을 제한하지만 사실 그분의 자원은 무한하다. 우리가 상황에 상관없이 더 많은 복을 믿으면 그분이 기적을 동원해서라도 채워주신다! 우리는 어마어마한 꿈을 꾸어야 한다. 풍성한 복을 충분히 담을 만큼 큰 그릇을 준비해야 한다.

> 우리는 하나님을 제한하지만 사실 그분의 자원은 무한하다.

혹시 패배나 보잘것없는 삶이나 질병을 준비하고 있지는 않은가? 이제부터는 복을 준비하라. 성공과 풍요와 승리를 계획하라. 옳은 믿음을 품으라. 복과 번영, 건강과 기쁨, 풍요로운 삶을 계획하라. 그러면 우리가 요구하지도, 생각하지도 않은 풍성한 복이 찾아올 것이다. 하나님의 복과 은혜가 쏟아지고 우리는 훨씬 더 나은 사람이 될 것이다!

02
Become A Better You
웃으면서 일하라

성경은 53번이나 웃음에 관해 이야기한다. 웃으면 자신에게 유익할 뿐 아니라 하나님의 선하심을 알리는 좋은 증거가 된다.

하나님은 우리 내면에 기쁨의 샘을 파놓으셨다. 상황이 절망스러운가? 도통 뜻대로 풀리는 일이 없는가? 그렇더라도 이 기쁨의 샘에 영혼을 담그면 얼마든지 행복한 콧노래를 부를 수 있다. 상황이야 어쨌든 열정으로 살 수 있다.

에베소서 5장 18절은 '항상' 성령으로 충만하라고 말한다. 한번만 충만해서는 계속해서 행복하게 살 수 없다. 성경은 '늘' 충만하라고 말한다. 끊임없이 충만해야 한다는 말씀이다. 그러면 무엇이 성령 충만한 삶일까?

다음 구절에서 비밀이 드러난다. "시와 찬미와 신령한 노래들로 서로 화답하고 마음으로 주께 찬송하며." 인생의 무거운 짐을 벗고 늘 기쁨으로 충만하게 살려면 마음에서 항상 찬송이 흘러나와야 한다.

우리는 종일 노래해야 한다. 목소리를 높이지는 않더라도 늘 마음에 잔잔한 찬송이 울려퍼져야 한다. 굳이 입을 열어 소리를 내지 않아도 된다. 감사하는 태도를 표현하기만 하면 된다. 늘 하나님의 선하심을 떠올리면 된다. 가락에 맞춰 흥얼거려도 좋다. 일하면서 휘파람을 불어도 괜찮다. 어떤 식으로든 종일 마음에 선율이 흘러야 한다. 문득문득 낮게 속삭이라. "주님, 새 날을 주셔서 감사합니다. 건강하게 살게 해주셔서 고맙습니다."

마음의 찬송으로 기쁨과 평안을 유지하라

노래는 내면을 충만하게 만든다. 노래를 통해 하나님은 새 힘을 무한히 부어주신다. 기쁨과 평안을 끊임없이 다시 채워주신다. 스트레스와 실망감, 생활고로 말라버리기 쉬운 기쁨과 평안을 다시 새롭게 해주시고자 하신다. 늘 찬송하면 삶의 무게로 내면이 고갈될 새도 없이 다시 채워진다. 이것이 성령 충만의 비결이다.

"나는 주일마다 꼬박꼬박 교회에 나가. 출근 전에 성경책도 읽고. 이만하면 충분하지 않나?"

그렇지 않다. 성령 충만은 지속적인 과정이다. 늘 충만하게 살려면 순간순간 다시 채우는 습관을 길러야 한다. 힘겨운 순간일수록 더 많이 채워야 한다.

어린 시절 생일에 받았던 헬륨 풍선을 생각해보라. 생일이 지나고 며칠 간은 풍선이 예쁜 모양을 그대로 유지한다. 줄에 매달아 날려보내면 바람에 이리저리 춤을 추고, 줄을 놓으면 파란 하늘을 두둥실 떠다닌다. 하지만 이틀쯤 더 지나면 풍선이 조금씩 쪼그라들기 시작하고, 날마다 점점 아래로 떨어진다. 그리고 마침내 바람이 완전히 빠져서 땅바닥에 축 늘어진다. 이제 풍선은 더 높이 오를 잠재력은 물론이고 생명력과 매력을 완전히 잃었다.

그러나 풍선을 되살리는 방법은 아주 간단하다. 헬륨만 다시 가득 채우면 된다. 계속해서 헬륨만 채워주면 풍선은 몇 달이고 내내 보는 이들에게 행복과 기쁨을 선사한다.

우리네 인생도 똑같다. 처음에는 아무리 충만해 있어도 삶의 무게나 스트레스로 인해 점점 '헬륨'이 새어나간다. 교통지옥에 갇히면 헬륨이 약간 빠져나간다. 기대하던 계약을 따내지 못하면 헬륨이 조금 더 빠져나간다. 고된 하루를 마치고 집에 오니 아이가 징징댄다. 개가 쓰레기통을 엎는 바람에 방 안이 온통 쓰레기장으로 돌변한다. 이런 식으로 우리의 풍선은 점점 형태를 잃어간다. 늘 기쁨과 평안으로 충만하게 사는 길은 마음에 찬송을 간직하는 것뿐이다.

우리 아버지는 어디를 가나 노래하거나 기도하셨다. 그것도 아니면 휘파람이라도 부셨다. 아버지의 그칠 줄 모르는 휘파람 소리는 때로 어머니의 신경을 건드리기도 했다. "여보, 제발 그만 좀 해요. 조용히 좀 살자구요."

"너무 그러지 마요. 그냥 행복해서 그래요. 하나님께 찬송을 드리는 거예요."

"드라마 주제곡이잖아요. 찬송은 무슨."

하지만 아버지가 어떤 가락에 맞춰 휘파람을 불었는지는 상관없다. 중요한 건 태도다. 아버지는 기쁨이 충만한 채로 휘파람을 부셨다. 가락이야 어쨌든 마음으로는 하나님께 찬송하고 있었다. "하나님, 정말 행복합니다. 주님, 사랑해요. 살아 있게 해주셔서 고맙습니다." 아버지의 마음에는 찬송이 끊일 날이 없었다.

좋은 음악을 틀면 어린아이들, 심지어 갓난아이들도 얼마나 좋아하는지 모른다. 신이 나서 엉덩이를 들썩거리고 춤을 추고 박수를 치고 난리다. 좋은 음악은 활력을 불어넣는다. 흥미로운 사실은 시키지 않아도 아이들이 알아서 몸을 흔든다는 것이다. "자, 음악을 틀 테니까 흔들 준비를 해." 이렇게 말하지 않아도 된다.

자연스럽게 그들의 몸이 따라간다. 그것은 하나님이 그 마음에 노래를 주셨기 때문이다. 하나님은 우리 모두의 내면에 리듬을 주셨다. 하지만 어른이 되면서 자꾸만 삶의 무게에 짓눌려 노래를 잃는다. 어릴 때는 마음껏 노래했다. 근심걱정 없이 행복하고 늘 신이 났다. 그러나 점점 삶의 열정은 사그라지고, 근심하고 우울해하는 나쁜 버릇이 생겼다. 우리는 어린아이 같은 믿음을 되찾아야 한다. 그러면 내면의 노래도 다시 발견하게 된다.

우리 할머니는 노래 없이는 못 사시는 분이었다. 어릴 적 형제들과 함께 할아버지 할머니 댁에 자주 놀러가곤 했는데, 갈 때마다 할머니는 뭔가를 흥얼거리고 계셨다. 바짝 다가가야 그 노래를 들을 수 있었지만, 옷을 다리는 할머니의 얼굴에는 평온한 미소가 걸려 있었고 입술에서는 끊임없이 가락이 흘러나왔다. 접시를 닦을 때도, 저녁식사를 준비하실 때도, 할아버지와 여행할 때도, 무엇을 하시든 할머니의 마음에는 아름다운 선율이 흘렀다. 할머니가 화를 내거나 근심하거나 좌절하시는 모습을 한번도 본 기억이 없다. 내가 아는 한, 할머니는 세상에서 가장 평온하고 즐거운 사람이셨다. 힘든 상황이 닥쳐도 할머니의 긍정적인 태도는 변함이 없었다. "걱정하지 않겠어. 모든 게 잘 풀릴 거야."

어느 해 추수감사절에 할아버지 할머니가 우리집으로 오셨다. 그런데 할머니가 그만 깜박 잊고 메인 메뉴인 칠면조 요리를 가져오지 않으셨다. 하지만 그 일이 할머니의 하루를 망치지는 않았다. 물론 내 하루는 망쳤지만! 할머니는 아무렇지도 않은 듯 웃으며 말씀하셨다. "그럼, 내가 가져올 줄 알았니?" 그 무엇도 할머니의 노래를 앗아갈 수 없었다. 건강하게 오래 사신 것이 당연하다. 할머니는 늘 하나님께 마음의 찬송을 드렸다.

믿음으로 웃어야 한다

최근에 웃음이 확 줄었는가? 아니면 아예 웃음을 잃어버렸는가? 삶의 무게에 짓눌린 탓이다. 억지로 살아가는 데 익숙해진 탓일지도 모른다. 삶의 열정이 예전만 못한가?

그래도 얼마든지 웃음과 열정을 되찾을 수 있다. 단, 결단이 필요하다. 새로운 습관을 길러야 한다. 먼저 일부러라도 웃는 습관을 기르라. "하지만 전혀 웃을 기분이 아니야. 문제가 너무 많아 숨도 쉬기 힘들 지경인데 웃으라니, 무슨 소리야?"

그래도 믿음으로 웃어야 한다. 믿음으로 웃으면 곧 기쁨이 솟아난다. 웃음은 몸 전체에 모든 일이 잘 풀린다는 신호를 보내는 것이다. 웃으면 기분을 좋게 만드는 호르몬이 분비된다. 게다

> 믿음으로 웃으면 곧 기쁨이 솟아난다. 웃음은 몸 전체에 모든 일이 잘 풀린다는 신호를 보내는 것이다.

가 하나님의 은혜가 더욱 풍성히 임한다. 직장에서도 웃어야 성공한다. 인간관계도 좋아진다. 유쾌한 웃음을 짓는 사람이 시무룩하고 냉담한 표정을 짓는 사람보다 운이 좋다는 연구 결과가 쏟아지고 있다.

하나님은 우리의 표정을 눈여겨보신다. 성경에서 53번이나 웃음에 관해 이야기하는 것만 봐도 알 수 있다. 웃으면 자신에게 유익할 뿐 아니라 남들에게 하나님의 선하심을 알리는 좋은 증거가 된다. 사람들은 우리처럼 행복해지길 원할 것이다. 말로만 믿는다고 하지 말고 믿음으로 살아야 한다. 최선의 증거는 행복하고 친절하고 유쾌하게 살면서 늘 웃는 모습을 보여주는 것이다.

곧 세상이 망하기라도 할 것 같은 표정으로 돌아다니는 사람들이 많다. 교회에서 그들을 보면 마치 하나님의 장례식이라도 치르는 것 같다!

"왜 그렇게 시무룩한 표정이세요?"

누군가 물으면 그들은 인상을 더욱 구기며 대답한다. "예수님이 오실 때까지 억지로 버티고 있는 거예요."

안 될 말이다. 억지로 버티며 살아가서는 안 된다. 노래를 되찾아야 한다. 인생의 무게에 억눌릴 필요는 없다. 누구에게나 해결해야 할 문제나 떠안아야 할 짐이 있다. 문제가 있고 상황이 나쁘다고 기쁨을 잃어서는 안 된다.

오늘 이런 선포를 하라. "더는 문제나 상황 때문에 찬송을 잃어버리지 않겠어. 늘 하나님께 영광을 돌릴 거야. 노래를 되찾겠어."

물론 삶이 만만하지는 않다. 어떤 문제들은 우리를 극도로 힘들게 만든다. 하지만 눈앞의 문제를 해결해도 언제나 또 다른 도전이 다가

오기 마련이다. 우리는 평생 문제를 다루며 살아야 한다. 모든 문제가 사라진 다음에야 노래를 되찾겠다고 생각하면 삶의 기쁨은 꿈도 꾸지 말아야 한다.

사도 바울도 온갖 고난과 도전에 직면했다. 하지만 그가 뭐라고 말했던가. "이 모든 일에 우리가 넉넉히 이깁니다." "이 시련을 극복하면 행복해질 겁니다"라고 말하지 않았다. "나는 이 역경의 한복판에서도 인생을 즐길 겁니다"라고 말했다.

웃는 습관 다음으로 자신의 자세를 점검하라. 꼿꼿이 서서 어깨를 쫙 펴고 고개를 높이 들어야 한다. 우리는 지극히 높으신 하나님의 자녀다. 스스로 못났다는 생각에 어깨를 잔뜩 구부리고 살 존재가 아니다.

성경은 우리가 "그리스도를 대신하는 사절"이라고 말한다. 우리가 전능하신 하나님을 대리한다는 뜻이다. 그런데 하나님을 믿는 선한 사람들조차 어깨를 구부리고 고개를 숙이는 나쁜 습관에 빠지곤 한다. 그러면 자신도 모르게 주위에 자신감없는 모습을 드러내는 셈이다. 우리는 어깨를 쫙 펴고 고개를 높이 쳐든 채로 강인함과 결단력과 자신감을 드러내야 한다. "내 모습 그대로 만족해. 나는 전능하신 하나님의 형상을 따라 창조된 존재야. 나는 하나님이 눈에 넣어도 아프지 않을 만큼 아끼시는 존재야." 행동을 통해 사람들에게 이런 메시지를 전달해야 한다.

우리는 의외로 몸짓이나 표정으로 의사를 전달할 때가 많다. 처음 성도 앞에서 설교할 때 나는 설득력 있게 보이려고 고개를 쭉 내밀며 몸을 앞으로 숙였다. 한참을 그렇게 하다가 커뮤니케이션 전문가인 친구에게 지적을 받았다. "자네는 전혀 엉뚱하게 행동하고 있네. 고개를 내밀고 몸을 숙이면 약하다는 신호야. 어깨를 펴고 고개를 쳐들어야 해. 그렇게 강하고 자신감 넘치는 자세를 취하면 사람들이 더 귀를 기울이지."

우리 몸은 끊임없이 주위에 신호를 보내고 있다. 따라서 하고 싶은 말을 전달할 수 있도록 자세를 똑바로 해야 한다. 표정이며 자세, 행동거지를 아무렇게나 해서는 결코 더 나은 사람이 될 수 없다.

물론 성격을 무시할 수는 없다. 개중에는 자신감을 타고난 사람도 있다. 그런가 하면 천성이 잘 웃는 사람도 있다. 바로 나 같은 사람이다. 아마 나는 자면서도 웃을 것이다. 당신은 정반대인지도 모르겠다. 하지만 천성 운운하며 심술궂고 불친절하게 살아가서는 곤란하다. 나도 많은 부분을 바꿔야만 했다. 잘 웃기는 하지만 동시에 내성적이기도 했기에 자신감을 드러내고 목소리를 높이는 훈련을 계속 했다.

반대로 자신감은 많은데 너무 심각해서 잘 웃지 않는 편인가? 그렇다면 자주 웃는 훈련을 해야 한다. 물론 최상의 웃음은 내면에서 나온다. 성경은 우리의 기쁨이 흘러넘칠 수 있다고 말한다. 주위 사람들을 기쁨으로 물들이는 그야말로 기쁨 자체가 되어야 한다는 뜻이다. 우리를 스쳐지나가는 사람들이 전보다 더 행복하고 나아지고 즐거워져야 한다.

당신은 사람들에게 받기만 하고 주는 것에는 인색한 사람인가? 남들이 격려해주기만 바라는가? 그렇다면 정반대로 해야 한다. 마음의 풍악을 울리기 시작해야 한다. 병원에서 나쁜 진단을 받았는가? 인생의 역풍이 불어닥치는가? 이때야말로 굳게 서서 믿음의 말을 해야 할 때다. "하나님, 여전히 당신이 다스리심을 믿습니다. 계속해서 미소를 띠고 당신을 찬양하겠습니다."

성경은 하나님께 찬미의 제사를 드리라고 말한다. 제사 곧 희생이라는 말은 찬양이 결코 쉽지 않다는 뜻이다. 따라서 굳은 결단이 필요하다. "제가 찬양과 감사를 멈추지 않으면 하나님이 능력을 발휘하실 뿐 아니라 저를 다시 채워주실 줄 믿습니다. 상황에 상관없이 늘 찬양하겠습니다."

우리는 어떤 노래를 품을지 선택할 수 있다. 멍하니 살지 말고 늘 마음으로 시편과 찬송을 부르라. 여태껏 엉뚱한 노래를 불러왔는가? 그렇다면 오늘부터 새로운 노래를 부르라. "오늘은 좋은 날. 주님, 힘을 주시니 감사합니다. 주님, 건강을 주시니 고맙습니다."

노래를 되찾고 이렇게 말하라. "아버지, 새 날을 주시니 감사합니다. 살아 있게 해주셔서 고맙습니다." 그럴 때마다 하나님이 그분의 기쁨과 평안, 힘과 승리, 은혜를 새롭게 부어주신다. 하나님의 사랑과 권능으로 충만하면 자연히 그분의 복을 기대하게 된다.

03

Become A Better You

믿음을 기대로 바꾸라

하나님은 우리가 믿음에서 기대로 나아가면
완벽한 때에 마음의 소원을 이루어주겠다고 약속하신다.

하나님은 우리 각자의 마음에 꿈과 소망을 심어주셨다. 우리는 저마다 나름의 소원을 품고 있다. 하지만 특별한 경우가 아니면 때가 무르익을 때까지 기다려야 한다. 관계가 나아지기를 기다리고 있는가? 결혼할 날을 기다리는가? 아니면 승진? 아니면 병이 낫기를?

인생은 기다림의 연속이다. 그런데 기다림에는 올바른 기다림과 그릇된 기다림이 있다. 상황이 자기 시간표대로 펼쳐지지 않으면 낙심하고 절망하는가? 마음에 약속을 품고 있으면서도 그냥 포기하고 현재에 만족하려 하는가? 이것은 올바른 기다림이 아니다.

성경은 이렇게 말한다. "오래 참고 기다리십시오. 농부는 땅의 열매를 참고 기다리며." 그렇다. 농부는 열매를 기대하며 기다린다. 우리도 그래야 한다. "상황이 바뀌지 않을 거야. 기도하고 믿기도 해봤어.

하지만 이 혼란에서 어떻게 빠져나올 수 있을지 답답하기만 해." 이런 부정적인 생각은 안 된다. 기대감을 품어야 한다.

기대감을 품으라는 말은 희망과 긍정으로 살라는 뜻이다. 매일 아침 복을 기대하며 눈을 떠야 한다. "문제가 산더미처럼 쌓였지만 오늘은 하나님이 전부 해결해주실 거야." "오늘, 하나님의 복과 은혜가 폭포수처럼 쏟아질 거야."

가만히 앉아서 넋놓고 기다리는 것은 올바른 기다림이 아니다. 복이 나타나는지 쉴 새 없이 두리번거려야 한다. 믿는 대로 이루어지고 있는 것처럼 말하고 행동해야 한다. 복 받을 채비를 해야 한다.

> 기대감을 품으라는 말은 희망과 긍정으로 살라는 뜻이다. 매일 아침 복을 기대하며 눈을 떠야 한다.

귀한 손님이 저녁을 먹으러 오기로 했다고 하자. 손님이 문 앞에 당도할 때까지 기다렸다가 음식을 준비할 텐가? 그렇지 않다. 이른 아침부터 부산을 떨며 음식을 장만해야 정상이다. 전날부터 메뉴를 정하고 장을 봐야 한다. 집도 깨끗이 청소해놓아야 한다. 손님이 도착하기 전에 모든 준비가 끝나 있어야 한다.

하나님의 복을 기다릴 때도 마찬가지다. 기도만 해서는 곤란하다. 반드시 행동으로 기도를 뒷받침해야 한다. 그래서 성경은 "믿음도 행함이 없으면 그 자체가 죽은 것입니다"라고 말한다. 믿는다고 말하면서 정작 행동은 따르지 않으면 아무런 소용이 없다.

긍정과 희망의 태도로 성공을 준비하라

한번은 대학 입학의 꿈을 품은 스콧이라는 젊은이와 이야기를 나눴다. 문제는 그의 집안에는 고등학교조차 나온 사람이 없다는 것이었다. 그는 내 앞에서 온갖 장애물들을 나열하기 시작했다. "목사님, 등록금을 낼 수 있을지 걱정이에요. 입학해도 학점을 제대로 받을 수 있을까요? 아니, 입학이 가장 큰 문제에요. 가족들이 어떻게 생각할지도 걱정이고요."

듣다 못한 내가 말을 막았다. "스콧, 믿음의 발걸음을 떼는 게 어떤가? 행동으로 기도를 뒷받침하게. 최소한 원서라도 내봐야지. 학교도 둘러보고 상담 교사도 만나보게. 성공을 준비해야 하네. 자네가 할 수 있는 일은 다 해봐. 나머지는 하나님이 알아서 해주실 테니까."

우리는 긍정과 희망의 태도로 성공을 준비해야 한다. 믿음과 기대는 서로 다르다. 기대는 마치 임신 상태와 같다. 믿음에서 기대로 나아가면 지금까지와는 완전히 다른 양상이 펼쳐진다. 아직 태어나지는 않았지만, 벌써부터 아기를 위해 방을 꾸미고 옷을 사느라 바쁘다. 그리고 친구와 친척들에게 모조리 전화를 돌려 기쁜 소식을 알린다. "엄마! 아빠! 나, 임신했어요." 먹고 마시고 운동하고 말하고 생각하는 것까지 삶의 모든 면이 태어날 아기를 중심으로 이루어진다.

임신 초기에는 이렇게 말할 수도 있다. "몸이 달라진 게 없어. 아무런 느낌도 없어." 하지만 외향이나 느낌은 중요하지 않다. 의사가 임신이라고 말했으면 그것으로 끝이다. 우리는 그저 아기를 맞을 준비만 하면 된다.

하나님이 마음에 꿈을 주시면 임신한 엄마처럼 행동해야 한다. 난생 처음으로 가정의 회복이라는 하나님의 약속을 믿게 되었는가? 다시 건강해질 수 있다고 믿는가? 그렇다면 먼저 믿음의 씨앗이 뿌리를 내리도록 만들어야 한다. 하지만 거기서 멈추면 안 된다. 믿음에서 기대로 나아가야 한다.

"그러고는 싶지만 아무런 변화의 조짐이 보이질 않잖아. 여전히 살기가 빠듯해. 어떤 문도 열리고 있지 않아. 건강이 회복되기는커녕 더 악화되고 있어."

부정적인 말은 금물이다. 성경은 이렇게 말한다. "우리는 믿음으로 행하고 보는 것으로 행하지 않습니다" 모든 게 눈에 보인다면 믿음이 필요하지도 않다. 상식적으로는 믿기지 않아도 하나님의 말씀을 믿고 행동해야 한다. 긍정과 소망의 행동으로 믿음을 뒷받침해야 한다. 그래야 하나님의 관심을 얻는다. 그래야 하나님이 우리 삶 속에서 초자연적인 역사를 일으키신다. 믿음에서 기대, 곧 행동으로 나아가야 한다.

오래 전에 친구인 피터와 베키의 집에 놀러갔는데 집이 생각보다 많이 좁았다. 이들은 현재에 만족하고 행복해하면서도 한편으로는 더 큰 꿈을 품고 사는 부부였다. 집을 둘러보다가 작은 서재에 어울리지 않는 큰 가구가 눈에 띄였다. 그 가구가 자리를 너무 많이 차지하는 바람에 맞은편에 있는 책상에서 의자를 빼내 앉기도 힘들 정도였다.

말은 안 했지만 속으로 참 이상하다고 생각했다. 이런 내 생각을 눈치챘는지 얼마 후 베키가 설명을 해줬다. "조엘, 불편해도 참아줘. 이 가구들은 '새 집'을 위해 산 거야."

그들이 이사할 예정이라는 건 전혀 몰랐다. "그래, 언제 이사할 거야?"

나는 믿음으로 산다 313

키득키득 웃다가 피터가 대답했다. "아직 몰라. 그냥 이사할 거라는 것만 알아. 여기서 계속 살지는 않을 거야."

피터의 말을 달리 표현하면 이렇다. "이곳은 우리의 길이 아냐. 가만히 앉아서 현재를 받아들이지는 않을 거야. 하나님이 우리 마음에 더 큰 꿈을 주셨어. 그래서 더 높이 오를 준비를 하는 거야."

피터 부부는 그후로도 오랫동안 그 집에서 살았고, 나는 길에서 그 부부를 만날 때마다 이렇게 묻곤 했다. "아직 이사 안 했어?"

"아직."

"언제 이사할 건데?"

그들의 대답은 언제나 "곧!"이었다. 실망하는 투로 말하거나 풀이 죽어 있는 모습은 한번도 본 적이 없다. 그들의 얼굴에는 늘 희망과 기대가 번뜩였다.

하루는 베키가 회사에서 큰 공을 세워 승진한 덕에 봉급도 많이 올랐다. 그리고 그때부터 갑자기 꿈의 조각들이 하나 둘 맞춰지기 시작했다.

그 특대형 가구는 지금 어디에 있을까? 새 집에 있을까? 아니다. 피터 부부는 근사한 집을 꿈꾸는 다른 부부에게 그 가구를 주고 새 집에 맞는 새 가구를 샀다.

우리가 행동으로 믿음을 뒷받침하면 하나님이 관심을 기울이신다. 믿음의 발걸음을 떼고 씨앗을 뿌리는 게 어떤가? 행동으로 성공을 계획해야 한다.

기대하는 사람은 최선을 다한다

성경은 말한다. "여호와를 바라는 사람들은 새로운 힘을 얻을 것이다." 한 역본은 '여호와를 바라는 사람들'의 의미를 '기대하고 고대하고 그분께 소망을 얻는 사람들'로 확대한다. 우리가 기대로 살고 희망 안에 거하면서 하나님의 복을 준비하면 어떤 일이 일어날까?

이 구절의 후반부에 답이 있다. "독수리가 날개를 치면서 솟구치듯 올라갈 것이고 아무리 달려도 지치지 않고 아무리 걸어도 피곤하지 않을 것이다." 다시 말해 낮은 상태에 머물지 않고 인생의 모든 장애물을 뛰어넘을 것이다.

> 가만히 앉아서는 하나님의 복을 받을 수 없다. 기대하는 사람은 꿈을 이루기 위해서 최선을 다하게 되어 있다.

하나님이 문제를 오히려 유익하게 사용하시리라는 기대로 하루를 열어야 한다. 긍정과 소망을 잃으면 큰일이다. 하나님은 독수리처럼 날아오를 수 있도록 초자연적인 힘을 주겠다고 약속하신다.

하지만 언제나 행동으로 기도를 뒷받침해야 한다. 열심히 기도하고 믿고 있는가? 잘한 일이다. 하지만 거기서 멈춰서는 안 된다. 하나님께 더 가까이 다가가고 더 깊이 파고들어야 한다. 하나님이 위대한 일을 하실 수 있다고 믿는 차원을 넘어, 그분이 정말로 그 일을 하시리라 기대해야 한다.

내가 아는 한 목사는 전 세계로 나가 하나님의 말씀을 전하겠다는 꿈을 품었다. 하지만 아무리 기다려도 누구 하나 초대해주는 사람은 없었다.

그래도 그는 낙심하거나 포기하지 않고 믿음의 발걸음을 뗐다. 일단 여행용 가방부터 하나 새로 샀다. 사실 그는 고향 마을 밖으로 기껏해야 몇 킬로미터밖에 나가본 적이 없었다. 게다가 여행 준비 말고도

돈쓸 일이 많았다. 하지만 내면 깊은 곳에서 하나님이 기회의 문을 열어주시리라는 확신이 불타고 있었다. 그는 믿음을 더욱 새롭고 강하게 키워나갔다.

6개월 만에 드디어 처음으로 설교 부탁이 들어왔다. 이 목사는 너무도 기쁜 나머지 그 길로 우리 아버지를 찾아가 초대장을 보여주었다. 그리고 지금은 감당하기도 힘들 만큼 많은 곳에서 찾는 바람에 정신없이 전 세계를 돌아다니고 있다. 그는 믿음에서 기대를 거쳐 마침내 복을 손에 쥐었다. 그는 행동으로 믿음을 뒷받침했다. 가만히 앉아서는 하나님의 복을 받을 수 없다. 진심으로 기대하면 열심히 기회를 찾아 헤매기 마련이다. 기대하는 사람은 꿈을 이루기 위해서 최선을 다하게 되어 있다.

변화가 더디더라도 끝까지 비전을 따라가라

많은 사람들이 변화와 행운을 기다리다가 결국 참지 못하고 부정적인 태도에 빠져든다. "왜 좋은 일이 일어나지 않지?" "언제나 결혼할 수 있으려나?" "이 문제에서 벗어날 날이 올까?"

조급하게 굴지 말고 상황을 하나님께 온전히 맡기면 그분이 알아서 해주신다.

구약 성경에서 다윗은 "내 하루하루가 주의 손에 달려 있으니"라고 말한다. 달리 표현하면 이렇다. "언제 이루어질지는 모르겠지만 하나님이 최선의 길로 이끄실 줄 알기에 끝까지 복을 기대하겠습니다. 오늘 이루어지지 않아도 낙심한 채로 잠들지 않겠습니다. 그날이 하루 더 가까워졌으니 계속해서 믿겠습니다."

복을 준비해야 실제로 복을 받는다. 오직 비전만 바라보며 '절대 할 수 없어'라는 거짓말에 속아서는 안 된다. "절대 건강해질 수 없어. 내 꿈은 절대 이루어지지 않을 거야." 부정적인 생각은 떨쳐버리고 긍정과 기대 안에 머물라.

"노력하고 기도하고 믿고 기대했어. 하지만 사랑하는 사람이 결국 죽고 말았어. 도저히 이해할 수 없어."

그렇더라도 하나님은 여전히 위대한 계획을 세워놓고 계신다. 한번의 실패, 아니 실패가 줄줄이 이어졌어도 계속 전진하고 하나님의 최선을 믿어야 궁극적인 성공이 찾아온다.

존과 카렌은 어떤 일 때문에 아들과 소원해졌다. 아들과 이야기해본 게 언제인지 기억도 나지 않았다. 어느 날부터 젊은 아들은 아예 집에 들어오지도 않았다. 이런 상태가 몇 달 동안 지속되자 이젠 화해할 가능성조차 희박해 보였다.

하지만 존 부부는 아들을 포기할 생각이 추호도 없었다. 그래서 그들은 믿음의 발걸음을 떼어 아들에게 성경책을 사주었다. 표지에 아들의 이름을 새길 정도로 정성을 기울였다. 하지만 아들은 질색을 하며 성경책을 내던졌다. 아무리 봐도 존 부부의 노력은 시간과 돈 낭비에 불과해 보였다. 그러나 부부는 아들의 성경책을 차 마시는 탁자 위에 놓고 지나갈 때마다 언젠가 아들을 집으로 돌려보내주실 하나님께 감사를 드렸다.

몇 년 후 아들에게서 전화 한 통이 걸려왔다. "엄마 아빠, 집에 가고 싶어요." 하나님은 초자연적인 역사로 이 가정을 회복시키셨다. 요즘 이 아들은 우리 교회에서 살다시피 하며 손에는 늘 성경책을 들고 있다. 그냥 성경책이 아니라 표지에 자기 이름이 새겨진 성경책이다. 차마시는 탁자 위에 놓였던 그 성경책 말이다!

존과 카렌은 기대하며 기다렸다. 돌아올 아들을 위해 준비를 한 덕분에 지금 온 가족이 그 열매를 거두고 있다.

믿음의 지경을 넓혀야 한다. 하나님이 주실 복을 정말로 믿는다면 행동이 따라야 한다. 하나님이 마음에 주신 꿈을 포기하기 직전인가? 삶이 더 나아지기는 틀린 것 같은가?

그렇지 않다. 열정의 불씨를 되살리라.

"하지만 기다린 지 너무 오래됐어. 이젠 지쳤어."

그러나 성경은 "비록 늦어진다 해도 너는 기다리라"라고 말한다. 단, 가만히 앉아서 기다려서는 안 된다. 간절하게 기대하는 마음으로 기다려야 한다. 그럴 때 어떤 일이 벌어질까? 성경은 계속해서 말한다. "반드시 올 것이며 지체되지 않을 것이다." 믿음과 긍정, 기대와 희망으로 기다리면 그 어떤 어둠의 힘도 하나님의 약속이 실현되는 것을 막지 못한다는 뜻이다.

지금 어떤 자세로 하나님의 복을 기다리고 있는가? 간절히 기대하며 기다리고 있는가? 아침마다 일어나 곧 얻게 될 해답에 대해 하나님께 감사함으로 씨앗을 뿌리라. 그러고 나서 한걸음 더 나아가 하나님의 복을 받아들일 준비를 하라. 꿈이 정말 이루어질 것처럼 말하고 행동하고 올바른 태도를 유지하라. 하나님은 우리가 믿음에서 기대로 나아가면 완벽한 때에 마음의 소원을 이루어주겠다고 약속하신다.

04
Become A Better You
열정을 품고 살라

열정을 불태우는 비결은 늘 새로운 목표를 세우는 것이다.
명심하라. 당신 안에 위대한 씨앗이 들어 있다.

하나님이 이미 주신 복을 깨닫고 감사하지 않고서는 결코 더 나은 사람이 될 수 없다. 그런데 받은 복을 잊고 삶의 열정을 잃어버린 사람들이 얼마나 많은지 모른다. 그들도 한때는 부푼 꿈에 가슴이 벅차올랐다. 아침마다 목적의식과 열정으로 눈을 떴다. 하지만 실망스러운 일을 겪고 삶의 무게에 짓눌리면서 서서히 열정이 식다가 이내 꿈을 잃어버렸다.

우리네 인생은 틀에 박힌 면이 없지 않다. 정신을 똑바로 차리지 않으면 뭐든 지루해지기 쉽다. 흥미진진한 일도 재미없어질 수 있다. 얼굴도 예쁘고 마음씨도 고운 사람과 결혼해도 그 관계에 계속 영양분을 주지 않으면 점점 타성에 젖는다. 늘 새로운 기분으로 살려면 부단히 노력해야 한다. 저절로 열정이 유지되는 법은 없다.

날마다 마음을 새롭게 먹어야 한다. 사도 바울은 디모데에게 "다시 불일 듯 일으켜"라고 말했다. "디모데야, 불을 꺼뜨리지 마라. 늘 삶의 열정을 불태워라. 늘 꿈에 열광해라"는 말이다.

열정의 불씨를 살리라

언제부터인가 삶의 열정이 시들해졌는가? 열정의 불씨가 꺼지기 직전인가? 꿈 하나를 포기하려 하는가? 아니면 관계가 흔들리고 있는가? 다행히 좋은 소식이 있다. 아직 불씨가 남아 있다. 열심히 부채질하면 열정이 다시 활활 타오를 것이다. 초점을 바꿔야 한다는 뜻이다. 인생의 잘못된 부분은 그만 보고, 이제부터는 잘된 점에 감사하라. 이런 태도를 품어야 한다. "패배와 절망 속에서 살지 않겠어. 물론 아직 꿈이 이뤄지지는 않았어. 아직 내 앞에 장애물이 남아 있어. 하지만 여전히 하나님이 다스리시니까 상관없어. 하나님이 나를 위해 놀라운 계획을 세워놓고 계셔. 그러니 아침마다 기대감으로 눈을 뜨겠어."

> 인생의 잘못된 부분은 그만 보고, 이제부터는 잘된 점에 감사하라. 초점을 바꾸라.

인생길에는 도처에 장애물이 깔려 있다. 하지만 우리의 태도는 늘 감사로 충만해야 한다. "하나님, 살아 있게 해주셔서 감사합니다." "나는 정말 좋은 나라에서 살고 있어. 가족도 있지. 기회도 많아. 그러니 늘 최선을 다해 살아갈 거야."

"하지만 다음 주에는 야근을 해야 해." "출장을 가야 해." "종일 애들을 돌봐야 해."

억지로 해서는 안 된다. 좋아서 해야 한다. 야근은 오히려 하나님이 주신 기회일 수도 있다. 따라서 시각을 바꿔야 한다. 해야 한다는 의무감보다는 감사로 해야 한다. "억지로 일하러 가는 게 아냐. 내가 좋아서 가는 거야." "의무감에 자녀를 돌보는 게 아냐. 자녀는 하나님이 주신 복이야. 자녀를 돌보는 시간이 세상에서 가장 즐거워." "억지로 주는 게 아니라 내가 좋아서 주는 거야." 이렇게 말해야 한다.

성경은 "만약 너희가 기꺼이 순종한다면 너희는 그 땅에서 좋은 것을 먹게 될 것이다"라고 말한다. 물론 하지 않는 것보다야 순종이 낫다. 하지만 정말로 하나님의 복을 받고 싶다면 순종을 넘어 기꺼이 해야 한다. 올바른 태도로 해야 한다.

의무감으로 주는 사람은 스스로 원해서 베푸는 사람을 따라갈 수 없다. 봉급을 받기 위해 일하는 것과 누군가에게 복의 통로가 되기 위해 일하는 것은 차원이 다르다. 손가락질 당하기 싫어서 이혼하지 않으면 함께 살아도 남남이나 다름없다. 하지만 서로를 존중과 예의로 대하며 함께 더 높은 단계로 성장하는 부부는 정말 아름답다. 이것이 기꺼이 순종하는 자세다. 올바른 동기로 옳은 일을 하면 하나님의 복이 끝없이 쏟아진다. 단순한 순종에서 머물러서는 안 된다. 그런 순종은 아무나 할 수 있다. 더 나은 사람이 되려면 한걸음 더 나아가 올바른 태도로 옳은 일을 해야 한다.

로저는 지독한 절망감을 견디다 못해 담임목사를 찾아갔다. "인생이 완전히 꼬였어요. 기뻐할 이유가 하나도 없어요."

목사가 잠시 생각하더니 입을 열었다. "좋습니다. 간단한 실험을 한 가지 해보죠." 그러고는 종이 한 장을 꺼내 가운데 세로로 줄을 하나

그었다. "왼편에는 복을 나열하세요. 기뻐할 이유들 말이에요. 그리고 다른 편에는 문젯거리들을 쓰세요. 생각하기도 싫은 일들이요."

로저가 씁쓸하게 웃으며 말했다. "알았습니다. 하지만 왼편에는 쓸 게 없어요."

"괜찮아요. 그냥 써보세요."

로저가 문젯거리들을 나열하려고 고개를 숙이자마자 목사가 툭 한 마디를 던졌다. "아내가 세상을 떠나셨다니 참으로 안타깝습니다."

로저가 대뜸 고개를 쳐들었다. "무슨 말씀이세요? 제 아내는 건강하게 살아 있어요."

"오, 정말요?" 그러면서 목사가 왼편에 '건강하게 살아 있는 아내'라고 쓴 뒤에 또 말했다. "집이 불탔다니 유감이군요."

"예? 저희 집은 멀쩡해요. 정말 아름다운 집이죠."

"오, 그래요?" 이번에도 목사는 왼편에 그 사실을 적었다. '아름다운 집.' 그러고는 다시 말했다. "직장에서 해고되셨다니 안타깝습니다."

로저가 황당한 표정을 지었다. "어디서 그런 터무니없는 소문을 들으셨어요? 저는 번듯한 직장에 다니고 있어요."

"오, 정말요?" 목사가 눈썹을 치켜올리며 기록했다. '번듯한 직장.'

로저는 그제야 목사가 무슨 말을 하려는지 깨달았다. "종이 이리 주세요." 목사가 종이를 다시 건네자 로저는 순식간에 열두어 가지 복을 써내려갔다. 그리고 새로워진 태도로 목사의 사무실을 나섰다. 상황은 그대로였으나 그의 시각은 완전히 달라졌다.

문제만 바라보며 복을 당연하게 받아들일 때가 얼마나 많은가. 복에 시선을 고정하면 삶의 열정이 솟아난다. 인생이 별로 재미없거든 감사할 일들을 적어보라. 하나님이 주신 복을 일일이 세어보라. 사지가 멀쩡하면 '건강'이라고 쓰라. 눈이 좋으면 '좋은 시력'이라고 쓰라. 일할 직장, 함께할 가족, 가까운 친구들, 귀여운 손자손녀… 다 열거하자면 밤을 새도 모자랄 것이다. 복을 나열하고 두세 번 읽고 나서 집을 나서면 발걸음이 가벼워질 것이다. 인생은 생각을 따라가기에 마음이 옳은 방향으로 향하는 것이 중요하다.

> 복에 시선을 고정하면 삶의 열정이 솟아난다. 인생이 별로 재미없거든 감사할 일들을 적어보라.

새로운 목표를 세우라

열정을 불태우는 또 다른 비결은 늘 새로운 목표를 세우는 것이다. 목표없이 아무렇게나 살아가는 탓에 삶의 열정을 잃어버린 사람이 적지 않다. 하지만 하나님은 우리를 끝없이 뻗어가는 존재로 창조하셨다. 의욕과 꿈과 현실적인 목표를 잃은 채 살아가면 삶이 무미건조해진다. 반면, 계속해서 새로운 목표를 추구하면 삶의 열정이 늘 새로워진다. 꼭 거창한 목표를 세울 필요는 없다. 우수한 성적으로 졸업하겠다거나 좋은 부모가 되겠다는 목표, 혹은 더 나은 일자리에 도전하겠다는 목표, 뭐든 좋다. 새로운 목표를 세워야 한다. 현재에 머물지 말고 꾸준히 성장하라. 하나의 목표를 이루었는가? 어서 또 다른 목표를 세워야 할 때다. 계속 전진하며 새로운 도전거리를 찾는 삶은 지루할 틈이 없다.

> 현재에 머물지 말고 꾸준히 성장하라. 어서 또 다른 목표를 세워야 할 때다.

잠언은 이렇게 말한다. "계시가 없으면 백성들은 망하나." 여기서 계시는 곧 비전을 말한다. 우리 아버지는 서재든 사무실이든 일할 때마다 지구본을 곁에 두셨다. 지구본이 하나님의 사랑을 온 세상에 전하겠다는 아버지의 열정을 늘 일깨워주기 때문이었다. 아버지는 특별히 인도에 대한 애정이 깊으셔서, 말년에 투석을 받으면서도 인도에서도 투석을 받을 수 있는지 알아보라고 하실 정도였다. 인도 선교야말로 아버지가 역경 속에서도 매일 열정으로 눈을 뜨실 수 있었던 이유였다.

인생길에 장애물과 도전이 수없이 깔려 있는가? 그것이 꿈을 포기할 이유는 되지 못한다. 하나님은 여전히 당신을 통해 위대한 일을 이루려 하신다. 문제만 바라보다가는 오래지 않아 자신의 장례식을 계획하고 있을지도 모른다. 상황이 아무리 어려워 보여도 꿈은 잃지 말아야 한다. 불치병에 걸린 몸으로 고사리 같은 아이들을 키우고 있는가? 자녀의 사진을 꼭 끌어안고 아침마다 목표를 되새기라. "우리 애들을 어미 없는 자식들로 키울 수는 없어. 나는 죽지 않아. 애들을 키우기 위해 끝까지 살아남을 거야."

당장 가진 돈은 없지만 내 집 마련의 꿈을 꾸고 있는가? 어떤 경우에도 꿈을 잃지 말기를 바란다. 갖고 싶은 집의 사진을 품고 다녀도 좋다. 목표를 세워 노력하고 저축하면 머지않아 꿈을 현실로 이루게 될 것이다.

매일 열정으로 살기를 결단하라

한때 기적이었던 일이 익숙해지면서 지극히 평범한 일로 변질되면 열정을 잃기 쉽다. 지금 하고 있는 일에 열정을 품었던 적도 분명 있었다. 그때는 하나님이 문을 열어주셨다며 감사해 마지않았다. 하나님이 놀라운 방법으로 그 자리를 주셨기에 아침이 되면 어서 가서 일하고 싶은 마음뿐이었다. 물론 가서는 최선을 다했다. 하지만 몇 년이 지나자 그 일은 더 이상 신선하지 않았다. 틀에 박힌 일과가 되어버렸다. 이제는 일을 해도 그전처럼 즐겁지가 않고 금세 피곤만 몰려온다. 왜 그런지 아는가?

기적이 평범한 일이 되어버렸기 때문이다. 치료법은 하나님이 현재의 자리까지 이끄신 과정을 기억해내는 것이다. 열정의 불씨를 되살려야 한다.

친구 한 명이 틈만 나면 직장에 대한 불만을 늘어놓았다. 회사의 부당한 대우며 쥐꼬리만한 월급, 못된 상사 이야기까지 듣다보니 어떻게 그런 지옥에서 일하나 싶었다. 그런데 하루는 회사가 구조조정으로 직원의 절반 정도를 해고하겠다고 통보했다. 절반이라면 친구도 해고될 가능성이 꽤 높았다. 그러자 갑자기 친구는 직장이 좋아지기 시작했다. 가슴을 졸이다가 해고 대상에서 제외됐다는 소식을 들었을 때는 필시 복권에라도 당첨된 기분이었을 것이다. 이런 일이 사람의 시각을 바꾸는 모습을 보면 흥미롭기 짝이 없다. 언제 해고될지 모르는 상황이라면 누구나 자기 일에 열정이 불타오를 것이다.

배우자를 언제 잃을지 모른다고 생각하면 결혼생활에 대한 열정이 더 강해질 것이다. 한때 당신은 배우자에게서 눈을 떼지 못할 정도로 사랑에 푹 빠져 있었다. 하지만 오랫동안 같은 얼굴만 보다보니 싫증이 나기 시작했다. 이제는 함께 있어도 예전처럼 깨소금이 쏟아지지 않는다. 포옹과 키스와 칭찬은 그만둔 지 오래다. 드라마 볼 시간은 있어도 밤에 사랑을 속삭일 시간은 없다.

안타까운 노릇이다. 우리는 배우자를 당연하게 받아들여서는 안 된다. 사랑의 불꽃을 다시 일으키고 연애감정을 되살리기 위해 최선을 다해야 한다. 진부해진 결혼생활에 뭔가 색다른 방법으로 활력을 불어넣으라.

나는 틀에 박히기 쉬운 성격이라 그러지 않기 위해 남보다 더 노력한다. 예를 들어 금요일 밤에는 아내와 꼭 데이트를 한다. 보통은 외식을 하거나 그냥 대화를 나누지만 가끔은 새로운 데이트를 시도하기도 한다. 밤기차를 타러 가기도 하고, 함께 자전거를 타며 공원을 돌기도 한다.

조금만 고민을 하면 관계 회복의 열쇠가 보인다. 상대방에 대한 열정을 잃지 않도록 노력해야 한다. 하나님이 우리 삶 속으로 보내주신 귀한 사람, 곧 기적이 당연한 일로 변질되어서는 안 된다.

하나님은 요한계시록에서 어떤 사람들에게 이렇게 말씀하셨다.

> 우리는 배우자를 당연하게 받아들여서는 안 된다. 사랑의 불꽃을 다시 일으키고 연애감정을 되살리기 위해 최선을 다해야 한다.

"내가 네게 책망할 것이 있으니 그것은 네가 첫사랑을 버린 것이다." "내가 해준 일을 이젠 당연하게 받아들이는구나!" 우리도 그럴 때가 얼마나 많은지 모른다. 한때 입을 떡 벌리며 놀랐던 기억을 까마득히 잊어버릴 때가 많다.

한 기자가 유명한 심장 전문의에게 열정을 유지하는 비결을 물었다. 이 심장 전문의는 독특한 수술법을 개발해 만 번 이상을 시술했다.

이제 그 수술이 지겨울 만도 했다.

"수술이 지겹지 않으세요?"

"전혀 아닙니다. 모든 수술을 처음 하는 수술처럼 하거든요."

이 외과의사의 말을 달리 표현하면 이렇다. "저는 하나님이 가르쳐 주신 방법을 당연하게 여기지 않습니다. 기적을 평범한 일로 만들고 싶지는 않아요."

하나님이 당신 삶 속에서 놀라운 일을 행하셨는가? 그분이 당신을 꿈도 꾸지 못한 수준까지 끌어올리셨는가? 훌륭한 사람들을 보내주셨는가? 대단한 문들을 열어주셨는가? 그때의 감동을 서서히 잃어버려서는 곤란하다. 매일매일 열정으로 살겠다는 결단이 있어야 한다.

가끔 자녀에 대해 불평하는 말들이 들린다. "종일 집안에 틀어박혀 애들 뒤치다꺼리만 하려니 살맛이 나지 않아."

왜 자녀가 태어나던 날의 감동을 기억하지 못하는가? 눈물을 흘리며 기쁨에 겨워하지 않았던가? 자녀는 바로 기적이요 하나님의 선물이다. 시간이 흘러도 경외감을 잃지 말아야 한다.

최근에 나는 가족들을 재촉하며 부랴부랴 외출을 준비했다. 우리 애들은 누군가 준 라벨 제조기를 자주 가지고 노는데, 그날도 조나단이 라벨 제조기를 꺼내 타이핑을 하고 있었다.

나는 그런 조나단에게 말했다. "조나단, 그것 좀 치워. 빨리 가야 해."

"아빠, 몇 분만요. 요것만 끝낼게요."

"안 돼. 어서 치워. 급하단 말이야." 옥신각신하다가 내가 막 야단을 치려는 찰라, 조나단이 작업을 끝내고 라벨을 인쇄했다. 힐끗 보니 이

렇게 쓰여 있었다. '이 세상 최고의 아빠.'

순간, 화났던 마음은 봄눈 녹듯 사라졌다. '좀 늦더라도 이 라벨을 몇 장 더 인쇄해야겠어.'

때로 우리는 너무 서두르는 바람에 눈앞의 기적을 놓친다. 자녀를 바라보는 시간은 결코 버리는 시간이 아니다. 매일 자녀의 눈을 보며 "사랑해. 네가 자랑스럽구나"라고 말해주는 일이 얼마나 귀한지 모른다. 단지 이 일만을 하기 위해서라도 매일 열정으로 일어날 만한 가치가 충분하다. 자녀의 뒤치다꺼리를 하기가 지겹다면 그런 나쁜 태도를 빨리 바꿔 이렇게 말하라. "아버지, 이 애들을 선물로 주셔서 감사합니다."

우리 주위는 기적으로 가득하다. 주위 사람들, 하나님이 여신 문들, 그 과정에서 일어난 일들 이 모두는 결코 우연이 아니다. 그것은 우리를 가장 적절한 때 적절한 곳으로 보내신 하나님의 은혜다. 누군가를 만나 사랑에 빠지고 결혼에 이른 것은 우리의 공이 아니다. 예기치 못한 승진도 우연이 아니다. 하나님이 우리의 발걸음을 인도하신 덕분이니 당연하게 받아들여서는 안 된다.

하나님이 우리에게 감사하는 태도를 주시기를 기도한다. 우리는 늘 복에 시선을 두어야 하며, 또 그 복을 당연하게 받아들이지 말아야 한다. 매일 하나님을 믿고 그분의 인생 계획에 따라 살면 더 행복하고 건강해지며 상상하지도 못했던 높이까지 날아오를 수 있다.

매일을 열정으로 살기로 결단하라. 매일 감사할 거리를 하나하나 떠올리며 자리에서 일어나야 한다. 필요하다면 감사 목록을 만들어도 좋다. 감사한 후에는 하나님이 주신 꿈을 향해 훨훨 날아오르라.

성경은 "위에 있는 것들을 생각하고"라고 말한다. 나는 위에 있는 것들이 긍정적인 것들이라고 믿는다. 그러므로 우리는 매일 아침에 눈을 뜨자마자 무엇보다도 마음이 올바른 방향을 향하도록 해야 한다. 이를테면 성공과 승리를 떠올려야 한다. 오늘을 즐겁게 살기로 결단한 후에 더 높이 올라 하나님의 제트기류에 편승하라!

> 매일 하나님을 믿고 그분의 인생 계획에 따라 살면 더 행복하고 건강해지며 상상하지도 못했던 높이까지 날아오를 수 있다.

명심하라. 당신 안에 위대한 씨앗이 들어 있다. 당신은 낮은 곳에 머물도록 창조되지 않았다. 자기만족에서 벗어나 끊임없이 성장하고 새로운 고도로 날아올라야 한다. 인생 최고의 날은 아직 오지 않았다.

하나님은 지금까지 우리가 보지도, 들어보지도 못한 놀라운 복을 예비해놓고 계신다. 끊임없이 더 높은 단계로 뻗어나가 삶을 개선하고 잠재력의 극한까지 뽑아내면 꿈이 이루어질 뿐 아니라 더 나은 사람이 된다! 상상도 할 수 없을 만큼 뛰어난 사람이 된다!

실천의 키를 잡으라

나는 믿음으로 산다

잘되는 실천 1
나는 기대를 품고 산다

아침에 일어나 거울을 보며 "오늘은 어제보다 더 멋진 내가 될 거야."라고 외친다.
어제의 믿음을 오늘의 기대로 바꾸라. 늘 새로운 목표를 추구하고 그 목표를 이루는 즐거운 상상을 하라.

잘되는 실천 2
나는 소중한 관계를 지키며 산다

일주일에 하루는 배우자와 자전거 타기, 외식하기 등 특별한 시간을 갖는다. 하나님이 허락하신 귀한 사람을 당연하게 받아들인다. 처음 만났을 때의 감동을 떠올리며 하루하루를 살자.

잘되는 실천 3
나는 열정적으로 산다

삶의 열정을 유지하면서 사는 나만의 방법을 찾는다. 하루에 3번씩 크게 웃기, 30분씩 체조하기 등 쉽고 꾸준히 할 수 있는 습관을 기른다. 활기찬 마음으로 모든 일과 관계에 임한다.

에필로그

나는 모든 사람 안에 오직 하나님과의 관계로만 채울 수 있는 공백이 있다고 믿는다. 단순히 종교를 찾으라거나 특정 교회에 나가라는 말이 아니다. 하나님의 아들이신 예수 그리스도를 통해 하늘 아버지와 관계를 맺으라는 말이다. 하나님을 아는 것이 진정한 기쁨과 만족의 근원이다.

이런 기도를 드려보라. "예수님, 당신이 저를 위해 돌아가시고 죽음에서 일어나셨다고 믿습니다. 그래서 이제 당신을 위해 살려고 합니다. 죄에서 몸을 돌이켜 오직 당신만 믿겠습니다. 당신을 제 구주요 주님으로 영접합니다. 이제부터 제 삶을 인도해주세요."

이 간단한 기도로 깨끗한 새 출발을 하고 하나님과 친밀한 관계를 맺을 수 있다. 매일 성경을 읽고 기도로 하나님과 대화하라. 끌어내리는 게 아니라 끌어올려줄 친구들이 있는 성경 중심의 교회에 나가라. 하나님을 삶의 중심에 모시고 그분의 원칙을 따르라. 그러면 그분이 당신을 상상도 못한 곳으로 데려가시리라!

영적 삶의 성장에 관해 더 깊이 알고 싶다면 우리에게 연락하라. 나와 아내는 당신을 사랑하며 당신을 위해 언제라도 기도하기 원한다.